本研究受国家社会科学基金项目资助，是"人工智能时代的传播伦理与治理框架研究"（20BXW103）项目的最终成果。

人工智能时代的

传播伦理与治理框架

赵 瑜 著

ZHEJIANG UNIVERSITY PRESS
浙江大学出版社
·杭州·

图书在版编目（CIP）数据

人工智能时代的传播伦理与治理框架 / 赵瑜著.
杭州 ： 浙江大学出版社，2024. 12（2025.8 重印）. -- ISBN
978-7-308-25745-9

Ⅰ. G206.2-39

中国国家版本馆CIP数据核字第 2024WV5289 号

人工智能时代的传播伦理与治理框架

赵 瑜 著

策　　划　包灵灵
责任编辑　史明露
责任校对　张闻嘉
封面设计　周　灵
出版发行　浙江大学出版社
　　　　　（杭州市天目山路148号　邮政编码 310007）
　　　　　（网址：http://www.zjupress.com）
排　　版　杭州林智广告有限公司
印　　刷　杭州高腾印务有限公司
开　　本　710mm×1000mm　1/16
印　　张　15.5
字　　数　261千
版 印 次　2024年12月第1版　2025年8月第2次印刷
书　　号　ISBN 978-7-308-25745-9
定　　价　78.00元

前　言

　　媒介技术的每一次革新都会带来信息生产扩散和社会共识凝聚的新机制，从而影响人类文明的形态特征及演进方向。印刷术普及了标准化的人类知识传承文本，并唤醒了对民族国家这一共同体的想象①；电子传播改变了人们对时间和空间的体验方式，也使得人们的生活方式和认知框架进一步远离传统社会②；信息与通信技术改变了我们与自己、他人和世界的关系，从而彻底影响了人类的境况③；而深度媒介化则直接成为当下社会意识的要素和构件本身④。

　　智能化是当下媒介技术最新也是最重要的发展趋向。经历两落三起，人工智能在感知、学习、推理、自然语言处理等领域进展迅速，特别是生成式人工智能（Artificial Intelligence Generated Content，AIGC）展现出卓越的内容合成能力，深刻推动语言生成和人机任务协同等领域取得突破性进展，而具身智能也让自然人、数字人、机器人共同组成多能动者系统的社会构想逐步落地。在这个深度媒介化的时代，现实与虚拟、社会与自然之间的边界进一步模糊，这就从根本上改变了人类文明的构建要素、建设主体和建设场域。人工智能技术系统进入传播领域将对人类的信息传播、互动模式和社会结构带来变化，如何从伦理治理的角度反思这些变化，如何回应和延展人类文明形态的构建，是当下社会亟待解决的问题。

---

① 安德森. 想象的共同体：民族主义的起源与散布[M]. 吴叡人，译. 上海：上海人民出版社，2016：38.
② 吉登斯. 现代性与自我认同：现代晚期的自我与社会[M]. 赵旭东，方文，译. 北京：生活·读书·新知三联书店，1998：5.
③ 弗洛里迪. 在线生活宣言：超连接时代的人类[M]. 成素梅，孙越，蒋益，等译. 上海：上海译文出版社，2018：9.
④ 库尔德利，赫普. 现实的中介化建构[M]. 刘泱育，译. 上海：复旦大学出版社，2023：9.

1

一、智能技术型构下的文明形态特征

人类文明的发展代表了人类社会的高级阶段，在此阶段文化兴盛，劳动分工和阶级分化使得社会构成复杂化，进而产生国家①，其中物质财富、精神财富和社会制度是文明的重要组成部分。从时间演进、地域空间、劳动方式出发，可以将人类文明的发展历程分为不同的阶段，但总体而言，文明演进是以行为和文化系统的变革为本，每种文明形态及其不同发展阶段也会表现出可识别的特征。

习近平总书记在庆祝中国共产党成立 100 周年大会上的重要讲话中指出："我们坚持和发展中国特色社会主义，推动物质文明、政治文明、精神文明、社会文明、生态文明协调发展，创造了中国式现代化新道路，创造了人类文明新形态。"②人类文明新形态以独立自主的中国式现代化新道路为实践路径③，是对中华优秀传统文化和人类文明成果的兼收并蓄④，为人类文明发展贡献了中国智慧。其中，智能技术在物质文明、政治文明、精神文明、社会文明、生态文明建设中或发挥了驱动力的作用，或产生了黏合剂的效应，协同推动劳动方式、组织制度和习俗规约的改进。

首先，人机协同在生产性部门获得广泛应用，深刻改变了物质生产领域的劳动关系结构。自工业革命以来，机械化、自动化成为人类文明的一个显著特征⑤，人工智能不仅延续了其间的特征，还增加了机器和技术系统的决策能力、行动能力和自适应性，进一步加大了人机协同任务处理的范围和深度，在农业生产、智慧交通、医疗诊治、心理支持、教育服务、媒体生产、艺术创作等领域改变了人类的劳动方式，提升了工作效率。由此，人工智能系统已经成为物质生产的重要行动者，改变了人类文明建设的主体结构。

其次，人工智能系统构建起全新的文化生产力和生产条件，同时也型构着人类文化的表述方式和互动模式，重塑了人们的生活经验和自我认同模式。智能媒介以自身的技术特性型构知识的供给模式，媒介逐渐从隐蔽的中介成为走上前台的知识生产者，不仅在隐喻的意义上参与知识生产，而且代替人类阅读

---

① 王巍.对中华文明起源研究有关概念的理解[J].史学月刊，2008（1）：10-13.
② 习近平.在庆祝中国共产党成立 100 周年大会上的讲话[N].人民日报，2021-07-02（02）.
③ 颜晓峰.创造社会主义现代化的文明新形态[J].马克思主义研究，2021（7）：28-34.
④ 陈金龙，蒋先寒.人类文明新形态的由来、特征与价值[J].学术研究，2021（9）：1-5.
⑤ 赵瑜.人工智能时代新闻伦理研究重点及其趋向[J].浙江大学学报（人文社会科学版），2019，49（2）：100-114.

与消化知识，并以主体的身份回应用户需求和问题。①知识生产和迁移模式的变迁，叠加数字游牧和人机交互的复合体验，给自我认同和群体认同带来新的构成基质和维系模式。人们为更好地参与数字环境而重新认识自我，主动或被动地改变着自我生活叙述的媒介和方式，这就从生活方式和文化形态角度改变了人类文明建设的场域。

最后，智能技术作为一种理性的自组织力量，给社会治理和制度部署提供了可供性。一方面，智能系统具备超越人类的数据处理能力，为社会态势感知、政策颗粒度细化、治理举措效果评估提供了技术工具，但另一方面，生成式人工智能的直觉涌现机制从根本上动摇了"人类可以精确预测和掌控机器行为"的认知，②让传统的控制主义治理范式趋于失灵。其间，发展—治理的二元张力如何转换为双线性向量空间的"对偶对"关系，是当代文明演进的重要问题。

技术的发展无疑是当代人类文明形态构建的重要变量，以人工智能为代表的新型使能技术在人类和实在之间嵌入了全新的软硬件层，计算机本体论（世界的可编程性分析）③与文明建设具有越来越强的相关性。在人类文明新形态建设的语境下，智能技术推动了劳动关系、知识界面与社会治理模式的变革，这就对物质生产、精神世界和社会制度这三个最重要的文明维度产生综合性影响。而随着人类生活方式和知识秩序构成的深度媒介化，新型技术的结构性影响也透过智能媒体实践深入日常现实，为构建人类文明新形态提供行动框架。

二、智能媒体实践趋向及其文明向度

数字技术构筑了一个媒介化社会，媒体格局与舆论生态正经历着深刻变革，曾经高度专业化和职业化的信息传播领域变得即时、流动、轻量、开放，原本稳固的传媒组织形式呈现液态化的状态，边界模糊且相互融合。自动化、智能化生产元素迅速渗透媒体实践，让人机协同成为普遍性的传播现实，职业化生产（Occupationally Generated Content, OGC）、专业化生产（Professionally Generated Content, PGC）、用户生产（User Generated Content, UGC）和机器生

① 刘海龙. 生成式人工智能与知识生产[J]. 编辑之友，2024（3）：5-13.
② 王沛然. 从控制走向训导：通用人工智能的"直觉"与治理路径[J]. 东方法学，2023（6）：188-198.
③ 孙玮，李梦颖. 扫码：可编程城市的数字沟通力[J]. 福建师范大学学报（哲学社会科学版），2021（6）：132-143.

产（Machine Generated Content, MGC）并行于人类的新闻和信息交互过程，成为当下文明形态的外显特征。

（一）媒介内容生成

以算法技术为代表的人工智能已经独特地改变了人类的新闻传播行为，机器人写作、算法推荐和信息过滤、社交媒体机器人（Bots）等带有自主智能因素的系统已极大地改变了人类传播和接收信息的模式，并在形塑人类行为模式的基础上产生巨大的社会影响。人工智能在生成多模态信息方面展现出了巨大潜力，能够大规模地制造包括文本（标题、描述、字幕、语音转录文本）、视觉（拍摄画面、配字包装、转场特效）、音频（配乐、语音）在内的多种模态信息，构建起一个前所未有的高效协同工作平台。

大语言模型推动了内容生产的自动化转型，在主流媒体变革中产生"量"的突破和"质"的飞跃。2018 年人民日报社推出"人民日报创作大脑 AI+"平台，2023 年新华社发布人工智能大语言模型 MediaGPT，深度融合了大规模预训练模型、自然语言处理技术、计算机视觉算法、音频语义解析能力，以及图像识别技术，探索媒体行业的转型升级和融合发展。2024 年巴黎奥运会采用中国阿里云 AI 增强的"多镜头回放系统"，让屏幕前的观众可多角度看到运动员动作的慢镜头、时间静止等效果。随着越来越多体育赛事同时被记录下来，AI 能准确识别观众想要看到的内容，并自动将其组合在一起。[1]

艺术创作也是生成式人工智能的重点突破领域。2024 年中央广播电视总台推出了中国首部 AI 全流程微短剧《中国神话》的多语种版本，其美术、分镜、视频、配音、配乐全部由 AI 完成。中国国际电视台（CGTN）面向海外青年推出的 AI 全流程作品《自古英雄出少年之哪吒传奇》则利用大语言模型深度学习《封神榜》中《哪吒闹海》的经典情节，再用 AIGC 工具创作改编剧本、生成配音配乐、塑造人物形象。[2]

大语言模型以其大规模、高效率的生产能力，将原始数据加工为符合人类

---

[1] 刘霞. 2024 巴黎奥运会迎来 AI 浪潮 [N]. 科技日报，2024-07-30（04）.

[2] 中央广播电视总台央视新闻. 神话典籍与 AI 相遇！中央广播电视总台多部 AI 新品发布 [EB/OL]. (2024-03-27)[2024-08-08]. https://www.cctv.com/2024/03/27/ARTIoVU xtJn83lIorwHYM36F240327.shtml.

叙事逻辑的内容，为网络舆论场源源不断地提供素材[①]。人机协同的行动特征和机器美学的独特风格也成为当代文化体系的外显特征。由此，人工智能技术不仅是媒介内容生产的物质性基础，也以其技术特性嵌入意义的生产与再生产，为媒介文化构建提供了技术行动框架。

（二）交往形态变迁

技术以及关于技术的观念透过传播实践渗透社会生活本身，改变了个体和群体的行动背景和行为模式。原初以人际互动为原型的交往行为，甚至是人类所独有的亲密关系，也不可避免地面临人机传播所带来的行动框架变迁。

机器高效中立的形象，在私密性的社交场景中具有一定优势。人们普遍认为，将个人隐私交由机器就无须担心它如人一般八卦，个人隐私因此获得更好的保护。当下机器识别人类情绪性反应的能力也显著提升，德国研究人员使用真实比赛数据训练的模型识别运动员情感状态的准确率高达 68.9%，与人类观察者的识别水平相当。[②]技术的提升让聊天机器人等应用具有更加精确的情感识别能力和反馈能力，给用户带来良好的情感交互体验。

国内外科创公司先后布局情感 AI 赛道，推出了微软小冰、Replika 等聊天陪伴型应用。情绪的及时回应、舒适的对话环境、拟人性的共情能力，让人工智能系统成为提供情绪价值的新来源。以 Inflection AI 公司的生成式人工智能聊天机器人 Pi 为例，它被设计成支持性的伙伴，良好的情感交流体验让这款聊天机器人在小红书平台获得超过 10 万篇相关的分享笔记。网友普遍认为，Pi 在与人对话过程中展示的友好、尊重、耐心超越了现实生活中的很多人。[③]

随着机器在人类情感交互中显现日益重要的作用，其伦理困境也愈发凸显。去魅的世界让个体充分意识到自身对世界的影响有限，因此更多地退回个体和亲密关系以构建起关于自身的连贯性叙述。据此，虽然私密情感具有明确的非世界性，但它关系到一种具有拓殖未来能动性的自我认同，这一情感关系向机器开放，将对人类规划社会生活的能力和惯习产生复杂的影响。特别是人一旦

① Buchanan B, Lohn A, Musser M, et al. Truth, lies, and automation [EB/OL]. (2023-05) [2024-03-02]. https://cset.georgetown.edu/wp-content/uploads/CSET-Truth-Lies-and-Automation.pdf.

② Jekauc D, Burkart D, Fritsch J, et al. Recognizing affective states from the expressive behavior of tennis players using convolutional neural networks [J]. Knowledge-Based Systems, 2024, 295: 111856.

③ 陈静. 情感型聊天 AI 如何"安抚"年轻人的心 [N]. 北京青年报，2024-01-04（08）.

在情感上依赖机器，就会极大消解交往行为本身所蕴含的自治性努力，对人类的核心安全感和社会的可沟通性产生破坏。

（三）智能拟态环境建构

智能合成技术的发展催生了诸如虚拟主播、写稿机器人等一系列人机融合体，它们在舆论生态系统中获得了近似独立的身份，成为舆论生态的重要行动者，也让人类的信息拟态环境发生系统性变革。

舆论作为拟态环境的重要组成部分，在狭义层面代表着特定范围内多数人的集合意识和共同意见[①]，在广义层面则是公众就现实社会中的诸般现象和问题所发表的信念、态度、意见和情绪的总和[②]。它不仅是个人感知社会意见气候、判断周遭环境的社会皮肤[③]，更在维系社会和谐、避免因意见分歧导致社会分裂中发挥着关键作用。程序对信息传播与社会经验的嵌入，在显性层面上改变了信息来源和议程设置机制，产生信息把关人算法化等问题。

作为新兴议程设置主体，人工智能体通过特定内容发布、与真人账号互动，影响公众对于特定议题的关注度和观点倾向。智能行动者还可以通过"制造同意"的手法，营造一种虚假的民主氛围。研究显示，当社交机器人被大规模部署时，它们所制造的特定观点很容易淹没真实的讨论，让公众误以为这些观点已经被广泛接受。[④]当参与讨论的社交机器人数量达到"危险比例"（10%）时，其大量、持续发布的信息将对特定话题的信息流造成冲击，导致信息环境产生不可逆的改变，进而影响90%以上的舆论环境。[⑤]

受限于"大模型幻觉"，生成式人工智能模型在追求语义合理性的同时，可能不自觉地创造出与事实脱节或误导读者的信息，这就严重冲击了新闻真实性这一核心原则。且机器人内容生成机制本质上是对既有数据的挖掘与匹配，虽

① 刘建明. 社会舆论原理 [M]. 北京：华夏出版社，2002：5.
② 陈力丹. 舆论学：舆论导向研究 [M]. 上海：上海交通大学出版社，2012：86.
③ 诺尔–诺依曼. 沉默的螺旋：舆论——我们的社会皮肤 [M]. 董璐，译. 北京：北京大学出版社，2013：62.
④ Zhang J, Zhang R, Zhang Y, et al. On the impact of social botnets for spam distribution and digital-influence manipulation [C]//2013 IEEE Conference on Communications and Network Security (CNS). IEEE, 2013: 46-54.
⑤ Ross B, Pilz L, Cabrera B, et al. Are social bots a real threat? An agent-based model of the spiral of silence to analyse the impact of manipulative actors in social networks [J]. European Journal of Information Systems, 2019, 28(4): 394-412.

能模仿人类文本风格，却难以超越既有框架，实现真正意义上的原创性思考与深度采访，这一局限性使得大型语言模型也被比喻为"随机鹦鹉"（stochastic parrot）。① 与此同时，情绪作为信息扩散的核心驱动力，正在受到人工智能的巨大影响。生成式人工智能独特的迎合性对话能力，不仅可以显著增强正面情感的传播效能、抑制负面情感的进一步蔓延②，也可能推动群体情感极化。被利益集团掌握的智能体能够为特定群体量身定制虚假信息，还能助力刻板印象和种族主义语言的"合法化"，进而在舆论生态中实施更为复杂的操纵③。

　　机器行动者的舆论行动能力受到人类信任感的调节。2020 年一项基于 12 项独立研究的元分析揭示了读者对新闻来源信任度的感知差异。当读者未被告知新闻来源时，对人类与机器生成内容的可信度评价趋于一致，明确来源后，人们普遍更信任人类记者的作品④。因此，全球法规普遍要求标识机器生成内容，就是希望在不有意欺骗受众的前提下，确保智能拟态环境的高质量构建。

（四）智能媒体实践的文明向度

　　人工智能技术让人们卷入特定的技术—社会实践，自然人、数字人、机器人在舆论场展开人机互动和认知协作，这不仅悄然改变了公共议程和社会共识的走向，也构成技术理念和文化实践之间相互转译的社会过程，给当代社会植入了人机协同、智能生产的文化观念和话语实践。在米歇尔·福柯（Michel Foucault）看来，话语是社会现实的构成部分，因为话语背后的概念和知识会转化为个体或群体所采纳的行动框架。人类社会对人工智能日益丰富的话语争鸣召唤起"经验性的降临"⑤，看似认识论层面的讨论实则也是文明构成基质的演变乃至博弈。

① Bender E M, Gebru T, McMillan-Major A, et al. On the dangers of stochastic parrots: Can language models be too big? [C]//Proceedings of the 2021 ACM Conference on Fairness, Accountability, and Transparency, 2021: 610-623.
② Luo H, Meng X, Zhao Y, et al. Rise of social bots: The impact of social bots on public opinion dynamics in public health emergencies from an information ecology perspective [J]. Telematics and Informatics, 2023, 85: 102051.
③ Buchanan B, Lohn A, Musser M, et al. Truth, lies, and automation [EB/OL]. (2023-05) [2024-03-02]. https://cset.georgetown.edu/wp-content/uploads/CSET-Truth-Lies-and-Automation.pdf.
④ Graefe A, Bohlken N. Automated journalism: A meta-analysis of readers'perceptions of human-written in comparison to automated news [J]. Media and Communication, 2020, 8(3): 50-59.
⑤ 拉图尔. 我们从未现代过：对称性人类学论集[M]. 刘鹏, 安涅思, 译. 苏州：苏州大学出版社，2010: 23.

媒介技术的更新将人与非人、文化与计算结合在一起，在传播实践中构筑起不断增殖的文化—技术杂合体，算法就是其中的显性代表。作为工程学追求负熵运动的数字简化秩序，算法代表讲究效率的工具理性文化，这一文化加剧了自18世纪以来致力于社会所有单位的规范化、程式化和通用化①的倾向。在应对自然资源短缺或社会无序问题时，这一逻辑理性而高效，但在致力于社会可沟通性和文化多元性上，它就可能导致文化的平庸化和单一化。研究显示，人工智能对先天缺乏创作力的人在创作方面有较为明显的提升作用，但过度依赖机器提示也会让他们创作的故事看起来更加相似。这就相当于造成了一种标准化和独异性之间的双重困境。人们必须思考如何在工作中利用人工智能来获取最大益处，同时又保有自己的思考。

算法的聚类效应也承担起重组社会的功能，成为集体文化实践的重要影响因素。在某种意义上，算法几乎可以被定义为机构②，因为它们具有规范行为、影响偏好、引导消费、产生内容的能力。"人以群分"的大数据归类逻辑，在用户分类和内容标签化的前提下将用户聚合成类，这些技术有效地协调利益，并使集体行动成为可能，但它们实质上未经同意便将人们聚集到团体中③，也有能力限制一个群体的大小。生成式人工智能更是有针对性地回应乃至迎合个体和群体兴趣，成为个体自我反射叙事的构成要素④，形成全新的混合社会关系。

总体而言，技术从其起源之时就与人类本质属性互相联系⑤，它不仅嵌入生产性实践，其作用机理更会留存于社会组织形态之中，共同构成体现人类真实存在的根本性结构。智能媒体的实践不仅在符号生产、信息扩散和文化形态创新方面直接推动了人类文明形态建设，也在深度媒介化的过程中将相关机理嵌入社会组织形态，成为新型技术—社会复合体的黏合剂。但新型技术也带来诸

---

① 莱克维茨. 独异性社会：现代的结构转型[M]. 巩婕，译. 北京：社会科学文献出版社，2019：19.
② Napoli P M. Automated media: An institutional theory perspective on algorithmic media production and consumption [J]. Communication Theory, 2014, 24(3): 340-360.
③ Salmon C T, Glasser T L. The politics of polling and the limits of consent [M]//Glasser T L, Salmon C T. Public Opinion and the Communication of Consent. New York: The Guilford Press, 1995: 437-458.
④ 吉登斯. 亲密关系的变革：现代社会中的性、爱和爱欲[M]. 陈永国，汪民安，等译. 北京：社会科学文献出版社，2001：99.
⑤ 芒福德. 机器神话（上卷）：技术发展与人文进步[M]. 宋俊岭，译. 上海：上海三联书店，2017：9.

如新闻真实性缺失、舆论生态操控和人机交互中的自我认同等问题，需要系统性的伦理回应与实践反思。

三、面向人类文明新形态的传播伦理反思

1965 年发表的研究报告《炼金术与人工智能》（"Alchemy and Artificial Intelligence"），将人工智能研究与炼金术相提并论，批驳人工智能领域的每一次进展不过是第一个爬上树的人声称这是飞往月球的显著进步。1973 年的《人工智能：一份全面报告》（"Artificial Intelligence: A General Survey"）强调由于人工智能尚无法解决组合爆炸（combinatorial explosion）问题，导致其只能解决玩具类问题（toy problem），而非真实世界中的任务。

发轫于 2000 年的人工智能第三次浪潮，凭借机器学习方法在多个领域呈现出令人惊艳的表现。那么，当下人工智能是给我们提供了一个跳出人类社会解决问题的阿基米德点，还是不过将我们送上了看似离月亮更近的树梢？人工智能改变人类传播形态和社会结构的巨大能动性，又需要受到哪些伦理规范的制约？

（一）人工智能技术的社会预期

人类发展技术的目的是掌握主动权，控制各种自然力。技术的演进让人类在有效利用和开发外部资源的同时也发展了自身内部的精神和心理资源，给人类的自足和自我主宰，以及创造有序的组织结构提供了框架。于此过程中，技术也展现出独特的聚合效应，可以把范围极其广泛的物质和非物质属性组合成一种自然而然的文化整体，这让知识阶层对技术将人性化却不相叠加的种族、人民和文明"整合成一体"[①]怀有信心。

但技术也始终遭受"闯进花园的机器"的诟病。人工智能引发了更加广泛的争论，因为它构想了一个模拟人类大脑的学习型机器。学习型机器一般有两种类型，即限制性的和通用性的。限制性的机器严格保持任务特性，而通用性的机器则不排斥其他行为的可能性。人工智能研究持续在这两种类型之间游移，背后是智能与安全的巨大张力：如果对任务特性和行动原则规定得过于严格，系统就不够智能，但反之则可能降低工程稳定性，影响人机协同的产业级应用。

---

① 德布雷.媒介学引论[M].刘文玲，译.北京：中国传媒大学出版社，2014：56.

人工智能的安全性问题让公众对它的印象在奇迹与噩梦间做钟摆运动，形成了诸多关于算法和机器人的想象和理论对峙。在卢恰诺·弗洛里迪（Luciano Floridi）看来，人工智能之所以周期性地陷入低谷，就是因为人们对这个技术的理解过于简化。首先，公共舆论对通用人工智能的研发难度过于简单化。目前，人工智能的研发还面临着诸多挑战，社会作为复杂系统所固有的组合爆炸问题仍然难以克服。首先，系统的功能和性质并不是组成部分的线性之和[①]，在科学问题和社会行动中存在巨大的假设空间，精准筛选和合理推断需要数据、算法和算力的持续提升，规模定律（Scaling Law）是否可以解决所有领域的问题仍有待检验。其次，公众对超级智能机器宰制人类的想象偏于简单化。控制论最有魅力的远景就是人类事物的理性管理，但其管理过程相当于规则不完全确定的博弈，机器还计算不出表征变化幅度如此巨大的概率。相信机器能统治人类就预先假定社会必将处于熵增的最后阶段，到了那个阶段，概率可以忽略不计，个体之间的统计偏差等于零[②]。从传播伦理治理的角度，就要针对上述技术想象进行理性的话语建构，不仅要纠正行业将复杂的传播状况定义为可计算解决的清晰任务的思维倾向，也要通过舆论生态构建和信息传导保持对人工智能技术的科学态度，协助社会确立合理的技术预期。

让社会对人工智能产生合理的预期，本身就是人类对抗世界的工具化，不信任手段—目的范畴适用于所有社会过程的自主与自信。究其本质，人工智能并不是人工物和类人甚至超人智慧的结合，而是人类聪明才智设计的诸多解决方案之一。虽然被冠以智能之名，人工智能应该被视为一种普通的技术，是从目标出发成功解决问题的能力。与其担心机器统治人类，不如反思社会是否可能变成按照控制论原理进行工作的超人机器。人类共有的不是心智结构或者说推理机能，而是共享生活与持续设计自我心灵的能力。抵抗社会整体的工具化，就需要增加思想交融与文化生产的多样性，避免生命成为概率论下无意义的自然循环。

（二）人类交流的有效性和心灵的自治性

伦理治理的目标是保持人对自身心灵的自治。传播伦理的核心也在于此。刘易斯·芒福德（Lewis Mumford）援引法国哲学家亨利·柏格森（Henri

① 李国杰.智能化科研（AI4R）：第五科研范式[J].中国科学院院刊，2024，39（1）：1-9.
② 维纳.人有人的用处：控制论和社会[M].陈步，译.北京：商务印书馆，1978：148-149.

Bergson）的《创造进化论》和荷兰历史学家约翰·赫伊津哈（Johan Huizinga）的《游戏的人》，分析了工具制作和游戏这两种人类起源的观点。芒福德明确反对毫无生气的工具论，因为他坚信人类首先还是一种创造自己心灵的动物，能自我操控以及进行自我设计的动物。据此，人类发明、创造以及改变自然环境活动的每一个阶段，最终是为了更充分实现自身超越生物性的更高追求和理想[①]。但这种高于谋生需求的追求到底是什么？汉娜·阿伦特（Hannah Arendt）的回答是积极行动（action），因为行动在政治哲学体系中是唯一不以物或事为中介的互动，致力于政治体系的创建和维护，为记忆即历史创造了条件。

　　积极行动与人的复数性存在紧密相连，世界的实在性是以他人在场，以它向所有人显现来保证，因此有效的沟通交流是其中的核心问题。人际交流即便是斯拉沃热·齐泽克（Slavoj Zizek）所谓的"成功的误解"，也是一种双向的偶然性，但人工环境能动性的增强，创造着一种单向的偶然性，人类无法了解智能环境在如何"解读"我们，也因此无法与之产生有效互动与意义的再生产。当下人机交互已经深度介入亲密关系，但在机器仍然没有自我意识的前提之下，人机情感交互要么是人类经验向虚无的投射，要么是人被囚禁于自身单一经验的主观性中。其中的伦理风险在于让人完全逃离外在世界，而一个消失了复数性存在的社会，也就彻底失去了在世界积极行动的可能性。

　　懂得做什么永远比懂得如何做更加重要，一旦错位，就是功利主义原则的胜利。在功利主义理论体系中，人被假定为统一性的，幸福成了在生产和消费过程中体验到的痛苦和快乐的总量。若这样有限的参考框架大行其道，伴随的必然是价值感和人类自为能力的丧失。人类心灵的自治要求我们持续向群体和社会经验开放，信息技术应该朝向更加有利于事实共享、价值共鸣、情感共振的方向嵌入社会实践，这就要求我们有勇气和智慧持续面对真实的人和真实的世界，方能产生有效的交流和完整的自我叙述。

（三）可解释性和与人类价值的对齐

　　人造物与人类的复杂关联，要求我们重新思考社会—技术系统中的责任观。虽然类似《阿西洛马人工智能原则》等文本已经超越了人类中心主义，但如果我们的探讨焦点仍然是人类的沟通行为，人类还是应该被置于价值体系的中心，

[①] 芒福德. 机器神话（上卷）：技术发展与人文进步[M]. 宋俊岭，译. 上海：上海三联书店，2017：7-8.

并被赋予某种固有价值或价值的优先性[①]。

在智能传播实践中，可靠性和问责制是伦理治理和法规制度的核心。着眼于人和技术互动模式，可靠性原则要求在设计和部署人工智能系统时将人类置于循环中[②]，即人类行动者的参与是实现可靠性的重要条件，且决策权最终仍由人类控制。特别是在新闻报道和信息散布中，即便智能体已经具有极高的能动性，但人类仍需占据信息主导权，避免同一工程化手段污染舆论生态。在应对非预期的技术后果方面，问责制原则成为治理的重要维度。问责意味着行动者要接受公开的审查并为自己的行为承担相应的责任，它建立在行动者和问责者之间的社会关系之上，意向性是可被问责的核心要素。换言之，在现有的伦理法律体系中，自然人和法人还是真正可被问责的主体，机器即便具有自动化的行动能力，尚无法成为责任主体。这一逻辑在舆论生态和传播伦理治理方面同样存在。写作机器人和社交机器人背后仍然是自然人和组织，对技术研发者、服务部署者和服务使用者的主体责任认定是传播行业安全使用人工智能的关键。

不论是构建可靠的人工智能还是应对它产生的社会后果，技术系统的可解释性是践行其他原则的必要条件，这关系到人类社会的哪些伦理考量最终会影响到机器的决策，机器的行为是否可以被准确预见。可解释性涵盖了可观测、可解释和可预测等方面，是对技术黑箱的有效制衡。弗洛里迪并不赞成管理者对人工智能是黑箱的批评，因为按照这个逻辑，人类社会已经诞生了诸多复杂系统[③]，如果要解释每一个参与主体的动机，大型城市的交通和舆论系统同样是黑箱。所以从操作角度来看，可解释性是有效评估机器的运行状态，是对信息的告知、解释和审计。

总体而言，可靠性、可问责性和可解释性都需要技术系统所内蕴的工作逻辑与人类价值对齐。如果说人工智能为人类社会的发展进步提供了技术上的强大支撑，那么这种能力能否转化为人类福祉，在很大程度上取决于机器的自主

---

① 赵瑜，周江伟. 人工智能治理原则的伦理基础：价值立场、价值目标和正义原则 [J]. 浙江社会科学，2023（1）：109-118+159-160.

② 周江伟，赵瑜. 人工智能治理原则的实践导向：可靠性、问责制与社会协同 [J]. 治理研究，2023，39（5）：111-127+159-160.

③ Floridi L. AI and its new winter: From myths to realities [J]. Philosophy & Technology, 2020(33): 1-3.

决策和行动能否很好地满足人类社会的伦理要求[①]。目前人工智能产品化产生了超级对齐和有效加速之间的路线冲突，历史实践一再告诫人们技术所引发的新问题往往不是自限性的，将技术逻辑盲目扩展至人类社会，是一种对社会自复杂性的无知。在传播伦理实践中，破除利用技术的力量来解决本质上非技术性问题[②]的迷思，恪守真实性原则对非人类生成内容予以标识，防止深仿等技术的不恰当使用，就需要国家、行业、企业和公众的共同参与。其中，作为信息超级能动者，国家就人工智能的安全应用制定决策和行使权威，行业和企业在提高创新力的同时对技术的外溢效果进行审慎评估，而普通民众作为伦理治理的重要参与主体，需要提高信息素养和技术素养，提高技术的使用效能，监督对技术的不当使用。

四、结　语

虽然人工智能的最新进展威胁到物质是被动的而心灵是主动的这一启蒙主义常识，但技术直到现在仍非自为的存在，必须内嵌于人类的生产、生活和组织制度从而共同型构被称为文明的社会—文化复合体。

在人类文明的宏阔视野下观照技术，不仅要看到其中工具论和控制论的部分，更加要重视它对于人类行为模式和文化形态的变革作用。人文社会学科意义上的技术和机器并不单指铜筋铁骨的人造物，无论是芒福德的"巨型机器"还是诺伯特·维纳（Norbert Wiener）所说的"血肉机器"，都将人类社会的组织化形式及其制度结晶纳入讨论的范畴。

作为人类文明的重要推动力和组成部分，技术改变了人类共享事实与情感交流的模式，也由此改变了当代社会图景中的自我认同与群体构成。带有智能因素的工具和系统逐步渗透传播领域，让人类固有概念工具中人类、人造物和自然界之间曾经有效的界限不复清晰，在扩展日常体验的同时，也让信息过剩、信息倦怠和虚假共鸣破坏了沟通的有效性和意义的再生产。仅就交流效率而言，大语言模型基于词元（token）预测的内容生成模式相当于以可几值（probable value）与世界产生交互。但愈是可几的消息（或然值最大），提供的信息就愈

---

① 廖备水. 机器伦理的哲学基础、基本特征与实现方法[J]. 中国社会科学，2024（2）：126-142+206-207.
② Campolo A, Crawford K. Enchanted determinism: Power without responsibility in artificial intelligence [J]. Engaging Science, Technology, and Society, 2020(6): 1-19.

少。按照可几值确定社会行动方式而排斥其他模式，寻求意义就变成无望的事业，也无利于社会的可沟通性以及公共领域的构建。

世界由人的活动所产生的物组成，但这些完全由人方得以存在的物，常常反过来限制了它们的人类创造者。人工智能真正深切的伦理焦虑就在于人类的自主性问题和意志自由问题。著名的"图灵测试"隐含着"人心等价于一台计算机"的论断①，这种技术化的思维模式挑战了人的主体性。但迄今为止机器决策仍是计算而非思考，即不具有在意志自由前提下进行自行选择和自行决定的能力。机器尚未涌现宰制人类的意向性，问题更多地还是投射到技术—社会复合体是否有效推动了人类精神层面的进步，即涌现了更大的创造力以及对人生更加丰富的理解方面。

社会交往形态的演进方向往往不是由技术单向度决定的，而是根植于社会结构和人对于自身根本属性的反思。生活是连续的、多样的且被体验的，而不是计算的。破除离散的比特思维就需要关注自身的注意力、能力和权利，这是自主性、参与性以及意义感最重要的必要条件，也是持存积极行动这一人类固有属性的基石。

新兴技术对于人类文明演进的影响往往是不可逆转的，如何在受技术调节的世界里积极形塑生活，是贯穿始终的问题。尊重生命的尊严与福祉，努力不让每个个体成为科学表征中被多因素影响的他治个体，保持人类对自身心灵的设计能力的自治性，是人工智能给当代文明建设提出的命题。回归意义和价值的生动结构，这个任务无法交给机器和技术，只能交由人类的自反性。

本书站在上述理论起点，在理论梳理（第一章）的基础上总结三位一体的传播伦理主体结构（第二章），并深入新闻传播行业在内容采集（第三章）、内容生成（第四章）、内容分发（第五章）、人机情感交互（第六章）领域出现的新现象，抽取其背后的核心伦理议题，从而概括人工智能治理的实践重点（第七章）。研究过程中受到多位师友前辈的鼓励和支持，也得到周江伟博士、李孟倩博士、段家欣博士、石梦欣博士、曹凌霄博士、张亦弛博士的大力协助。感谢各位的真知灼见与无私帮助！期待本书能够成为投入学界和业界的小石，泛起些许涟漪以助传播行业更好地回应智能技术所带来的挑战。

---

① 刘晓力. 哥德尔对心—脑—计算机问题的解[J]. 自然辩证法研究，1999，15（11）：29-34.

目　录

第一章　人工智能的传播伦理基础

如果我们将媒体广泛地理解为传播和交流信息的一种方式，就不难发现信息技术和人工智能的发展与媒体的内在联系及其对传统媒体的冲击或影响。人工智能通过算法和大数据分析已经深刻改变了人类的新闻传播行为，并且引发算法偏见及其纠正、数字身份及其保护、个人隐私及其保护、信息不当触及的讨论。学界日益担忧数据垄断和算法"独裁"对社会过程和社会公正的影响，因此，信息技术的伦理治理和整体规制至关重要。国务院印发的《新一代人工智能发展规划》也已明确将"制定促进人工智能发展的法律法规和伦理规范"作为我国人工智能发展的首要保障。

自主智能系统的发展提出了一些亟待关注的问题，人、机、自然（社会）之间的关系将出现新的构建形式。如果将人工智能的终极目标等同于让机器（物）拥有自主意志，这首先引发了人类的伦理危机感，促使我们重回伦理本质的本体论和认识论问题，探讨人类如何在智能技术的中介下构建安全、公平、美好的生活。人工智能便不再是一个单纯的技术问题，而是一个哲学问题、政治问题。

新闻传播领域所建构的拟态环境会直接影响人们的情绪、观点和行为决策，对社会公正和社会安全具有重大意义。机器人写作、算法推荐和信息过滤、社交媒体机器人等带有自主智能系统因素的新事物极大改变了人类传播和接收信息的模式，在形塑人类行为模式的基础上产生了巨大的社会影响。如何界定人工智能技术的新闻伦理问题，如何定义智媒时代的新闻专业主义，如何构建智能媒体伦理治理体系和法规体系，是亟待学术破题的重要领域。本章拟综论新闻传播学、哲学和法学在相关领域的研究，厘清目前学界对人工智能和新闻伦理研究的重点领域并进行反思，为未来研究提供思考的起点。

第一节　人工智能时代的伦理学研究框架

人工智能研究，简单来说，就是通过智能化的机器，增强人类在自然改造和社会治理等领域的执行能力与效率[①]。起初，该领域的研究方法主要聚焦于逻辑推理和启发式搜索，尤其关注符号人工智能的核心领域。然而，在短暂的繁荣之后，人工智能研究遭遇瓶颈。直至 20 世纪 80 年代人工智能与神经网络进行结合，才得以重焕生机。当前，计算机视觉、自然语言理解、认知科学、机器学习及机器人学等学科正在该领域协同发展。2022 年底，ChatGPT 在自然语言处理方面的惊艳表现，让通用人工智能的奇点降至再次成为公众的讨论热点。这不仅让人回想起牛津大学 2017 年对全球顶级人工智能专家的调查，超过半数的专家认为人工智能将在 45 年内于所有领域超越人类，并在 120 年内实现人类工作的全面自动化[②]。

这一现状呼应了恩斯特·卡普（Ernst Kapp）在 1877 年的《技术哲学纲要》中的前瞻性洞见，他指出技术具有向一切人类领域扩张的能力。[③]随着计算机革命的推进，人类对自动化的依赖日益加深，自主性系统在伦理决策方面的影响力日益增强。当前的自动化系统已相当复杂，以至于需要在特定情境中做出道德抉择[④]。因此，一个至关重要的议题摆在了我们面前：人们是否愿意将自己的生命和福祉托付给一个尚未确立伦理框架的系统？ Facebook 和亚马逊用户数据滥用事件、Twitter 机器人账户干预用户观点和情绪、深度仿造内容的造假和侵权、自动化生成内容对人类创造力独特性的挑战等问题，加深了公众对此问题的疑虑和担忧。

---

① McCarthy J, Minsky M L, Rochester N, et al. A proposal for the Dartmouth summer research project on artificial intelligence, August 31, 1955 [J]. AI Magazine, 2006, 27(4): 12-14; 段伟文. 机器人伦理的进路及其内涵[J]. 科学与社会，2015，5（2）：35-45+54; Boden M A. AI: Its Nature and Future [M]. New York: Oxford University Press, 2016; 朱松纯. 浅谈人工智能: 现状、任务、构架 与 统 一[EB/OL]. (2017-11-02)[2018-01-04]. https://mp.weixin.qq.com/s/-wSYLu-XvOrsST8_KEUa-Q.

② Grace K, Salvatier J, Dafoe A, et al. When will AI exceed human performance? Evidence from AI experts [J]. Journal of Artificial Intelligence Research, 2018, 62: 729-754.

③ Sass H-M. Man and his environment: Ernst Kapp's pioneering experience and his philosophy of technology and environment [C]//German Culture in Texas: A Free Earth, Essays from the 1978 Southwest Symposium. Boston: Twayne Publishers, 1980: 82-99.

④ 瓦拉赫，艾伦. 道德机器: 如何让机器人明辨是非[M]. 王小红，主译. 北京: 北京大学出版社，2017.

与科学技术要解决的"能不能"问题不同，伦理学要解决的是"该不该"问题，在人工智能运用方面，伦理学研究首先必须辨析核心价值，以提供思考框架。

一、规范伦理学的三个传统

伦理学研究可以分为元伦理学、规范伦理学和应用伦理学这三个重要分支。其中规范伦理学重在研究人应遵从的道德标准以使我们的行为达至道德上的善。正如亚里士多德（Aristotle）所总结的，伦理研究包含在"对人而言何为终极善或可欲求的"这一概念之下的全部内容。[①] 因此探求义务或正当行为的一般规则，是此类研究的重点。相对于强调逻辑和语言学的方法来分析道德概念的元伦理学、专注具体道德问题并解决问题的应用伦理学，人工智能伦理的研究与规范伦理学的关联可能更为直接。

自古希腊以来，规范伦理学大致可以区分出三大研究传统。首先是道德义务论，它强调人与人之间的责任与义务。伊曼努尔·康德（Immanuel Kant）是这一理论的代表人物。他认为通过制定一些普遍性准则，人们可以区分道德规则与其他行为规则，并由此总结出三条先验的道德准则，同时也是绝对命令的三种形式。其一为普遍化原则。康德认为"要只按照你同时能够愿意它成为一个普遍法则的那个准则去行动"[②]，如果某一行为的规则不能被普遍接受，那么这一行为就是不道德的，这要求个体在做出具体行为时追求一种普遍适用的原则，而不是特定情境下的例外。其二为目的原则。康德指出"你要如此行动，即无论是你的人格中的人性，还是其他任何一个人的人格中的人性，你在任何时候都同时当作目的，绝不仅仅当作手段来使用"[③]，这要求个体在行动时不能将他人仅仅视为达到自己目的的手段，而是应该将他人都视为具有自主理性的目的体。其三为立法原则。康德认为"每一个理性存在者的意志都是一个普遍的立法的意志"[④]，也即每个人都应该被视为法律的立法者，而不仅仅是法律的接受者。这意味着在决定道德行为时，个体应该思考他们的行为是否符合一个普遍的道德法则，同时要考虑这一法则是否能够成为由所有理性存在的人共同制定的法则。

① 转引自：西季威克.伦理学史纲[M].熊敏，译.南京：江苏人民出版社，2008：11.
② 康德.康德著作全集（第4卷）[M].李秋零，主编.北京：中国人民大学出版社，2005：428.
③ 康德.康德著作全集（第4卷）[M].李秋零，主编.北京：中国人民大学出版社，2005：437.
④ 康德.康德著作全集（第4卷）[M].李秋零，主编.北京：中国人民大学出版社，2005：439.

这是康德从整体上对全部准则作的完整规定，所表达的涵义实际上就是"意志的自律"，人既是道德法则的制定者，又是其执行者，只有动物才会听任本能的摆布，而人则由道德律统率，人通过克服欲望的支配从而使自己超脱于动物，摆脱从他律界定的意志，走向自律自主的目的本身。正是康德对自在之物和超验主体之间架起的通途，让现代制度得到了规范的表述①。道德义务论研究传统对约翰·罗尔斯（John Rawls）的正义论等研究产生了重大影响。

其次是杰里米·边沁（Jeremy Bentham）、约翰·斯图亚特·穆勒（John Stuart Mill）开创的功利主义传统。该传统的核心思想是追求最大幸福或最大善，主张一个行为的道德价值应该根据其结果产生的幸福或快乐程度来评判，因此，这种传统也被称为后果论。具体来说，功利主义传统有以下几个关键的特点。第一，功利主义认为行为的结果是决定其道德价值的决定性因素，正如穆勒所说，"幸福是值得渴望的，也是唯一作为目的值得渴望的东西；其他任何东西如果说值得渴望，那也仅仅是作为实现幸福这一目的的手段"②。第二，功利主义作为结果的善指的是任一个体所感觉到的快乐、欲望的满足或者幸福，而对一个行为的评价是基于它所产生的幸福和快乐的总量，这是一个可量化的终极衡量标准，可以通过产生的快乐或幸福的强度、持续时间等方面来确定哪种行为对最大化幸福有利。最后，功利主义还认为每个人的快乐或者幸福的量是相等的，这样，人数就成为一个显见而重要的考察标准，这是对"少数服从多数"原则的最佳辩护，当然也是对公共利益的基本构想方式。然而，在现实中，快乐和幸福是难以被特定的标准衡量的，事先了解行为（或者规则）的最好结果也是一个难以完成的任务，结果也往往不是行为的唯一考量标准，诸如公正与人的权利等结果之外的东西对善的界定同样重要。

最后是美德论的传统，其关注的核心并非正确的行动，而是如何过上美好的生活。在这一传统中，道德并不局限于特定的行为准则，而是更深入地与人们的性格品质和日常生活紧密相连。这一观点与亚里士多德的经典论述"我应该成为什么样的人"相契合。美德论强调个体的德性和品质在道德行为中的至关重要性，它主张我们应该将重点放在培养善良的品质和德行上，而不仅仅是关注行为的结果或遵循的规则。阿拉斯代尔·麦金泰尔（Alasdair MacIntyre）作

---

① 拉图尔. 我们从未现代过：对称性人类学论集[M]. 刘鹏，安涅思，译. 苏州：苏州大学出版社，2010：64.

② 穆勒. 功利主义[M]. 叶建新，译. 南昌：江西教育出版社，2014：35.

为这一传统的代表人物之一，提出"德性是一种获得性的人类品质，对其的拥有与践行使我们得以获得那些深植于实践之中的益处"①。这一观点与功利主义和康德、罗尔斯等人的观点都有着显著差异。功利主义强调结果的重要性，认为"自然把人类置于两位主公——快乐和痛苦——的主宰之下"②，而美德论却强调情感和理性的平衡，认为个体应该通过理性思考来指导情感，同时在情感中找到对于美德的体验。康德强调"道德即是服从规则"，罗尔斯认为"德性就是按照规则行事"，这样的观点将道德规则置于行为的中心地位，而德性却被边缘化。与之不同，美德论主张人是社会性的动物，个体的道德行为不仅关乎个体，还关乎整个社会，因而德性本身应被视为行为的目的，追求德性就是在追求人类自身的优良生活③。换言之，美德论认为德性是人类生活的必需品质，个体不仅需要自律，还需要通过培养良好的品德来指导道德行为，为社会的和谐、公正与发展做出贡献。

规范伦理学在技术人工物的伦理主体、伦理结构和伦理治理方面积累了相对丰厚的理论基础，对人类社会应对人工智能技术可能存在的风险，都具有很高的理论和实践应用价值。但是传统伦理研究的起点是"对人而言"，除人之外的主体并不在伦理学的研究视野之中。人工智能背景下的伦理探讨，最为显著的特点在于自动化的技术人工物嵌入人类日常生活，虽然它们尚未成为具有完全道德决策和行为能力的主体，但是否给予它们道德行动者的地位，是学科研究和行业发展过程中必须正视的重要议题。

二、技术批判与技术伦理

资本主义早期对工人的残酷剥削、城市化和生态恶化，在当时就引发了技术批判和反抗，如英国知名的卢德运动。虽然主流学界对当时的反技术浪潮总体持批判态度，但"闯进花园的机器"式的技术怀疑论始终存在。而二战对人类社会巨大的破坏作用，使得希特勒被认为是人类史上首个因运用技术力量而使罪行倍增的人。雅克·埃吕尔（Jacques Ellul）、马歇尔·麦克卢汉（Marshall

---

① MacIntyre A. After Virtue: A Study in Moral Theory [M]. 5th ed. South Bend: The University of Notre Dame Press, 2007: 191.

② 转引自：边沁. 道德与立法原理导论[M]. 时殷弘，译. 北京：商务印书馆，2000：11.

③ 转引自：杨赟，高力克. 社群主义对自由主义的三大批判[J]. 浙江社会科学，2018（3）：54-60+34+157.

McLuhan）、赫伯特·马尔库塞（Herbert Marcuse）、芒福德、约翰·加尔布雷思（John Galbraith）、马丁·海德格尔（Martin Heidegger）、兰登·温纳（Langdon Winner）、布鲁诺·拉图尔（Bruno Latour）等学者都发展和深化了对技术的学术反思，这些著述也是技术伦理学的直接源头。

海德格尔在《论思想》中指出，在其生存的所有领域，人都将比以往更加紧密地被技术力量包围，将人置于这样或那样的技术发明形式的控制之下[①]。哲学家们担心人成了技术社会这部机器的齿轮，从思想和行动上沦为机器的奴仆。在这个意义上就诞生了"自主性技术"的概念，[②]表达技术业已失去人类控制之意。在康德学术脉络下谈论技术的自主性是令人不安的，因为康德认为自主性是自我意志的根本条件，赋予技术以自主性，在某种程度上即是人的自主性被替代[③]，主客体的位置产生了颠倒。但仍然有相当一部分学者认为技术是价值中立的，技术本身并不是一种自我决定的力量，仅是一种手段。卡尔·西奥多·雅斯贝尔斯（Karl Theodor Jaspers）指出，"技术本身并无善恶。一切取决于人从中造出什么"[④]。艾曼纽·梅塞纳（Emmanuel Mesthene）也坚持技术价值中立的观点，认为"有益的做法是将技术定义为一般意义上的工具"[⑤]。

部分学者承继埃吕尔的研究传统，认为技术充满意向性，是社会结构的体制性力量。温纳认为，技术在中立的、工具式的掩护下，建立了一种崭新的秩序[⑥]。美国技术哲学家唐·伊德（Don Ihde）认为，技术不是中性的工具，它们在人与世界的关系中发挥着主动性的作用[⑦]。拉图尔进一步深化了这一观点，他提出道德和技术都属于"本体论的范畴"，技术以具体的形态促进人类社会的

① Heidegger M. Discourse on Thinking [M]. Trans. Anderson J M, Freund E H. New York: Harper & Row, 1969.
② 温纳. 自主性技术: 作为政治思想主题的失控技术[M]. 杨海燕，译. 北京: 北京大学出版社，2014.
③ Ellul J. The Technological Society [M]. Trans. Wilkinson J. New York: Vintage Books, 1964: 92.
④ 转引自: 闫坤如. 人工智能的道德风险及其规避路径[J]. 上海师范大学学报（哲学社会科学版），2018，47（2）: 40-47.
⑤ Mesthene E G. Technological Change: Its Impact on Man and Society [M]. Cambridge, MA: Harvard University Press, 1970: 25.
⑥ 温纳. 自主性技术: 作为政治思想主题的失控技术[M]. 杨海燕，译. 北京: 北京大学出版社，2014: 278.
⑦ Ihde D. Technology and the Lifeworld: From Garden to Earth [M]. Bloomington and Indianapolis: Indiana University Press, 1990: 6.

形成，包括我们的行动和决定的道德特征①。尤为引人深思的是，技术的"偶发性"影响机制，即技术对人类的控制并不总是具有预先意图，其中一部分后果是出乎意料的。这意味着人并非总能控制自身所创造的技术的社会后果。乌尔里希·贝克（Ulrich Beck）的风险社会概念也回应了这一观点，"在风险社会中，未知的、意图之外的后果成了历史和社会的主宰力量"②。

恰如荷兰学者彼得−保罗·维贝克（Peter-Paul Verbeek）所指出的，早期技术伦理学采取的是批判的方式，这些批判不是针对具体的技术应用场景和案例，而是对"大写的技术"自身现象的批判③，但过于抽象化和哲学层面过于本质论的探讨方式反而流于隔靴搔痒。

三、技术人工物道德主体地位辨析

人工智能的技术想象突破了自启蒙运动以来人和非人实体之间的界限。美国技术哲学家伊德识别出了人与技术的四种关系：具身关系、诠释学关系、他者关系和背景关系。伊德所说的具身关系类似海德格尔的"上手"，有些技术能够上手，而有些技术只能在手，成为我们行动的背景性因素。随着人工智能的发展，人、技术与世界的关系结构发生了改变，人和技术也表现出融合关系，例如后现象学技术哲学家维贝克提出的赛博格关系（cyborg relation）和复合关系（composite relation）④。

人工智能的技术想象包括创造出具有自我意识的自动化系统，这就在伦理学体系内提出了一个全新的问题：技术是否能被赋予道德主体地位？

自启蒙运动伊始，伦理学就有着人本主义特征，因此以道德术语来研究物绝非易事，这违背了伦理学理论的最基本假设⑤。在主流伦理学中，一个合格的道德行动者至少是拥有意向性和一定程度的自由。很多哲学家认为，技术客体缺

———————

① Latour B. Where are the missing masses? The sociology of a few mundane artifacts [M]//Shaping Technology/Building Society: Studies in Sociotechnical Change. Cambridge, MA: The MIT Press, 1992: 225-258.

② 贝克. 风险社会[M]. 何博闻，译. 南京：译林出版社，2004: 22.

③ Verbeek P-P. Moralizing Technology: Understanding and Designing the Morality of Things [M]. Chicago and London: The University of Chicago press, 2011: 3.

④ Verbeek P-P. Cyborg intentionality: Rethinking the phenomenology of human–technology relations [J]. Phenomenology and the Cognitive Sciences, 2008, 7: 387-395.

⑤ Verbeek P-P. Moralizing Technology: Understanding and Designing the Morality of Things [M]. Chicago and London: The University of Chicago Press, 2011: 41.

乏自由意志和意向性，不能对它们的行动负责。例如 AlphaGo 可以胜过人类围棋大师，但是没有办法理解自己走子行为的意义，现阶段并不具有自由意志，只是具备以人为核心的一个巨大的延展认知系统的能力，是系统部分认知功能的某种外化。①无论从道义论视角还是后果论视角，人工物只能从因果层面而非道德层面对既定的行为负责。因此，"没有理由将人工物纳入道德共同体之中"②。

弗洛里迪和桑德斯（J. W. Sanders）于 2004 年发表了颇具影响的《关于人工能动者的道德》一文，聚焦实际上具有"行动者"资格的智能技术。他们依据行动者之互动关系标准，使用交互性、自主性和适应性三个标准来判断。一个系统如果能与外部环境互动，能在没有响应外部刺激的情况下行动，也有在不同的环境中行动的适应能力，这个系统就可以被视作行动者。如果系统行事方式会产生道德结果，那么就被认为是一个道德自主体③。

弗洛里迪和桑德斯在某种程度上提出了一个类似道德图灵测试的模式，区分了道德问责和道德责任。这种分布式道德允许无心的道德，将一个哲学难题转变为具备操作性的判断标准。也就是说，我们无须执着于现有系统是不是成熟的道德智能体，只要系统具备交互性、自主性和适应性三个标准，就可以被当作一个道德主体而予以问责。

在交互性、自主性和适应性三个标准之下，当下以 ChatGPT 为代表的人工智能大语言模型及其应用就十分接近一个道德主体。当然，仅仅是以完成自然语言处理为核心目的的大语言模型更像一个社交工具甚至是人类的玩具，但大语言模型"all-in-one"的通用能力让它在多场景、多任务、多模态下具备生产、决策的自主性，人工智能插件、软件和应用系统的发展，值得更加深入地探析。

总体而言，道德自主体形成的可能性让伦理学者反思启蒙主义以来的人本主义、个体主义伦理研究路径④，并从问责的角度建构"人工能动者"的道德主体地位及其问责要件⑤。类似研究有助于伦理学研究进一步突破"人是万物尺度"

① 刘晓力. 如何理解人工智能[N]. 光明日报，2016-05-25（14）.

② Swierstra T. From critique to responsibility: the ethical turn in the technology debate [J]. Society for Philosophy and Technology Quarterly Electronic Journal, 1997, 3(1): 45-48.

③ Floridi L, Sanders J W. On the morality of artificial agents [J]. Minds and Machines, 2004(14): 349-379.

④ Verbeek P-P. Cyborg intentionality: Rethinking the phenomenology of human-technology relations [J]. Phenomenology and the Cognitive Sciences, 2008, 7: 387-395.

⑤ Floridi L, Sanders J W. On the morality of artificial agents [J]. Minds and Machines, 2004(14): 349-379.

的理论窠臼，而在拟客体的增殖和人类与非人类之间的传义者的增值的背景下[①]，面向科学和社会的共同构建并着力解决其间可能的道德困境。

第二节　新闻传播的职业伦理

伦理并非静态的规则，而是个体和社会应对条件变动、意外事件和新思维模式所导致的各种问题的必要人类行为[②]。当社会生活变化时，道德概念也会变化[③]。新闻行业本身受到信息技术变化的巨大影响，而由于新闻本身特殊的社会功能，新闻实践和新闻伦理对社会生活方式的形成意义重大。

自 1923 年美国报纸编辑协会提出美国首个新闻业自律规范《报业信条》（Canons of Journalism）以来，责任（responsibility）、自由（freedom of the press）、独立（independence）、真实准确（sincerity, truthfulness and accuracy）、公正（impartiality）、公平（fair play and decency）便成为新闻传播行业职业伦理的重要原则。而 21 世纪初信息技术的发展对传统新闻专业主义产生了巨大的冲击：首先，在线新闻，特别是基于社交媒体的信息传播模式，使得传统新闻业的严格事实检查机制被非专业化的新闻形式取代[④]；其次，新闻专业人员把控信息流的垄断地位也被打破，传统媒体一直遵循的伦理价值，如客观公正、把关控制等，被大量即时性用户生成的内容遮蔽[⑤]；最后，全球化新闻业的出现更是产生了一个更难解决的问题，即如何设想和界定全球化新闻传播的相关责任[⑥]。也有学者把这一时代的新闻称为后工业时代的新闻[⑦]。

到了人工智能时代，媒体技术的突飞猛进更是构建了一个万物皆媒的社会，

---

① 拉图尔. 我们从未现代过：对称性人类学论集 [M]. 刘鹏，安涅思，译. 苏州：苏州大学出版社，2010：151.

② Ward S J A. Ethics and the Media: An Introduction [M]. New York: Cambridge University Press, 2011.

③ 麦金太尔. 追寻美德：道德理论研究 [M]. 宋继杰，译. 2 版. 南京：译林出版社，2011.

④ 科瓦奇，罗森斯蒂尔. 新闻的十大基本原则：新闻从业者须知和公众的期待 [M]. 刘海龙，连晓东，译. 中译本 2 版. 北京：北京大学出版社，2014：205.

⑤ 科瓦奇，罗森斯蒂尔. 新闻的十大基本原则：新闻从业者须知和公众的期待 [M]. 刘海龙，连晓东，译. 中译本 2 版. 北京：北京大学出版社，2014：20-24.

⑥ Ward S J A. Ethics and the Media: An Introduction [M]. New York: Cambridge University Press, 2011: 54.

⑦ Anderson C W, Bell E, Shirky C. Post-industrial journalism: Adapting to the present [J]. Geopolitics, History and International Relations, 2015, 7(2): 32.

互联网也在一定程度上形成了没有精英控制的公众舆论场和表达渠道，以机器人写作①、传感器新闻②和智能推荐机制③为代表的人工智能技术也已渗透到新闻的生产、传播和互动的各个环节，可能取代人类精英，做出信息决策和伦理决策。如果这一技术想象成为现实，尤尔根·哈贝马斯（Jürgen Habermas）的"理想语境"、罗尔斯的"理想处境"理论假设就需要修正，良序社会所需要的程序正义和实质正义不得不将无心的道德主体纳入考虑，这将对新闻职业伦理产生巨大的影响。

一、新闻传播伦理的研究框架与学术共识

新闻伦理属于应用伦理学的范畴，关注新闻业的使命功能、基本原则以及实践方法等方面的问题。新闻伦理研究并指导新闻行为，构建行业主体与其他公民互动的基本原则（principle）和规范（rule），具有很强的实用性。新闻伦理内涵和规范的形成受制于多种逻辑，是社会、技术和经济结构共同作用下的结果④。因此新闻伦理并非一成不变，而是一个不断发展和适应新技术、新社会环境的领域。随着时间的推移，新闻伦理也持续影响和塑造全球新闻业的运作方式。

1791年12月15日，美国宪法第一修正案被批准通过，其规定"国会不得制定关于下列事项的法律：确立国教或禁止信教自由；剥夺言论自由或出版自由；或剥夺人民和平集会和向政府请愿申冤的权利"。该规定成为美国新闻自由的法律依据。而最早关于新闻伦理的文件可以追溯到1908年⑤。美国密苏里大学新闻学院的创始人和首任院长沃尔特·威廉斯（Walter Williams），负责制定了

---

① Clerwall C. Enter the robot journalist: Users'perceptions of automated content [J]. Journalism Practice, 2014, 8(5): 519-531; 彭兰. 智媒化: 未来媒体浪潮——新媒体发展趋势报告 (2016)[J]. 国际新闻界，2016，38（11）：6-24; 喻国明，兰美娜，李玮. 智能化: 未来传播模式创新的核心逻辑——兼论"人工智能＋媒体"的基本运作范式[J]. 新闻与写作，2017（3）：41-45.

② Pitt F. Sensors and Journalism [R/OL]. [2023-03-02]. https://www.staufferlab.com/uploads/4/5/6/9/45693809/pitt_2013_sensors and journalism.pdf.

③ 方师师. 算法机制背后的新闻价值观——围绕"Facebook偏见门"事件的研究[J]. 新闻记者，2016（9）：39-50; 王茜. 打开算法分发的"黑箱"——基于今日头条新闻推送的量化研究[J]. 新闻记者，2017（9）：7-14.

④ 牛静，胡文韬. 流动的现代性社会中新闻伦理的理念反思与维度重构[J]. 新闻界，2023（11）：23-32.

⑤ Edmondson A, Perry Jr E L. Objectivity and "The Journalist's Creed": Local coverage of Lucile Bluford's fight to enter the University of Missouri School of Journalism [J]. Journalism History, 2008, 33(4): 233.

《报人守则》("Journalist's Creed"),其中包含了新闻报道的客观性、建设性等理念。1923年,美国报纸编辑协会通过了《报业信条》,其序言规定"报纸的主要功能是向人类传达其成员的所作所为、感受和想法""新闻工作要求其从业人员具有最广博的智力知识和经验,同时还要有天生的、经过训练的观察和推理能力",同时提出了责任、自由、独立、真实准确、公正、公平等准则。①

这些准则可以视作对西方自由主义模式缺陷的一种回应,反思与批评了彼时的新闻业状况:在商业化冲击下,许多媒体开始大量报道犯罪、色情、丑闻等刺激性新闻,以耸人听闻的手法进行夸张渲染。这类新闻后来被称为"黄色新闻"。1901年9月,威廉·麦金莱(William McKinley)总统因为威廉·赫斯特(William Hearst)在《纽约新闻报》中的煽动遭遇刺杀,在凶手口袋里搜出了这份《纽约新闻报》,引起了社会面的强烈反响,社会舆论严厉谴责了赫斯特和《纽约新闻报》,引起了业界关于新闻伦理的反思②。同时,新闻伦理的特别之处还在于其强烈的实践问题导向性。在实际的新闻生产过程中涌现了许多值得关切的问题,例如记者与消息来源的关系、报道真相与伤害当事人之间的冲突、保护消息来源的匿名性等等。这些在具体实践中产生的、由新闻报道性质决定的伦理问题,呼唤着操作性更强、更具体细致的伦理规范的出现③。

由此可见,新闻伦理的研究始于对行业不正之风的纠偏修正,是基于行业实际的伦理难题进行的价值判断。政府、媒体和公众是新闻伦理关系中的核心行动者,而伦理难题正是产生于新闻行为中这些主体持续、频繁的互动。各种情况下对沟通的疑虑似乎都无法避免,因此引发了整合新闻价值多元化的尝试,试图形成一个连贯完整的框架。1947年,美国新闻自由委员会起草了总报告《一个自由而负责任的新闻界》("A Free and Responsible Press"),进一步确立了新闻职业伦理和准则,主张新闻自由应以社会责任为规范,这是社会责任论被正式提出的标志④。这份报告针对政府、媒体和公众三个主体分别提出建议,勾画

---

① Saalberg H. The canons of journalism: A 50-year perspective [J]. Journalism Quarterly, 1973, 50(4): 731-734.

② 王蕾. 美国现代报业竞争与黄色新闻浪潮[J]. 新闻知识,2003(Z1):38-40.

③ Ward S J A. Ethics and the Media: An Introduction [M]. New York: Cambridge University Press, 2011.

④ 董岩. 新闻责任:实践、原理与历史[J]. 西部学刊,2016(02):6-8.

了新闻业成为真正社会公器的理想图景。①1971 年，美国国防部官员丹尼尔·艾尔斯伯格（Daniel Ellsberg）向新闻媒体披露了一批绝密文件，显示美国政府采用欺瞒公众的方式来获得公众对越战的支持。这就是"五角大楼文件事件"，它掀起了关于新闻自由和国家安全之间冲突的激烈讨论。

从自由放任到自由约束，是西方新闻专业主义核心的发展路径。②自由约束实质上反映了西方新闻媒体伦理规范的基本框架，由主动原则和约束原则组成。③一个案例是美国职业记者协会（Society of Professional Journalists, SPJ）提出的伦理规范，其现行版本于 1996 年在 SPJ 全国代表大会上获得通过。SPJ 规范有两个主动原则，即"寻求真相并报告"和"独立行动"；以及两个约束原则，即"尽量减少伤害"和"承担责任"。这是最基础、普遍的原则，而后在客观立场下对它们进行解释和应用，制定出具体的守则。例如"寻求真相并报告"这一原则下包含了"测试所有来源信息的准确性并小心避免无意的错误，故意歪曲是绝对不允许的""努力寻找新闻报道的主题，让他们有机会对不当行为的指控做出回应，尽可能确定来源"，等等。图 1-1 展示了新闻伦理发展的重要历史事件。

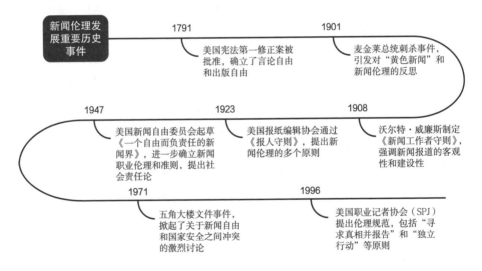

图 1-1　海外新闻伦理发展的重要历史事件

① 赵云泽，赵国宁."理想"和"技术"哪个更让新闻业负责任？——兼论中国新闻实践中对美国"社会责任论"的批判借鉴 [J]. 新闻界，2018（9）：28-33.

② 李林蔚. 从美国新闻史看新闻专业主义 [J]. 青年记者，2007（6）：27-28.

③ Ward S J A. Ethics and the Media: An Introduction [M]. New York: Cambridge University Press, 2011: 166.

中国最早对新闻伦理的探讨研究始于 19 世纪。19 世纪 70 年代至 90 年代，《申报》《字林沪报》《新闻报》等媒体在有关新闻真实、规避隐私等方面的规范已初见雏形，同时对报刊的道德促进作用、公共话语使命以及办报方式方法展开辨析与讨论①。新中国成立后，新闻伦理建设主要遵循了党的思想道德建设方针，新闻事业的发展与国家政治形势密切相关②。不同于西方新闻媒体，中国从一开始就确定了"党管媒体"，媒体是党和政府的"喉舌"。"新闻为政治服务的理念占主导地位，这深深地影响了新闻传播者的职业理念和价值取向。"③

1991 年，《中国新闻工作者职业道德准则》在中华全国新闻工作者协会第四届理事会第一次全体会议获准通过，业界拥有了第一份统一的职业道德规范，学界则推动了对新闻伦理的研究。中国的新闻伦理研究同样是始于对行业状况的批判。20 世纪 90 年代，一方面，市场化带来的有偿新闻占据了过多版面，对媒体公信力造成了一定的影响。另一方面，彼时世界上发生的重要节点事件，例如 1991 年的"肯尼迪事件"、1997 年的"白晓燕案"和"戴安娜王妃车祸"等，引起了对侵犯隐私和人文关怀等议题的广泛关注，这些新闻行为中出现的伦理难题也激发了新闻界就新闻道德和责任准则展开深入的讨论。④《中国新闻工作者职业道德准则》先后在 1994 年和 1997 年进行了修订。

2016 年 2 月 19 日，习近平总书记在党的新闻舆论工作座谈会上发表重要讲话，提出党的新闻舆论工作的职责和使命"48 字方针"：高举旗帜、引领导向，围绕中心、服务大局，团结人民、鼓舞士气，成风化人、凝心聚力，澄清谬误、明辨是非，联接中外、沟通世界。"48 字方针"概括了党新闻舆论工作的职责使命与方法论。2019 年，《中国新闻工作者职业道德准则》通过了第四次修订，共七条原则：全心全意为人民服务；坚持正确舆论导向；坚持新闻真实性原则；发扬优良作风；坚持改进创新；遵守法律纪律；对外展示良好形象。

在当前新闻伦理规范的框架中，有几条原则是自新闻伦理研究初始便被反复提及、推敲的，逐渐形成一种专业共识。

---

① 操瑞青. 早期《申报》"体例"与 19 世纪新闻人的伦理观 [J]. 国际新闻界，2020，42（7）：157-176.
② 陈绚. 新闻传播伦理与法规教程 [M]. 北京：中国传媒大学出版社，2006：45.
③ 魏永征. 中国媒介管理法制的体系化——回顾媒介法制建设 30 年 [J]. 国际新闻界，2008（12）：75-80.
④ 林爱珺，张博. 规范建构与学科建设：新中国新闻伦理研究 70 年 (1949—2019)[J]. 新闻与传播研究，2019，26（11）：5-18+126.

（1）客观真实：强调新闻报道应该基于事实，尽可能地客观和准确。这包括核实信息的真实性，不断寻求多方面的视角和信息源。当然，随着新闻生产实践的变迁和社会技术的发展，这一新闻伦理准则也在被重新定义。"实用客观性"（pragmatic objectivity）的概念被提出，以代替原本仅仅强调事实本身的狭隘客观性原则。媒体被要求不再是单纯报道事实，而应当深入解释事实的内涵，以降低因追求客观性而发生的伦理价值偏颇。[①]

（2）最小伤害：在报道新闻时，应当考虑对个人、群体和社会的潜在伤害，尽量减少负面影响。例如，在报道敏感事件或灾难时，应尊重受害者的隐私和尊严。假如出于公共利益，媒体需要公布部分个人数据，牺牲这部分人的个人数据权利，这时必须采取措施将伤害降到最低，例如，采用"匿名化"的策略，实现信息的"去个人化"[②]。

（3）独立自由：新闻机构和记者应保持独立，避免受到政治、商业和其他外部利益的影响。这也包括避免利益冲突。由于新闻界是公共信息和辩论的中心，新闻自由问题以多种形式出现在社会的许多领域[③]。事实上自由和约束的议题一直与新闻伦理的发展相生相伴，尤其在当今互联网发展的语境下有着特殊的重要性。

（4）社会责任：新闻传播不仅是提供信息的渠道，还承担着促进公共对话、教育公众和支持民主过程的社会责任。在1947年美国新闻自由委员会起草的《一个自由而负责任的新闻界》中就明确提出了社会责任论。但这一论述更多是一种对理想的呼唤，寄希望于政府、媒体和公众的高尚品德。当媒体的生态环境发生改变，媒介技术的发展让社会责任问题变得更为复杂。一方面，"社会责任论"期待的"声音多元化"在媒介改变中得以前进[④]，公众有机会在更多视角中审视事实真相；另一方面，更多主体的出现也让媒体社会责任的认定和追责变得更为困难[⑤]。

---

① Ward S J A. Radical media ethics: Ethics for a global digital world [J]. Digital Journalism, 2014, 2(4): 455-471.

② 张超."后台"前置：新闻透明性的兴起、争议及其"适度"标准[J]. 国际新闻界，2020，42（8）：88-109.

③ Ward S J A. Ethics and the Media: An Introduction [M]. New York: Cambridge University Press, 2011: 88.

④ 赵云泽，赵国宁."理想"和"技术"哪个更让新闻业负责任？——兼论中国新闻实践中对美国"社会责任论"的批判借鉴[J]. 新闻界，2018（9）：28-33.

⑤ 刘海霞.媒体社会责任实践的可行性路径[J]. 青年记者，2017（27）：30-32.

二、当下新闻伦理危机及其失范现象

随着传播技术迅速发展，媒体格局与舆论生态正经历着深刻变革。曾经高度专业化和职业化的信息传播领域变得即时、流动、轻量、开放，原本稳固的新闻和信息组织模式液态化，边界模糊且相互融合。在这一变革中，新闻伦理作为历史悠久的研究议题，其长久被珍视的伦理传统及原有框架也随之受到极大挑战。

数字技术的出现和繁荣在为新闻事业带来新的发展契机的同时，也引发了一系列道德失范和伦理缺失的现象，并在这一意义上再次推动了学界与业界对新闻伦理议题的关注。作为新闻伦理研究的主要研究方法，案例分析与实证研究不仅能够反映新闻伦理随媒介技术的变迁脉络，也在一定程度上丰富了新闻伦理研究的内容和议题。[①]尤其当社交媒体成为新闻生产的新领域后，一系列新闻伦理热点事件与典型案例也使得新技术、新媒体、新实践引发的新闻伦理问题受到更广大范围、更多元主体的讨论。

（一）后真相时代的新闻"真实性"悖论

作为新闻学理论和实践的核心概念，新闻真实性被认为是舆论生态的基石，也是学理研究的重心。但近来"假新闻"（fake news）、"替代事实"（alternative facts）等概念在美国政界与主流媒体的交锋中频繁出现，让新闻真实性的标准不再不言自明。传统的"假新闻"指那些以新闻报道形式呈现，但缺乏新闻媒体确保信息准确性与可信度的必要规范程序和意图的虚假信息。[②]这一概念与虚假信息（disinformation）、谣言（rumor）等相互关联，共同构成了舆论生态中虚假传播现象的重要概念簇。[③]

真实性问题纠缠于现实、事实与真相的复杂关联。[④]在客观唯物主义认识论的框架下，新闻认知被视为主体与新闻事实之间通过中介手段相互作用的动

① 季为民. 数字媒体新闻伦理研究的新观点、新问题和新趋向[J]. 现代传播（中国传媒大学学报），2020，42（4）：31-37.
② Lazer D M J, Baum M A, Benkler Y, et al. The science of fake news [J]. Science, 2018, 359(6380): 1094-1096.
③ 於红梅，潘忠党. 近眺异邦：批判地审视西方关于"后真相"的学术话语[J]. 新闻与传播研究，2018，25（8）：5-24+126.
④ 姜华. 复杂真相与意义生成：论杂合体新闻业的新闻真实及其实现[J]. 新闻界，2022（5）：15-26+39.

态过程。这一过程不仅反映了现实世界的复杂性，也体现了人类认知能力的局限性与发展性。当搁置现象真实与本质真实、宏观真实与微观真实等哲学命题，仅就新闻真实性的操作性内涵而言，它的核心在于能否准确、无偏见地呈现其所报道的事实。①

即便在大众媒体时代，坚守新闻真实性也绝非易事。新闻从业者在撰写报道时并非孤立地处理事实，而往往是将它们巧妙地嵌入一个复杂且相互关联的"事实性网络"之中②，这一网络为新闻叙事奠定了坚实的基础，也可能导致固有观察立场对客观真实的扭曲。网络媒体的崛起促使新闻真实逐渐被多重真实性所冲击，新闻真实观呈现出由"传播真实观"向后新闻业时代的"有机真实观"转变。③网络化事实更加强调信息的互联性和动态性，它们不再是孤立的知识单元，而是相互关联、相互影响，共同构成了一个复杂且不受限制的信息网络。

社交媒体催生"后真相"现象，即信息内容介于真实与虚假之间，不完全客观也不完全虚构，是一种情绪化的现实，直接推翻了以往达成的共识，即事实是社会基石。④情绪化传播凌驾于事实之上，信息平台也日益超越传统媒体成为新闻传播的重要渠道。"新闻—事实"纽带的断裂⑤，让新闻价值的评判标准从对"真实"的坚守转向了对"信任"的渴求。

随着生成式人工智能技术的飞速发展，人机关系又在新闻生产与传播领域发生了深刻变革，虚拟机器人成为舆论生态的重要行动者。这一变革不仅体现在技术层面的深度融合，更触及了新闻生产与消费的界面革新，新闻实践变得更加多元也更加复杂。与人类记者一样，机器在新闻生产过程中也非尽善尽美，"大模型幻觉"可能导致机器在生成新闻时，倾向于编造出看似逻辑自洽却缺乏确凿事实支撑，甚至违背用户初衷的内容。以美国科技媒体CNET的实践为例，自2022年11月起，该媒体尝试引入自研AI引擎辅助金融服务主题报道的创作。

---

① 董天策. 新闻的真实性是什么——兼论新闻理论体系的科学性[J]. 新闻与传播研究，2004，11（3）：8-12+94.
② 塔奇曼. 做新闻[M]. 麻争旗，刘笑盈，徐扬，译. 北京：华夏出版社，2008：95.
③ 杨保军. 当代中国新闻真实观的变迁、走向及内在规律[J]. 新闻大学，2022（1）：59-71+122-123.
④ 张庆园，程雯卿. 回归事实与价值二分法：反思自媒体时代的后真相及其原理[J]. 新闻与传播研究，2018，25（9）：51-67+126-127.
⑤ 潘忠党. 导言：媒介化时代的公共传播和传播的公共性[J]. 新闻与传播研究，2017，24（10）：29-31.

然而，生成的 77 篇报道中超过半数含有事实性错误或存在不当引用问题，最终迫使CNET暂停该项目。滥用深度合成技术更加让虚假信息的制造与传播变得便捷和隐蔽，这不仅严重干扰了正常的传播秩序，更对舆论生态和人际信任造成破坏。然而，人工智能技术同时也为假新闻的解决途径开辟了新的方案。虚拟机器人可替代以往低效的人类审核员，应对海量信息的审核任务。以马克·扎克伯格（Mark Zuckerberg）为代表的社交媒体创始人，在面对公众和立法者对信息生态日趋严厉的关切下，寄希望于人工智能系统的深度学习能力能够协助人类控制虚假信息传播。

综合而言，技术的变迁并未改变社会对新闻传播和舆论生态的根本需求，坚守新闻真实性、追求事实共享才能有效维护公众的知情权，促进社会的公正与透明。在人工智能进入舆论生态之前，新闻真实性就是一个充满博弈的复杂场域，技术的迭代则让人类对拟态环境的控制力进一步下降。期待技术全面解决人类社会的固有问题也许并不理性，但维持技术与社会的良性互动，控制高风险的自动化技术的产品化进程，却是当下具有可操作性的治理目标。

（二）信息茧房与"被遗忘权"争议

智能新闻即机器人新闻，也可称为自动化新闻、算法新闻或机器新闻，是计算机通过基于算法设计的人工智能软件自动生成新闻以及推送新闻的一种新闻生产形式。有学者指出，随着数字技术的进一步发展，智能新闻势必在更大的领域引起新闻生产的变革，新的围绕着智能机器建立的新闻生产关系将逐渐成形[1]。而在这一转变过程中，应给予人工智能技术所带来的各种新闻伦理问题足够的关注与警惕，其中以信息茧房与被遗忘权缺失最为典型。

算法智能推荐导致的受众所接受的观点窄化问题被形象地概括为信息茧房。信息茧房最早由美国学者凯斯·罗伯特·桑斯坦（Cass Robert Sunstein）提出，意指在通信领域，人们只选择自己感兴趣和能令自己愉悦的内容。[2]有学者总结了相关研究成果，归纳出信息茧房对新闻伦理的挑战和危害：其一，容易加剧误解、放大假消息；其二，摧毁网络公共领域建构，造成群体极化，导致公众理性

---

[1] 杨保军，杜辉. 智能新闻：伦理风险·伦理主体·伦理原则[J]. 西北师大学报（社会科学版），2019，56（1）：27-36.

[2] Sunstein C R. Infotopia: How Many Minds Produce Knowledge [M]. New York: Oxford University Press, 2006: 9.

批评的缺失和共同体维系的破坏；其三，在用户角度形成"拟态环境"，阻碍人们充分接近真实社会的信息环境。①

此外，人工智能时代的隐私保护已然成为如今学者争论的焦点议题。在新媒介环境中，由于网络空间的虚拟性、即时性和可记录性，使作为现实空间个人隐私权屏障的时间、空间失去了存在的意义。随着智能新闻大数据挖掘技术的不断精进，海量的数据资源中包含着大量的公民个人信息，公民对此可能并不知情且无法控制。数字时代新闻报道的侵害比传统的隐私权侵害更加隐蔽和难以防范。与此同时，披着"个人信息保护"旧衣的新议题"被遗忘权"逐渐成为互联网治理的重要议题。

"被遗忘权"（Right to Be Forgotten）也被称为"删除的权利"（The Right to Erasure），是隐私权在互联网时代延伸出来的一种新的权利类型。②近年来，多个新闻反转事件都由于个人信息的泛滥催化了网络暴力，造成舆论失焦，被遗忘权逐渐成为互联网治理中个人信息保护的热点议题。在互联网时代，被遗忘权实操中的难度主要来自法律和技术两个维度。从法律层面来说，我国仍处于观望西方的阶段，至今没有出台关于保障信息删除权利的法律法规；从技术层面来说，被遗忘权规定的是数据控制者删除相关的数据，并不确保信息从源头上被抹去③。

被遗忘权得以被越来越多的人了解并关注，离不开2014年裁决的"西班牙谷歌公司案"。2009年，西班牙公民马里奥·冈萨雷斯（Mario González）在谷歌页面上检索自己姓名时发现，西班牙报纸《先锋报》刊登着一篇他本人在1998年因未能缴纳社会保险而导致财产被强制拍卖的消息。冈萨雷斯认为这篇过时的报道内容不应持续损害他的声誉，便于2010年向西班牙数据保护局进行投诉，不仅要求《先锋报》删除该报道，还要求谷歌公司删除该公告新闻的数据链接。该案件最终由欧盟最高法院受理，并在2014年由欧盟最高法院依据《欧盟数据保护指令》做出了最终裁决：谷歌公司作为数据控制的第三方，有义务删除该报道。

① 赵瑜. 人工智能时代新闻伦理研究重点及其趋向[J]. 浙江大学学报（人文社会科学版），2019，49（2）：100-114.
② 吴飞. 名词定义试拟：被遗忘权（Right to Be Forgotten）[J]. 新闻与传播研究，2014，21（7）：13-16.
③ 汤幸莹. 从"被遗忘权"视角探讨新闻伦理[J]. 传播与版权，2019（9）：16-18.

（三）人本主义的报道伦理争议

互联网的连接特性，打破了既往信息传播的垂直模式和专业垄断，也助推了煽情主义、民粹倾向和泛娱乐等失范行为。新闻报道往往直面社会的热点和难点问题，面对纷繁复杂的社会关系和利益群体，如果理智的声音遭遇过多的传播障碍而持续不能被听见，不仅影响舆论生态，也可能引发严重的社会问题。因此，保障公众知情权、遵循最小伤害的人本主义原则无疑应成为媒体报道的基本职业规范。

然而近期以灾难性新闻为代表的具有剧烈冲突性和情感性的报道，往往以煽情式报道代替客观叙事，以此谋取关注度与大幅流量。不仅如此，部分报道者对新闻时效性的盲目追求容易造成对受害者的二次伤害。此外，注重宣扬而弱化灾难情况的报道会造成媒体失信，公式化的新闻写作也会造成受众的反感。最后，官方媒体的"失语"经常导致信息无法及时在主流渠道传播，而通过非官方渠道传播的信息往往失去了其真实性。

2022年3月21日，在突发东航MU5735航空器飞行事故后，国内诸多媒体在第一时间进行了详细报道，并及时关注救援过程和调查进展。但在此过程中，部分媒体的报道由于涉及新闻伦理问题而受到广泛质疑，尤其以《MU5735航班上的人们》一文为典型。一些媒体的相关报道中多处出现了遇难乘客的详细个人信息；甚至在官方尚未确认的情况下自行宣布所有乘客和乘务人员已经遇难，并在没有征得采访对象同意的情况下打扰遇难乘客亲友；又或是出现了盲目煽情、过度"消费眼泪"式的报道，进而在社交媒体平台上引发了一场关于新闻伦理问题的讨论。

与此同时，也有学者指出灾难报道和人文关怀一直是新闻伦理的典型悖论问题[1]。在这一意义上，有学者对传统媒体和社交媒体在灾难新闻报道方面的伦理问题进行了分析：传统媒体的新闻伦理问题在于侵扰悲痛和报道不够及时，容易导致谣言四起；而社交媒体的新闻伦理问题主要是对灾难进行反复报道，对受灾群众造成二次伤害。[2]未来，为了在社交媒体时代能够解决此类问题，还需要对具体现象进行伦理规范的设计，进而保证灾难报道能够真正遵循最小伤害原则。

① 季为民.数字媒体新闻伦理研究的新观点、新问题和新趋向[J].现代传播（中国传媒大学学报），2020，42（4）：31-37.
② 李想.浅析媒体在灾难性报道中的伦理缺失[J].传播力研究，2019，3（10）：195-196.

在 AIGC 日益成为一个产业事实的当下，机器生产内容是否能理解和遵循人本主义原则，是智能时代的另一大挑战。当下在内容宣推、电商直播过程中，大量的机器生产内容近乎全自动地生成无需人工干预的多模态信息，如果这些行业应用进一步扩展至新闻生产，机器是否能理解人类情感、尊重人类交流规范，会成为一个伦理难题。

三、新闻伦理和传播伦理的交融演进

曾有学者将新闻伦理视为划分记者和非记者的标记[1]，然而随着互联网的普及，这个边界越来越模糊。自进入"人人都是传播者，个个都有自媒体"的 Web 2.0 时代以来，社会公开传播的行为主体由传媒行业及相关从业人员逐步扩大到社会公众，传播伦理已然成为亟待普及的公民素养[2]；与此同时，新闻生产的制作、发布等环节亦被烙上数字印记，对新闻伦理进行修整或颠覆的讨论不绝于耳[3]，新闻伦理内涵的重新定义，或者以更加广义的传播伦理取代新闻伦理，引发了讨论。

（一）主体扩大：从职业化生产到社会化生产

全媒体传播语境之下，传播渠道与媒介形态的多元发展促使受众与媒体、媒体与媒体、受众与受众间演变出全新的互动关系，传播由单向到多向的变革更使得原先作为信息接收者的个体成为互联网信息传播的主体：他们不仅是用户和消费者，也开始成为更主动的生产者和建设者[4]，这一转变显然具有划时代意义。

聚焦到新闻生产领域，职业化生产、社会化生产、智能化生产三者并存的状态已逐渐形成。除了涵盖媒体复述、记者创作、记者改写等多种方式在内的职业化生产之外，主要以官方发布、公民讲述两种方式呈现的社会化生产内容同样占据着不容忽视的比重，而随着技术的持续迭代，智能生成新闻也日益成

---

① Singer J B. Getting past the future: Journalism ethics, innovation, and a call for "flexible first" [J]. Comunicação E Sociedade, 2014(25): 67-82.

② 陈昌凤. 互联网时代的传播伦理：从专业伦理向公民道德拓展——《媒介伦理：案例与道德推理》第 9 版读后感[J]. 新闻与写作，2013（10）：93-94.

③ 付可欣. 从话语伦理看数字时代的新闻伦理[J]. 青年记者，2022（8）：98-99.

④ Bowman S, Willis C, 欧阳俊杰. 参与式新闻的兴起[J]. 中华文化论坛，2009(S1): 310-316.

为新闻生产过程中受到关注的组成部分。[①]

主体的多元趋向带来新闻边界的泛化，"我看到，我生产"成为非传统意义上的媒体大量兴起后的新闻生产的必然之势。[②]例如，在社会化生产当中，以普通公民为主体、自媒体平台为依托的UGC（用户生产内容）生成行为大量萌发，并持续挑战着传统的新闻专业生产模式。时空的断裂与隔绝在互联网的作用下消融，任何个体在社交媒体平台上都可能拥有着众多潜在甚至显在的受众，从而得以随时随地向他人讲述自己目击或者亲历的新闻事件。[③]非线性的多样态表达、信息储存量大且易于检索、时空维度无限大、即时发布以及用户可参与，相对于传统新闻媒体，基于互联网媒介的UGC生成行为在某些方面确实存在显著优势。[④]例如，2018年9月15日，梨视频官方微博发布《黑心！实拍拼多多热卖纸尿裤工厂》，通过拍客实地暗访，曝光拼多多简装纸尿裤卖家将厂家废品垃圾货回收后简装成一等品纸尿裤销售的恶劣行为。视频一经发布引发社会大量关注，拼多多方回应将下架相关产品。

然而，当自媒体或"公民记者"所具有的朴素伦理标准以不可抵挡之势进入新闻生产与传播流程时，传统的新闻伦理观念将面临解体风险。[⑤]尤其在UGC生成的过程当中，网民媒体素养和约束规范成为不容忽视的挑战：相关素养和知识的欠缺使得自媒体用户在行使表达权时容易产生侵害其他公民权利的问题；短视频新闻的内容良莠不齐，部分作品尺度也有触及道德和法律底线的风险……[⑥]基于现状，有学者建议结合国际经验与本土实践拟定《自媒体用户信息传播伦理规范》以建构相应传播伦理。[⑦]诚然，传播伦理学发展到今天，仅关注新闻职业伦理已不足以破解数字化时代的传播道德难题，有必要站在新的高度向普通伦理学回归，不仅讨论职业媒体工作者在数字化背景下应秉持何种伦理信念及

① 曾庆香，陆佳怡.新媒体语境下的新闻生产：主体网络与主体间性[J].新闻记者，2018（4）：75-85.
② 付可欣.从话语伦理看数字时代的新闻伦理[J].青年记者，2022（8）：98-99.
③ 曾庆香，陆佳怡.新媒体语境下的新闻生产：主体网络与主体间性[J].新闻记者，2018（4）：75-85.
④ 陈绚，李伟.论网络传播真实性为根本的精神契约——从新闻伦理视域看网络传播伦理的构建[J].青年记者，2017（12）：20-22.
⑤ 胡钰，陆洪磊.构建新媒体传播中的"新新闻伦理"[J].青年记者，2017（12）：11-13.
⑥ 杨家宁.新闻叙事学视域下短视频新闻伦理失范探讨[J].新媒体研究，2019，5（17）：70-71+78.
⑦ 牛静.缘起与路径：自媒体用户信息传播伦理规范的拟定[J].青年记者，2019（24）：23-24.

原则，也应探讨公众如何行使手中的"传播权"[①]。

（二）内容协同：开放式参与再塑新闻生产机制

源于传统新闻业公共性理念的存在，早期的新闻OGC（职业生产内容）和UGC（用户生产内容）在公共传播伦理上是完全分隔的。但从新闻内容上看，生产的权力下放相应地催生了海量以身边琐事、服务信息等并不具备传统意义上的新闻属性的"新闻"，且未经专业培训的用户个体可能面临着"技术迷失"的危险——"断言式新闻"等新模式缺少严格的核查过程，事实把关呈现出明显的筛选性和后置性。[②]然而，对于不具独立采编权的社交媒体，原有的新闻伦理难以完全涵盖现有的内容生产情况。

在传统新闻生产行业和信息社会结合生成的流动化的信息传播生态之中，新闻伦理与传播伦理不可避免地发生了相应融合与演变，逐渐开始形成专业媒体与普通用户群体共同推动的公共传播价值体系。[③]总的来说，当下媒体机构仍然在新闻生产的专业性和权威性方面占据显著优势，而诸如UGC新闻等社会化生产内容则作为重要的补充者，促进着新闻资源的大幅扩张：专业媒体机构要遍布全球并在第一时间完成所有突发新闻报道显然并不现实，而基于互联网的"公民新闻"这一新兴样态则恰能使得目击者和亲历者直接成为新闻的采集者与报道者。[④]

所以，在新闻内容生产当中，越来越多的传统媒体机构不再仅仅依靠自身规模有限的专业采编力量，而是更积极地调动无限的UGC力量以丰富自身新闻资源，推动两类生产主体走向融合。例如，采用有"在场"优势的民众信源以弥补专业记者第一现场"缺席"的问题；从用户的反馈评论中发掘选题或调整后续报道。有学者观察到，"@人民日报"官方微博就曾多次在核实基础上直接转

① 张咏华，贾楠.传播伦理概念研究的中西方视野与数字化背景[J].新闻与传播研究，2016，23（2）：120-125+128.
② 牛静，胡文韬.流动的现代性社会中新闻伦理的理念反思与维度重构[J].新闻界，2023（11）：23-32.
③ 顾理平，俞立根.具体困境与整体困境：智媒时代的传播伦理变革与研究转向[J].传媒观察，2022（2）：40-47.
④ 陈绚，李伟.论网络传播真实性为根本的精神契约——从新闻伦理视域看网络传播伦理的构建[J].青年记者，2017（12）：20-22.

发推送由民众或非媒体机构生产的新闻信息，且传播效果良好。①

另一个值得关注的案例是，在以生态性和融合性为指征的数字新闻业体系之中，"众包新闻"便具备独特的开放性生产机制，媒体组织基于明确的参与形式将劳动力外包给"处在任何地方且能够接入互联网平台的任何参与者"②。代表着专业化、职业化生产的媒体机构招募公众参与新闻生产任务，推动多元行动者积极参与包括事实核查、调查性报道等在内的创新性新闻实践。这种将互联网用户生产内容与媒介机构发布相结合的新闻生产模式，一方面保证了新闻内容的多样性，另一方面也显著提升了即时性效果，更有利于更真切地反映不同社会群体的诉求，进而减少可能存在的偏见。

但与此同时，内容生产过程中开放式的媒介参与也易于导致伦理失范行为的责任范围与责任主体模糊不清的困境产生，这也是推动狭义的新闻伦理向传播伦理过渡的重要动力之一。③在相对封闭的专业知识和更具合作性和对话性的新闻文化之间，在新媒体基于所有受众开放生产边界的现实运行逻辑面前，原先基于新闻自主生产、构筑专业壁垒等运行逻辑构建的新闻伦理势必要向更广义的维度不断延展④，也应将目光由媒体专业实践过程中的伦理投向更广阔层面上的人类传播的伦理可持续性，寻求内容上的丰富与平衡⑤。

（三）技术介入：智能化生产对新闻伦理的冲击与重构

传统媒体的新闻生产方式是新闻伦理赖以生存的根基，然而，在新媒体及其他智能技术的普及和介入之下，这种生产方式已然遭受不容忽视的冲击。美通社发布的《2016中国记者职业生存状态与工作习惯》调查报告显示，即时通信工具（55.2%）、门户网站（52.5%）、社交网站（50.8%）等数字线上渠道业已成为记者获取新闻线索最常用的渠道，近四成（39.1%）记者习惯使用手机客户端

---

① 熊茵，郑为升. UGC兴起背景下的新闻传播主体：类型意涵与演化博弈[J]. 编辑之友，2019（4）：79-85.

② Fish A. Participatory television: Convergence, crowdsourcing, and neoliberalism [J]. Communication, Culture & Critique, 2013, 6(3): 372–395.

③ Deuze M. The changing context of news work: Liquid journalism and monitorial citizenship [J]. International Journal of Communication, 2008(2): 848-865.

④ 吴颖，陈堂发. "流动"的记者：原生新闻专业主义的修正——基于自媒体的新闻实践[J]. 北京理工大学学报（社会科学版），2021，23（6）：169-175.

⑤ Fourie P J. Normative media theory in the digital media landscape: From media ethics to ethical communication [J]. Communicatio, 2017, 43(2): 109-127.

获取相关素材——"埋头用手机做新闻"日趋常态化，新闻生产与发布趋于扁平化和碎片化，导致新闻的真实性、客观性、全面性等行业伦理受到挑战。[1]

随着大数据、人工智能等新兴技术日趋成熟，"智能技术+新闻传媒"模式开始成为当下新闻行业的热门趋势，新闻信息与智能技术在算法新闻、数字新闻等新形态中实现了更为深层的融合。智能技术将用户日常的信息生产和消费作为源泉，将线索提供给新闻从业者或用于"自动化新闻"生产，随后依托算法技术将新闻产品分发至用户终端，形成新一轮的信息消费和再生产。因而，曾经规范新闻场域共同体的伦理标准相应转变，成为通过调整人与物、人与人、物与物之间的信息互动来维系开放的智媒信息活动传播伦理。[2]

数据、算法以及深度学习等智能技术正时刻更新着我们对世界的认知，也推动着新闻生产向更多元的方向发展。需要注意的是，在智能技术对新闻生产链路的深度介入之下，传统新闻伦理仍处于被动调适状态，其间新闻客观性和真实性受到挑战、人的主观个性让位于数据和算法、遵循"一切皆可量化"[3]的技术操作逻辑使得在新闻专业主义中所强调的人文价值被忽视[4]……传统意义上的新闻伦理在解决诸如此类的新涌现的问题上略显无力，故如何引入新的伦理研究框架对其进行修整、确立适应于当下"人机协同"模式的传播伦理，成为新的讨论点[5]。

第三节　人工智能时代的传播伦理议题

传播领域所建构的拟态环境会直接影响人们的情绪、观点和行为决策，对社会公正和社会安全具有重大意义。生成式人工智能、算法推荐和信息过滤、社交媒体机器人等带有自主智能系统因素的新事物已极大改变了人类传播和接

---

① 胡钰，陆洪磊.构建新媒体传播中的"新新闻伦理"[J].青年记者，2017（12）：11-13.
② 顾理平，俞立根.具体困境与整体困境：智媒时代的传播伦理变革与研究转向[J].传媒观察，2022（2）：40-47.
③ Coddington M. Clarifying journalism's quantitative turn: A typology for evaluating data journalism, computational journalism, and computer-assisted reporting [J]. Digital Journalism, 2015, 3(3): 331-348.
④ 喻国明，侯伟鹏，程雪梅."人机交互"：重构新闻专业主义的法律问题与伦理逻辑[J].郑州大学学报（哲学社会科学版），2018，51（5）：79-83+159.
⑤ 付可欣.从话语伦理看数字时代的新闻伦理[J].青年记者，2022（8）：98-99.

收信息的模式，并在形塑人类行为模式的基础上产生了巨大的社会影响。人工智能技术和新闻传播的际会，产生了丰富和重大的伦理议题，这些伦理议题也是本书后续将详细呈现的内容。

一、智能内容生产全周期的伦理关切重点

如果说社交媒体催生"后真相时代"①，那虚拟机器人进入新闻生产和信息传播则可能导致"无真相时代"。当前，智能技术的兴起加速引发了虚拟机器人对于新闻生产全周期的渗透。这类智能化系统无实际物理形态，但却在虚拟环境中具备一定逻辑推断及行为能力，能够依赖计算机程序和仿真技术执行多样化任务。在带来便利和形式创新的同时，此类智能内容生产方式也引发了伦理和社会层面的深刻讨论。从智能内容采集的伦理隐忧，到AIGC技术在艺术创作和日常交互中的应用，再到智能内容分发所引发的公共性和算法伦理问题，我们正处于一个充满挑战与机遇的数字化转型时期。这不仅是技术进步的见证，也是我们对技术与人类社会关系深思的开始。

（一）智能内容采集

"万物皆媒"已成为业界和学界的共识，在泛媒化时代真正来临之际，通过物联网、云计算等新兴技术，万事万物甚至人类都将实现数据化和终端化，进而实现彼此的互联互通。人工智能技术颠覆了传统的信息采集方式，使得所有智能终端皆可能成为信息的采集者和传播者。②基于此，数据可以同时来源于公共渠道（如通过GPS全球定位系统收集的环境数据）和私人渠道（如通过智能可穿戴设备收集的个人健康状况数据）。随着社会、物理和信息三者的高度融合，一个复杂系统应运而生，其引发了数据规模的爆炸式增长和数据模式的极度复杂化。③基于大数据与人工智能的"计算"方法已经成为理解人类各项活动的核心工具，这一转变，被称为"量化转向"，它使人类生活逐渐转向一种可编程的现实状态。④当下，越来越多的年轻人过上了"带秤吃饭""精准作息"的

---

① Tesich S. A government of lies [J]. The Nation, 1992, 254(1): 12-15.
② 解学芳，张佳琪. AI赋能：人工智能与媒体产业链重构 [J]. 出版广角，2020（11）：26-29.
③ 王飞跃，王晓，袁勇，等. 社会计算与计算社会：智慧社会的基础与必然 [J]. 科学通报，2015，60（Z1）：460-469.
④ 亚卡托. 数据时代：可编程未来的哲学指南 [M]. 何道宽，译. 北京：中国大百科全书出版社，2021：133.

量化生活，试图从对生活的量化中认识并改善自己，以增加对日常生活和未来的掌控感和目标感。① 截至 2023 年 12 月，豆瓣"量化生活"小组已有超 22000 名成员，他们在小组发布讨论，积极分享各自的阅读计划、新年目标、学习收获、减肥进展……

智能内容采集相较于传统内容搜集的积极影响在一定程度上掩盖了其消极影响。算法不仅是机器学习解决问题的关键步骤，还是驱动数字设备的技术——社会实践过程。作为社会数字化、网络化、智能化转型的基础设施与驱动力②，算法使技术客体与人类理性相互融合，从而使其自身更接近自然状态。这个过程不能简单地以技术课题或技术系统的尺度来解释，而应将其置于与社会文化相互型构的角度进行深入观察。多数学者仍对算法深度嵌入社会结构和个体经验的风险隐忧保持警惕③，担忧技术"以适合计算的方式格式化我们的生活、削弱文化性，并以技术理性对待人类存在的自由、偶然的精神"④。

在计算无处不在的时代，原本属于虚拟世界的实时数据正逐渐被植入物理世界和社会场景中，数码物和数字场景呈现出越来越明显的实在性⑤，似乎预示着未来学家尼古拉斯·尼葛洛庞帝（Nicholas Negroponte）所预言的"数字化生存"已逐渐成为这个时代的必然命运⑥，人类由此不得不面临一场前所未有的人文主义危机。关于这场危机，争论的核心在于"人类社会是否可以化约为可计算的要素与结构，进而按照理性原则实现资源配置的最优化"⑦。赞成者往往认为，"人类本质上就是机器"，而反对者则强调感情、意识乃至精神是人类独有而机器不能拥有的特殊品质。同时，反对者还以自然科学本身仍然存在不可计算的局限性为由，否定了将其应用于计算更为复杂的人类社会的可能性。

在智能内容采集的应用场景和案例中，可计算社会的量化转向带来了两方

---

① 消费日报综合报道. 带秤吃饭、精准作息 年轻人热衷"量化生活"[N]. 消费日报，2022-11-11（A3）.
② 喻国明，张琳宜. 元宇宙视域下的未来传播：算法的内嵌与形塑[J]. 现代出版，2022（2）：12-18.
③ 林如鹏. "算计"与计算：舆论传播的另一种诠释[J]. 新闻与传播评论，2022，75（3）：1；邵国松，黄琪. 算法伤害和解释权[J]. 国际新闻界，2019，41（12）：27-43.
④ 陈昌凤. 社会性的算法与传播价值观[J]. 青年记者，2022（15）：4.
⑤ 许煜. 论数码物的存在[M]. 李婉楠，译. 上海：上海人民出版社，2019.
⑥ 转引自：张涛甫. 元宇宙的元思考[J]. 新闻大学，2022（6）：1；转引自：段鹏，张倩. 智能触控媒介实践的生产、操演与反思[J]. 现代传播（中国传媒大学学报），2022，44（2）：1-8.
⑦ 贾开. 算法社会的技术内涵、演化过程与治理创新[J]. 探索，2022（2）：164-178.

面的伦理问题。首先，随着数字技术的广泛应用和深度渗透，数字过度使用及其引发的隐私权、名誉权侵犯等问题逐渐凸显，成为内容采集环节中的核心伦理议题。其次，生命主体借助数字技术和智能设备进行量化自我的行为，虽然为人类更好地认识自我和适应数字化环境提供了数值化的解决方案，但也构成了人工智能时代特有的"数字全景监狱"，使得每个人都将不可避免地暴露于他人的监视之下。

（二）智能内容生成

人工智能技术的发展促成了人工智能生成内容的兴起。2022年9月，中国信息通信研究院和京东探索研究院共同发布了《人工智能生成内容（AIGC）白皮书》，将AIGC定义为"既是从内容生产者视角进行分类的一类内容，又是一种内容生产方式，还是用于内容自动化生成的一类技术集合"[1]。这一概念和早前的机器生产内容有一定的关联。[2]狭义上，AIGC指一种基于机器学习和自然语言处理技术的创作方法。人们可以使用人工智能技术生成文章、图像、视频、音频等各类形式的内容，大幅降低创作成本和时间，同时提高内容的多样性和质量。广义上，作为专业生产内容和用户生成内容的补充，AIGC也可以被看成一种与人类创造力相当的生产方式。它可以基于训练数据和生成算法模型，自主生成创造各种形式的内容和数据，并由此开启科学新发现、创造新的价值和意义，有望成为未来内容生产的主流。人工智能生成内容在传播活动中的应用主要有三类：新闻生产、艺术创作以及以ChatGPT为代表的日常交互。

智能技术在新闻业的应用，最早可追溯至2001年谷歌推出的个性化新闻推荐系统，此举标志着新闻选编自动化的初步尝试。2010年以来，智能技术逐渐渗透新闻编辑与创作流程中，成为新闻生产模式变革的重要驱动力。其中，写作机器人作为应用历史较长的虚拟机器人类型，已在国际上多个知名媒体机构，如BBC、华盛顿邮报和美联社等，得到广泛应用。这些机构引入的"Juicer""Heliograf""NewsWhip"等虚拟机器人，在大数据处理、内容整合及趋势预测等方面展现了强大能力。在国内，自动化新闻生产亦进展显著。2015

---

① 中国信息通信研究院，京东探索研究院. 人工智能生成内容（AIGC）白皮书（2022年）[EB/OL].(2022-09-02) [2023-06-24]. http://www.caict.ac.cn/kxyj/qwfb/bps/202209/t20220902_408420.htm.

② 傅丕毅，徐常亮，陈毅华."大数据+人工智能"的新闻生产和分发平台——新华社"媒体大脑"的主要功能和AI时代的新闻愿景[J]. 中国记者，2018（3）：17-20.

年9月，腾讯财经率先引入机器人记者Dreamwriter，随后新华社的"快笔小新"与第一财经的"DT稿王"等智能写稿系统相继问世，进一步推动了我国新闻生产自动化技术的研发与应用。然而，由于智能内容生产具有数据驱动、上下文信息压缩和概率合成等固有技术特点，能够通过精准模仿人类用户的行为特征[1]，生成符合证据来源可信度、证据透明度标准的虚假信息，这些信息的细节设计巧妙、结论推导准确，并且巧妙融入了不确定性因素[2]，从而模糊了真实信息与虚假信息的界限。当下，公众不仅要判断信息是来源于真实的草根声音还是刻意编造的产物，还需警惕发言主体是人还是机器。[3]

在音视频领域，以大语言模型为基础的AIGC技术在文本—图片（T2I）、文本—视频（T2V）、图片—视频（I2V）、视频—视频（V2V）等领域也有突破性的进展。2022年8月，在美国科罗拉多州博览会艺术比赛上，游戏设计师杰森·艾伦（Jason Allen）使用T2I工具Midjourney完成的画作《太空歌剧院》获得了"数字艺术/数字修饰照片"类别头奖。这幅备受争议的画作得到了博览会评委的极高评价。他们认为，《太空歌剧院》做到了"用艺术讲述故事和唤起精神"。但同时，得益于这类虚假音视频制作能力的提升，深度伪造技术也变得更为精确，其发展不仅持续催生了新型虚假信息形式，还进一步降低人类对"眼见为实"的认知敏感性。[4]例如在2024年2月香港警方通报的一起数额巨大的AI诈骗案中，诈骗分子利用人工智能深度伪造技术，通过伪造英国公司高层管理人员的形象和声音进行视频会议，成功骗取了高达2亿港元的资金。

同时，智能生成信息的生成速度和扩散效率令人瞩目。大语言模型（LLM）以其大规模、高效率的生产能力，将原始数据加工为符合人类叙事逻辑的内

---

① 张梦晗，陈泽.信息迷雾视域下社交机器人对战时宣传的控制及影响[J].新闻与传播研究，2023，30（6）：86-105+128.

② Zhou J, Zhang Y, Luo Q, et al. Synthetic lies: Understanding AI-generated misinformation and evaluating algorithmic and human solutions [C]//Proceedings of the 2023 CHI Conference on Human Factors in Computing Systems. ACM, 2023: 1-20; Kreps S, McCain M, Brundage M. All the news that's fit to fabricate: AI-generated text as a tool of media misinformation [J]. Journal of Experimental Political Science, 2022, 9(1): 1-14.

③ 罗昕.计算宣传：人工智能时代的公共舆论新形态[J].人民论坛·学术前沿，2020（15）：25-37.

④ 林爱珺，翁子璇.智能技术对网络舆论生态的影响与综合治理[J].中国编辑，2023（Z1）：32-36.

容，为网络舆论场源源不断地提供素材①。以YouTube知名深度学习博主Yannic Kilcher所训练的GPT-4chan AI模型为例，该模型使用了超过 1.345 亿条仇恨言论作为训练数据。经过训练后，该模型能够在不到 24 小时内发布超过 15000 个充满暴力和仇恨的帖子。不仅如此，这些由人工智能生成的虚假信息，还能在舆论生态系统中实现广泛传播，特别是在舆论发酵的初期阶段，假新闻制造者可以通过创造新词或关联短语，并利用虚假账号发布相关内容，随后借助人工智能和大数据迅速填补数据空洞，通过推荐算法将内容精准推送给用户，进一步加剧了虚假信息的扩散。②2023 年 6 月，违法人员利用 AI 软件造谣浙江工业园爆炸起火，智能系统迅速生成与热点新闻标题、关键词高度相关的虚假文案与视频内容，并在短时间内将合成的视频、图文集扩散至全网，造成了极其恶劣的社会影响。且涉案人员并非为精通人工智能的专业人士，说明技术发展让合成多模态虚假信息的门槛和成本变得极低。有学者认为，如果说在人工智能出现之前的互联网发展是通过"连接一切"的方式来激活、整合、融合资源的，那么当下的互联网正在从网络化的"上半场"走向数字化、智能化、场景化的"下半场"③。如何从传播学的角度解读这一革命性的变革？AIGC 现象背后是否存在更深层次的逻辑变化和结构效应？对此传媒行业应作何调整？诸如此类的问题正在学界和业界激荡起巨大的波澜。

（三）智能内容分发

舆论议程作为信息扩散的核心框架，正在前所未有地受到人工智能的操控。隐匿于数字世界的机器行动者，以其独特的舆论操纵特性，已然成为营销推广、政治动员和舆论操控的得力工具。作为新兴议程设置主体，这类行动者可以通过集中发布或转发特定话题的内容，影响公众对于特定议题的关注度和讨论焦点。在舆论生态系统中，公众的注意力是最为稀缺的资源④，虚拟机器人的加入

---

① Buchanan B, Lohn A, Musser M, et al. Truth, lies, and automation [EB/OL]. (2023-05) [2024-03-02]. https://cset.georgetown.edu/wp-content/uploads/CSET-Truth-Lies-and-Automation.pdf.

② 管伙路，顾理平. 价值冲突与治理出路：虚假信息治理中的人工智能技术研究[J]. 新闻大学，2022（3）：61-75+119.

③ 喻国明，李钒. 内容范式的革命：生成式 AI 浪潮下内容生产的生态级演进[J]. 新闻界，2023（7）：23-30.

④ Peng T Q, Zhu J J H. Competition, cooperation, and coexistence: An ecological approach to public agenda dynamics in the United States (1958–2020) [J]. Communication Research, 2022: 00936502221125067.

不仅可能引发新闻报道的"议程偏离"，使原本重要的公共议题被边缘化，还将在无意中削弱媒体议程设置的功能，降低主流媒体在新闻舆论引导中的权威和影响力。[①]这种操控主要沿着两条路径展开。首先，智能生成体已然能够娴熟地运用情感化描述，将特定的情感线索巧妙融入文本，使用户在接收信息的同时与之产生情感共鸣，实现"人机共情"。[②]其次，以社交机器人为代表的多样化技术实体，作为情感传播的核心媒介，可以通过发布充满情感色彩的信息，巧妙地调控网络中的情感聚合与扩散。有研究揭示，这些机器人显著增强了正面情感的传播效能，同时也在一定程度上抑制了负面情感的进一步蔓延。[③]

圈层化传播模式的兴起，也使群体内部的情感极化现象日益凸显，政治立场与情绪态度的交织，为极端观点的传播提供了肥沃的土壤。在这一背景下，计算宣传的目标也愈发明确，即煽动社会情绪，激发民粹主义，推动公民接受并强化政治行动者的偏激立场。而大语言模型等智能生成技术无疑推动了这一进程，它们不仅能够为特定群体量身定制语言、制造虚假信息，还能助力刻板印象和种族主义语言的"合法化"，进而在舆论生态中实施更为复杂的操纵。[④]除此之外，信息推荐机制能够精准捕捉并满足用户的感官刺激或实用需求，从而不断强化用户的态度和情绪。这种需求与供给的相互强化，不仅加剧了用户对于智能生成技术的情感依赖，也为虚拟机器人的舆论操纵提供了更多可能性。[⑤]

公共性表征为一种文化合理性的理想，对于构建"共同体"本位的主体性具有重要作用。[⑥]伊丽莎白·诺尔–诺依曼（Elisabeth Noelle-Neumann）于1974年提出的沉默螺旋理论揭示了个体在公共舆论形成中的行为选择：当个体察觉到

① 李明德，邝岩. 大数据与人工智能背景下的网络舆情治理：作用、风险和路径[J]. 北京工业大学学报（社会科学版），2021，21（6）：1-10.
② 张涛甫. 人工智能推动舆论生态转型及其治理进路[J]. 学术月刊，2024，56（2）：149-157.
③ Luo H, Meng X, Zhao Y, et al. Rise of social bots: The impact of social bots on public opinion dynamics in public health emergencies from an information ecology perspective [J]. Telematics and Informatics, 2023, 85: 102051.
④ Buchanan B, Lohn A, Musser M, et al. Truth, lies, and automation [EB/OL]. (2023-05) [2024-03-02]. https://cset.georgetown.edu/wp-content/uploads/CSET-Truth-Lies-and-Automation.pdf.
⑤ 张志安. 人工智能对新闻舆论及意识形态工作的影响[J]. 人民论坛·学术前沿，2018（8）：96-101.
⑥ 王昀. 礼物、娱乐及群体交往：网络视频文化的公共性考察[J]. 新闻与传播研究，2017，24（9）：61-78+127.

自身观点与普遍认知或主流意见相悖时，往往因避免被社会孤立而选择保持沉默，进而形成一种"沉默的螺旋"现象。此现象表明，即便初始时少数派意见并不占主导地位，但随着多数人的沉默，这些少数意见有可能在无形中逐渐增强，最终成为被广泛接受的社会规范。智能机器人在舆论场中的积极参与为这一理论增添了新的实践场景。这些智能行动者利用沉默螺旋机制，通过大规模部署并快速生成特定观点，策略性地"制造共识"和"操纵共识"，构建出一种虚假的舆论环境，使得真实的声音与观点淹没于虚假信息的洪流之中，严重削弱了公共讨论的多样性和深度。①

"共识工程化"（engineering of consent）的概念强调通过技巧塑造或引导公众的共识，通过影响公众对现实事件的认知来维持社会稳定。爱德华·伯奈斯（Edward Bernays）指出，"共识工程化"的技术应用具有中立性，其效果取决于使用者的目的与意图。②而今，深度伪造等先进人工智能技术的兴起，更是为恶意行为者提供了前所未有的武器。在俄乌信息战中，双方均充分利用社交媒体作为战场传播虚假信息，力图塑造对己有利的战争形象，进而左右国际社会的舆论风向。有研究结果显示，当特定话题下的社交机器人数量达到"危险比例"（10%）时，其大量、持续发布的信息将对该话题下的信息流造成冲击，导致信息环境产生不可逆的改变，进而影响九成以上的舆论环境。③这类技术若被不当利用，将加速真相的消逝，与公众固有的认知偏见交织作用，从而严重侵蚀对新闻事实及公众人物信息的信任基石。

二、人工智能时代下的人机关系

在现有的技术条件下探讨智能技术的主体性也许为时尚早，但其行动能力值得高度关注。传统人机交互研究有两个传统，一是将以计算机为代表的技术

---

① Zhang J, Zhang R, Zhang Y, et al. On the impact of social botnets for spam distribution and digital-influence manipulation [C]//2013 IEEE Conference on Communications and Network Security (CNS). IEEE, 2013: 46-54.

② Bernays E L. The engineering of consent [J]. The Annals of the American Academy of Political and Social Science, 1947, 250(1): 113-120.

③ Ross B, Pilz L, Cabrera B, et al. Are social bots a real threat? An agent-based model of the spiral of silence to analyse the impact of manipulative actors in social networks [J]. European Journal of Information Systems, 2019, 28(4): 394-412.

和系统视作交流的渠道和中介，二是将技术系统视作交流的对象，[①] 人工智能背景下的人机交互模糊了其中的边界，技术系统不仅作为传播的优化工具而存在，天猫精灵、Replika 等产品也成为人们直接交流的对象。其高效的内容生成能力和快速的触达能力极有可能抢夺人类对舆论的主导权，促使自然人、数字人、机器人在舆论场竞争、合作，构筑起生成式人工智能背景下独特的行动者网络结构。此时，有关人类如何在智能技术的中介下构建安全、公平、美好的生活便不再是一个单纯的技术问题，而是一个哲学问题、政治问题和伦理问题。

（一）人机信任

计算机革命正在不断提高人们对自动化的依赖，且自主性系统越来越多地掌控了各式各样的能产生伦理后果的决定。换言之，目前的自动化系统已经复杂到一定程度，甚至要求系统面对具体场景做出道德决策。[②] 然而，"竞价排名""恶意打压""买/撤热搜"等行为在企业平台屡见不鲜，这不仅破坏了公共、平等、非歧视的公共领域传播秩序，更将媒体平台这一重要的信息传播渠道变成了资本的傀儡。[③] 在《黑箱社会：控制金钱和信息的数据法则》一书中，弗兰克·帕斯奎尔（Frank Pasquale）揭露了谷歌以"免受垃圾信息侵扰"等名义恶意打压竞争对手，提升旗下产品检索排名以增加曝光概率的行为。

除了资本逐利带来的恶性竞争，人机关系的信任焦虑还来源于不断放大的数字鸿沟。今天，信息主体间不平等的加剧，放大了互联网时代的数字鸿沟问题。智能时代信息资源在第一道数字鸿沟（接入鸿沟）、第二道数字鸿沟（使用鸿沟）和第三道数字鸿沟（产出鸿沟）上的不公平呈现出"马太效应"，即"技术意义上的强者愈强、弱者愈弱，生活意义上的智能人群愈智能，非智能人群愈非智能"，数字鸿沟在更高维度上产生了对老年群体、低文化水平群体、低社会经济阶层等信息技术弱势群体的碾压。[④]

2021 年底，北京大学互联网发展研究中心与 360 集团联合发布了《中国大

① Sundar S S. Rise of machine agency: A framework for studying the psychology of human–AI interaction (HAII) [J]. Journal of Computer-Mediated Communication, 2020, 25(1): 74-88.

② 瓦拉赫，艾伦. 道德机器：如何让机器人明辨是非[M]. 王小红，主译. 北京：北京大学出版社，2017：2.

③ 曾薇. 数字平台垄断阴影下新闻业的危机与破局——美国警报和中国观照[J]. 未来传播，2021，28（3）：51-55+125.

④ 杜骏飞. 定义"智能鸿沟"[J]. 当代传播，2020（5）：1.

安全感知报告（2021）》。报告显示，70%的受访者认为算法可以通过获取他们的偏好和兴趣来操纵他们的观点，60%的人担心泄露个人信息，近50%的人表示，当他们感觉受到算法的约束时，他们想要逃离网络和远离手机。因此，要建立人机信任，深入理解并充分把握社会的数字化变革在政治、经济、教育、文化和生活等方面的影响，培养与智能技术相适应的关键能力，转变思维主动投身于数字化的浪潮，显得尤为重要。

（二）机器算法逻辑与人的感知失衡

传统部落中的人是能够感知身体完整、和谐和平衡的人。在麦克卢汉看来，部落人会调用全部的感官来接收信息和感受世界，他们与其生活环境是浑然一体的，这与吕西安·列维－布留尔（Lucien Lévy-Bruhl）在《原始思维》中对原始人类的思维方式的描述相似。布留尔用"集体表象""互渗率"两个重要概念解释了原始人类思维是受到了一种信仰的综合体或一个社会的文化整体的支配，他们通过一种来自对事物敏锐观察的直觉而非逻辑推理来对客体产生感情或做出反应。①按照麦克卢汉的理解，将声音、图像、文字等多种信息载体融合在一起的数字技术可以打破文字带来的线性思维，使人获得完整且深刻的感知体验，重回以直觉的方式去感知世界的部落化时代。事实情况是，数字技术的出现，延伸了个体的感官，但与此同时，技术环境发展的不平衡也打破了人类原本的感知平衡。

首先，技术对单一感知方式的过度加强或遮蔽会导致个体感官能力的碎片化，从而破坏个体感觉空间的完整与和谐。例如，网络主播可以在直播中开启"一键美颜"功能进行数字美容，也可以通过场景更改或风格切换等功能为观众呈现更具刺激性和新鲜感的视觉形象，结果往往是直播所承载的信息反而被置于次要地位。

其次，超越时空界限的信息分享和传播技术使得人们难以应对和过滤呈指数级增长的网络信息，这意味着，个体的信息处理能力和传播技术的扩散能力未能达到平衡，个体被技术驯化，从而导致感知失衡。②

最后，"屏幕交流"因身体的缺席减少了沟通的互动感。知觉现象学学者莫里斯·梅洛－庞蒂（Maurice Merleau-Ponty）认为，"我的身体是所有物体的共通

---

① 列维－布留尔. 原始思维[M]. 丁由，译. 北京：商务印书馆，2017.
② 李都，马云阳. 重返部落化：元宇宙社会的未来传播[J]. 青年记者，2022（9）：56-58.

结构，至少对被感知的世界而言，我的身体是我的'理解力'的一般工具"①。虽然机器借助智能技术能在身体之外获得延伸，但不能取代身体，身体在交流中是可以被感知且始终无法被意识取代的。移动互联网技术带来的"屏幕交流"缺乏整体性感官，隔绝了人与人在传统部落时期的面对面交流。

（三）扩展现实技术与人的感知辩证式复归

与传统人工智能技术不同，扩展现实技术通过联结物理世界和虚拟世界，拓展和改变了人们体验世界的方式，为人类创造了迷人的、沉浸的且富有想象力的虚拟现实世界，有望实现人的感知体验的复归，使人和机器的关系进入一个崭新的阶段。一般来说，扩展现实技术包括增强现实技术（叠加在现实世界上的数字图像）、虚拟现实技术（创造完全虚拟的环境）和混合现实技术（虚实结合的真实性体验）。

增强现实技术通过引入多层次的数字信息来细化真实物体，实现虚拟与现实的无缝连接，试图还原现实。②哥伦比亚大学于1999年开发的沉浸式叙事系统"情境纪录片"（situated documentary）是增强现实作为新闻叙事媒介的早期尝试。通过将三维计算机图形和声音叠加到现实世界，"情境纪录片"就像一位导游，当用户走向一座建筑时，该建筑的图像会在头戴式显示器上显示，当用户凝视或接近一座特定建筑时，手持电脑上会显示周围环境曾发生过的重要事件。③虚拟现实通常指360°视频、三维模型、头戴显示器、触觉设备、追踪器等技术的使用。除了像增强现实场景那样让人们走出物理环境之外，虚拟现实技术还试图将人类带入一个沉浸式的数字世界，引起人类更强的同理心、情感和理解力。与增强现实和虚拟现实不同，混合现实可以将物理环境数字化，同时保留其真实性，使真实与虚拟交织在一起。混合现实用户可能无法区分什么是真实的，什么是虚拟的，就好像他们进入了一个新的融合世界。混合现实旨在将人与虚拟世界和现实世界同时连接起来，使人回到最初的感官通道，通过

---

① 梅洛–庞蒂.知觉现象学[M].姜志辉，译.北京：商务印书馆，2001：300.

② 史安斌，张耀钟.虚拟/增强现实技术的兴起与传统新闻业的转向[J].新闻记者，2016（1）：34-41.

③ Höllerer T, Feiner S, Pavlik J. Situated documentaries: Embedding multimedia presentations in the real world [C]//Digest of Papers. Third International Symposium on Wearable Computers. IEEE, 1999: 79-86.

形成"所见即所得"的人机交互界面，直观地理解现实世界和虚拟世界。① 目前，混合现实在媒体领域的应用主要集中在虚拟表演方面。例如，2020 年 OPPO Reno4 系列新品发布会的现场表演就运用了混合现实技术，向观众呈现了虚拟与现实的奇妙互动效果。

吉尔·德勒兹（Gilles Deleuze）在其与菲利克斯·加塔利（Félix Guattari）合著的《千高原》一书中将数字时代的虚拟世界称为"游牧空间"，主体在虚拟空间中以游牧的方式存在，参与主观精神的交互沉浸，塑造"流动"的文化生产场域。虚拟文化空间即象征了"一系列社会关系的总和"。② 在以互联网为代表的虚拟空间中，图像、文字、视频以及音频等各类构成虚拟文化空间的要素经由数字技术的编码和再现，转为特定的文化符号传播给用户，以双向甚至多向的交互方式完成对主体的文化渗透。③ 与互联网技术创造的虚拟空间技术相比，扩展现实技术通过对物理世界的补充和拓展颠覆了人们在现实环境中遇到人或事物的方式，创造了人类感知的巅峰。

基于虚实结合的世界的社会运行规则，人与人、人与机器之间的交往互动产生了新的范式与规约。需要指出的是，人机交互在为机器注入了"人文性"和"社会性"的同时，机器的算法逻辑、大数据思维也已经渗透进人类生活的方方面面，成为数字社会的基因。这时候，人们与其所感受到的世界仍是分离的，因为这种感受是经过逻辑加工以后获得的自觉的体验。④ 即使扩展现实可以实现人类感知的极大丰富，但是经过现代人理性或自觉感性加工后的体验，与传统部落的那种和自然融为一体的直感体验是截然不同的。因此，扩展现实带来的变化并不是严格意义上传统部落的回归，更像是一种辩证式的提升。随着技术的不断发展，人与扩展现实设备交互所带来的道德风险越来越受到关注。避免把"公众"变成"群众"，甚至变成"缸中之脑"，成为深度沉浸的研究重点。⑤

---

① 陈宝权，秦学英. 混合现实中的虚实融合与人机智能交融[J]. 中国科学：信息科学，2016，46（12）：1737-1747.

② Tamjidyamcholo A, Baba M S B, Shuib N L M, et al. Evaluation model for knowledge sharing in information security professional virtual community [J]. Computers & Security, 2014(43): 19-34.

③ 胡杨，董小玉. 数字时代的虚拟文化空间构建——以网络游戏为例[J]. 当代传播，2018，201（4）：37-40.

④ 王文娟. 探讨电子媒体时代的"部落化"[J]. 东南传播，2010（7）：73-75.

⑤ 邓建国. 时空征服和感知重组——虚拟现实新闻的技术源起及伦理风险[J]. 新闻记者，2016（5）：45-52.

    综上，人工智能系统已经深度嵌入信息生产从信息数据收集、分析、写作，到反馈的全生命周期，机器生成内容在效率上极大地超越了人类，甚至威胁到人类对于创造力的垄断。在数字人的应用中，人类的喜怒哀乐极大地被面前的呈现空间左右，甚至在自然语言处理技术狂飙突进中人机交互体验已经嵌入日常生活的深邃之处。人机交互一旦摆脱工具性的使用框架，将对人之所是产生难以预料的后果。在本书的第三章至第五章，还将详细呈现于此环节中的行业实践与伦理关切。

第二章　人工智能时代的多元行动主体

　　随着信息革命的深入，新闻传播业的生产工具与生产方式出现了巨大变化。人工智能不仅可以通过机器写作重塑新闻生产流程，还能通过智能算法革新新闻分发方式，更会对新闻传媒生态的信息终端、用户系统、互动模式等进行多方位重塑。在这种结构性变革的面前，传统新闻伦理学的研究与实践也面临着更加复杂的挑战。在新闻传播领域，机器写作、智能分发、算法推荐等技术带来了更具个性化的服务和更高的传播效率，但后真相、个人和国家数据安全、算法偏见、被遗忘权等问题，也激起了广泛的讨论。机器越自由，就越需要道德准则。[①]

　　在科技进步主义话语主导社会发展的语境下，技术的制度化作用被进一步放大，新闻伦理的传统理论假设也需要在新的技术条件和社会环境下予以系统反思。媒体伦理通常是对两个问题的问责："对什么负责？""对谁负责？"[②]而人工智能发展到今日，我们可能要增加一个答案看似显而易见，实则众说纷纭的问题："谁来负责？"

第一节　人工智能时代的道德行动者

　　在应用伦理学层面的分析中，基于问责的考量往往需要区分道德行动者。一般认为，具有道德意向性和能动性，并具有行动力和对自身行动的解释能

---

① 瓦拉赫，艾伦. 道德机器：如何让机器人明辨是非[M]. 王小红，主译. 北京：北京大学出版社，2017：18.

② McQuail D. Media Freedom and Accountability [M]. Oxford: Oxford University Press, 2003: 310-311.

力①，是道德行动者的基本条件。技术人工物一定程度上突破了伦理道德的人类中心主义，伦理学家开始将意向性视为道德能动性的一个"不错但却不必要的条件"，与道德能动性相关的唯一事物是行动者的行为是否"道德上可修饰的"，即是否引发道德上的善或恶②。

一、政府：伦理治理的规则制定者与底线管控者

变革性技术总是同时带来正面和负面效应，人类也逐渐摸索出一套技术控制模式。这种模式一般包含两个方面，其一是社会规范性的，如法律、法规；其二是技术性的，即对技术设计和运用制定标准。这两项工作都需要国家，甚至国家间的合作方能达成。

当前对于人工智能的管理，政府显性地扮演两种角色。首先在国家战略层面，通过行业规划和部署，将技术开发、产业发展作为核心战略要素，在国际竞争的语境下予以通盘考虑。在我国，国务院于2017年7月印发了《新一代人工智能发展规划》和《促进新一代人工智能产业发展三年行动计划（2018—2020年）》等政策，让中国的人工智能发展有了明确的时间表和路线图。2016年10月美国政府出台了"美国国家人工智能研发规划"，加拿大、英国、德国、法国等国家也针对人工智能研究和机器人设计出台专门的战略规划和规范性报告。另外从司法实践角度，各国也有专门法规，如欧盟《一般数据保护条例》和美国《人工智能未来法案》等。其次在技术应用层面，严格限制深度伪造等智能技术的开发，并对其可使用范畴进行界定。欧盟在此方面展现出了系统性的监管布局，通过《数字服务法案》（DSA）与《人工智能法案》（AI Act）等立法举措，将深度伪造等AI生成内容纳入严格的监管框架之中。这些法规不仅明确了深度伪造技术提供商需遵循的透明度与披露标准，还通过《虚假信息行为准则》的更新，强化了平台在删除深度伪造新闻及其他虚假信息方面的责任。特别是《人工智能法案》，它要求部署者以清晰、即时且易于访问的方式揭示内容的生成源，体现了对信息透明度的高度重视。相比之下，美国的监管策略更为侧重个体层面，重点防范AI生成的深度伪造内容对选举的干扰及未经授

---

① Taylor P W. Respect for Nature: A Theory of Environmental Ethics [M]. Princeton: Princeton University Press, 2011.
② Floridi L, Sanders J W. On the morality of artificial agents [J]. Minds and Machines, 2004(14): 349-379.

权的色情内容传播。值得注意的是，美国法律中的第 230 条为平台提供了保护，使得平台在多数情况下免于对用户生成内容的直接责任，这在一定程度上制约了监管的深入实施。[①] 然而，即便联邦监管面临争议和阻碍，部分州仍通过地方性立法将利用深度伪造技术干扰选举的行为定义为犯罪行为。作为强国家干预模式的典范，中国在人工智能生成内容的监管领域同样走在前列。2023 年 1 月，《互联网信息服务深度合成管理规定》的实施，标志着中国在 AIGC 监管方面构建了系统性的法律框架。该规定要求深度合成服务提供者报告虚假信息行为，并对生成或编辑的信息内容实施显著标识，同时强调服务使用者需获得人脸信息被编辑者的明确授权。同年 7 月发布的《生成式人工智能服务管理暂行办法》，则进一步细化了包容审慎与分类分级的监管原则，既支持自主创新与国际合作，又明确了深度伪造服务提供者的内容责任，展现了中国政府在平衡技术创新与社会责任方面的深思熟虑。

值得注意的是，各国对人工智能的伦理反应早于立法研究，欧盟于 2006 年发布《机器人伦理路线图》，2007 年韩国工商能源部颁布《机器人伦理宪章》等，体现政府相关部门对人工智能伦理治理的关注。这些伦理研究报告其实在为其后的立法和规制进行伦理学和法理学的筹备，对自主智能体的主体地位、问责模式和人类行为规范，作了初步设想。著名的"科林格里奇困境"（Collingridge's Dilemma）指出了技术评估的两难困境：在技术发展的早期控制其应用方向相对容易，但此时决策者缺少合理控制的专业知识；当技术应用的风险显露时，对它的控制却几近不可能。[②] 各国政府的人工智能伦理治理和立法实践如此迅速，某种程度上也在规避上述规制困境，尤其是人工智能被普遍认为是一个具备高度社会建构性能力的系统，各国政府不约而同采用了相对前置的治理模式。

二、媒体：新闻伦理的日常践行者

媒体是新闻伦理中最为核心的部分，因为传统新闻生产、分发都在该系统内完成。自 1923 年美国报纸编辑协会提出美国首个新闻业自律规范《报人守则》，新闻伦理就与新闻工作者的职业伦理和行业自律挂钩。在前互联网时代，

---

① Geng Y. Comparing "Deepfake" Regulatory Regimes in the United States, the European Union, and China [J]. Geo. L. Tech. Rev., 2023(7): 157-178.

② 米切姆，朱勤. 关于技术与伦理关系的多元透视[J]. 哲学研究，2007（11）：79-82+129.

新闻伦理通常与报道内容及其选择挂钩，责任、独立、真实准确、公正、公平等原则以不同的形式予以表达。在绝大部分的媒体体制之下，媒体不仅具有社会公共性，本身作为承担一定经营活动的组织，也需要考虑经济层面的可持续发展问题。因此，大众化媒体如何处理公共服务和商业利益之间的张力，以兼顾经济效益和社会效益，是新闻伦理的主要关切点。在此间所产生的媒体与国家的关系、媒体与社会的关系、媒体与个体的关系，也是新闻伦理的核心焦点。

社交媒体和智能推荐算法的结合，改变了受众获得信息的主要渠道和接受模式，传统媒体的议程设置功能受到较大冲击，部分媒体开始被迫跟随社交媒体表达模式改变自身的新闻生产方式。但是 2016 年美国大选所引发的"后真相"讨论，恰恰说明社会仍然需要"不可爱的新闻界"[①]。潘忠党和陆晔认为，"后真相"一词的流行更加凸显新闻专业主义存在的必要性，新闻界需要将寻求、核查、鉴定事实和真相的过程置于公共讨论之中，重构交往的伦理规范。[②]在应对人工智能带来的社会问题时，强化记者的批判性思维能力，不仅能够使他们更准确地分析、核实信息源，从而有效拦截并减少假新闻的传播，还能够维护公众对新闻媒体的信任度。[③]

以"事实核查"（fact checking）制度为例，这一制度通过设立专门的事实核查部门与职业化的"事实核查人"，对新闻内容进行严格的把关，确保信息的准确无误，其历史可追溯至 20 世纪 20 年代的美国。随着时间的推移，事实核查逐渐超越了新闻机构内部管理的范畴，成为美国乃至全球新闻业普遍认可的行业规范。以《华盛顿邮报》的"Fact Checker"栏目为例，其采用"匹诺曹指数"量化政治言论真实性，展现了事实核查在提升公众认知方面的学术与实践价值。[④]在中国，事实核查制度亦得到广泛实践，形成了多元化的发展模式。以"澎湃明查""腾讯较真"等为代表的事实核查实践，展示了专业媒体、平台媒

---

① 舒德森，周岩. 新闻的真实面孔——如何在"后真相"时代寻找"真新闻"[J]. 新闻记者，2017（5）：75-77.

② 潘忠党，陆晔. 走向公共：新闻专业主义再出发[J]. 国际新闻界，2017，39（10）：91-124.

③ Himma-Kadakas M, Ojamets I. Debunking false information: Investigating journalists' fact-checking skills [J]. Digital Journalism, 2022, 10(5): 866-887.

④ 虞鑫，陈昌凤. 美国"事实核查新闻"的生产逻辑与效果困境[J]. 新闻大学，2016（4）：27-33+66+149.

体、自媒体及社群媒体在事实核查中的协同作用。①

　　然而，事实核查制度的效果评估仍是一个复杂而多元的问题。学界对于事实核查能否有效纠正错误信念，特别是在政治选举中的影响力进行了大量研究，但结论并不一致。一方面，韦克斯和加勒特等人的研究表明，事实核查能够显著提升公众对谣言的辨识能力②；另一方面，也有学者指出，事实核查过程中反复提及的虚假信息可能加剧"真相幻觉"（illusion of truth），使公众对核查结果产生误解③。

三、公众："用脚投票"的新闻伦理批评者

　　自 20 世纪 20 年代杜威和李普曼的争论起始，公众是具有公共目的的社会有机统一体，还是原子化的消极"幻影"，存在根本性的学术分歧。而学术界对公众在新闻传播系统中的作用，也始终存在争议。在传统新闻传播中，公众作为信息的接收者，处于被动地位。但是即便在这种相对的被动位置中，威廉·L. 瑞弗（William L. Rivers）和韦尔伯·施拉姆（Wilbur Schramm）指出，阅听大众应以传播动力的主要推动者自任。大众的基本责任是运用一切可能，使自己成为机警而又有鉴别能力的阅听大众，学习如何运用媒体，并积极地对媒体展开睿智的批评。④

　　在人工智能时代，"你关心的就是头条"的算法逻辑，使得公众或者用户的地位得到了进一步提升。信息平台认为自身不存在新闻立场，算法的主要目的在于加强用户的黏性。2016 年以来，Facebook 推出一系列机制，强调保障用户对最终内容的选择权，其中尤为强调 3F 原则（Friends and Family First），即好友分享的优先级高于新闻媒体发布的消息。这一算法权重变化的目的在于，从"帮助你找到相关的内容"转向"实现用户有意义的社会互动"，即促成用户间

①　吴涛，张志安. 新新闻生态系统中的事实核查及对新闻真实观的影响[J]. 新闻与写作，2022（7）：37-45.

②　Weeks B E, Garrett R K. Electoral consequences of political rumors: Motivated reasoning, candidate rumors, and vote choice during the 2008 U.S. presidential election [J]. International Journal of Public Opinion Research, 2014, 26(4): 401-422.

③　Porter E, Wood T J, Kirby D. Sex trafficking, Russian infiltration, birth certificates, and pedophilia: A survey experiment correcting fake news [J]. Journal of Experimental Political Science, 2018, 5(2): 159-164.

④　Rivers W L, Schramm W. Responsibility in Mass Communication [M]. New York: Harper & Row, 1957: 250.

的讨论和用户的深度参与。赋权用户而非传统强势机构，是算法所强调的平权价值。但是其后所引发的虚假消息充斥社交媒体，也是传统机构媒体权重下降后的副作用。

　　人工智能系统非常有效地通过用户日渐增多的网络行为数据进行精准内容推荐，公众是被动接受偏好的信息从而陷入信息茧房，还是有意识地通过综合使用媒体平台，其重任日益集中到个体自身。换言之，在应对人工智能带来的社会问题时，公众实质性参与至关重要，而公众的参与意识、参与方式、参与效能感往往以公众所拥有的媒介素养为前提。研究表明，通过教育公众掌握视觉素养技能，如识别图像篡改痕迹、理解视觉叙事等，能够显著提升公众在面对深度伪造内容时的辨识能力。[①]但是，由于个体的媒体消费习惯、教育水平以及年龄等因素均会对其新闻辨识能力产生影响[②]，事实核查专家们因此倡导了一系列易于掌握的技巧，如反向图像搜索、逐帧分析、地理位置验证等，以武装公众的信息甄别能力。然而，这一效果也受到个体差异的影响，如个体的认知能力、信息接受度等。[③]因此，在制定教育策略时，我们还需要考虑如何针对不同群体进行差异化教学，以提高教育的有效性。

四、人工智能时代的新增新闻伦理行动者

　　新闻伦理属于应用伦理学研究，研究起点是基于行业的实际伦理难题进行价值判断。现代性大众传播观念和伦理观念根植于以启蒙运动为代表的知识革命，勒内·笛卡儿（René Descartes）、约翰·洛克（John Locke）、约翰·弥尔顿（John Milton）、穆勒等学者的经典论述是其中的主要智识资源。施拉姆结合媒体发展现实指出，如何妥善处理大众品味、企业盈利和社会责任三者的关系是大众媒体面对的主要问题[④]，就此，政府、媒体和公众成为新闻伦理关系的核心行动者。但是当下，互联网信息平台公司正在新闻传播过程中产生日益重要的

---

① Locoro A, Fisher Jr W P, Mari L. Visual information literacy: Definition, construct modeling and assessment [J]. IEEE Access, 2021(9): 71053-71071.

② Allcott H, Gentzkow M. Social media and fake news in the 2016 election [J]. Journal of Economic Perspectives, 2017, 31(2): 211-236.

③ Ahmed S. Fooled by the fakes: Cognitive differences in perceived claim accuracy and sharing intention of non-political deepfakes [J]. Personality and Individual Differences, 2021, 182: 111074.

④ Rivers W L, Schramm W. Responsibility in Mass Communication [M]. New York: Harper & Row, 1957: 200-201.

中介作用，传统关于信息和新闻的分野也变得模糊。正如弗洛里迪在《信息伦理学》中所指出的那样，信息是一种资源、一种产品，也是一种目标，借助信息与通信技术手段能够实现媒介的信息生产与传播，而其引发的伦理后果也因此需要更多的智识动员和道德行动者。[①]

在线平台传统上不属于新闻传播范畴，互联网企业也往往不承认自身的"媒体"性质，而倾向于将自身描述成信息传播的基础设施，平台上传输和交换的是数据（data）而非新闻内容。但是当人类的交往活动和商业活动日益集中到网络平台，互联网信息平台公司的角色便发生了改变。近年来互联网信息平台公司已经成为传播伦理的核心关注区域。2018年Facebook的扎克伯格和字节跳动的张一鸣，近乎在同一天面对主管部门的质询，并向公众道歉。Facebook信任危机的触发点在于个人隐私泄露最终造成干预选举的危害。据披露，Facebook上超过5000万用户信息数据被一家名为"剑桥分析"（Cambridge Analytica）的公司泄露，用于在2016年美国总统大选中针对目标受众推送广告，从而影响大选结果，此事在世界范围内引发了轩然大波，扎克伯格就此接受美国国会质询。字节跳动公司也曾因旗下产品存在低俗内容和导向问题受到主管部门处罚。应用市场为此下架了今日头条客户端，并要求其暂停服务三周；"内涵段子"客户端软件及其公众号被责令永久关停；短视频应用抖音APP删除了所有用户评论。在意识到自身的伦理主体责任之后，相关平台开始主动在技术研发和产品开发的过程中嵌入伦理考虑。2016年9月，亚马逊、谷歌、Facebook、IBM和微软宣布成立一家非营利组织：人工智能合作组织（Partnershipon AI），目标是为人工智能的研究制定和提供范例，推进公众对人工智能的了解，并作为一个开放的平台来吸引民众及社会的参与和讨论。

就当下而言，数字平台的"自我监管"模式，其核心在于科技企业的主体责任，即自主识别并有效处理深度合成内容，其显著优势在于能够迅速响应，有效遏制虚假信息的扩散势头。面对人工智能技术加速假新闻泛滥的全球挑战，国内外平台媒体纷纷采用前沿科技手段进行有力回击。这些技术手段包括但不限于以下几种。（1）人工智能生成内容检测技术：依托机器学习算法，精准识别图片与视频中的深度伪造痕迹。（2）自动化标注系统：通过AI算法对平台内容进行自动化检测后，识别并标注疑似虚假信息，如贴标签以增加辨识

[①] 弗洛里迪. 信息伦理学 [M]. 薛平，译. 上海：上海译文出版社，2018：20-21.

度。（3）权威信息优先展示策略：借助算法优化信息排序逻辑，优先呈现来自权威渠道的内容，同时降低虚假信息的可见性。由此可见，"技术对抗技术"已成为平台监管的核心治理逻辑。[①]不仅如此，由于传统基于照片响应非均匀性（PRNU）的伪造图像检测技术在面对高度复杂的AI生成技术时显得捉襟见肘[②]，智能技术本身也提供了多种方法来处理假新闻检测任务，包括使用卷积神经网络（CNN）、图卷积网络（GCN）、递归神经网络（RNN）和生成对抗网络（GAN）等不同的模型来提取和分析特征，从而提高检测的准确性和效率。例如，混合CNN-RNN模型综合利用了CNN的局部特征提取能力和RNN的序列建模能力，能够同时考虑局部特征和全局语义信息，从而提高假新闻检测的准确性。

然而，技术解决方案亦非万能，其面临的挑战不容忽视。一方面，检测算法虽然可以有效增进用户黏性，但却在内容审核和审美品鉴方面无法全面掌握复杂而多元的人类行为变量，例如Facebook公司曾经通过机器鉴别遏制裸体在公开平台中的展示，而哺乳妇女的照片和反映越战的知名摄影作品《战火中的女孩》也因此被归入此类。虽然类似举措未必隐含制度化和规模化的群体歧视，但的确提出平台能否更好履行责任的疑问。[③]另一方面，由于人工智能生成技术的算法往往领先于检测算法，这场"猫捉老鼠"的游戏将在未来持续升级[④]，且利益驱动下的虚假信息传播一般难以仅凭技术手段根除，平台在实际操作中往往面临责任履行的困境，因此，在推进技术治理的同时，还需辅以法律法规等多维度措施，共同构建健康清朗的舆论生态。近年来，全球多国对于数字平台的治理态度发生了显著转变，由早期的放任自流、依赖自我监管逐渐迈向更为积极、直接的监管模式，这一转变主要体现在一系列政策文件的密集出台上，旨在有效应对数字平台潜在或已显现的负面影响，强化国家在网络空间中的主权地位。

① 郭春镇. 生成式AI的融贯性法律治理——以生成式预训练模型(GPT)为例[J]. 现代法学, 2023, 45（3）: 88-107.
② Jin X, Zhang Z, Gao B, et al. Assessing the perceived credibility of deepfakes: The impact of system-generated cues and video characteristics [J]. New Media & Society, 2023: 1-22.
③ Raso F A, Hilligoss H, Krishnamurthy V, et al. Artificial intelligence & human rights: Opportunities & risks [EB/OL]. (2018-09-25)[2023-03-02]. https://dash.harvard.edu/bitstream/handle/1/38021439/2018-09_A!-HumanRights.pdf?sequence=1&isAllowed=y.
④ Birrer A, Just N. What we know and don't know about deepfakes: An investigation into the state of the research and regulatory landscape [J]. New Media & Society, 2024: 14614448241253138.

综上所述，人工智能时代新闻伦理的道德行动者出现了变化，显性地表现为增加了一个重要的机构行动者，我们姑且称之为互联网信息平台公司。与此同时，传统的道德行动者——政府、媒体、公众，它们在伦理图景中的位置和行为模式也产生了变化。政府在规制方面采取了更加前瞻式的模式以应对变革性技术的社会构建动能。公众在个性化信息服务背景下的伦理素养和媒介素养也变得更加事关全局。而传统媒体机构在算法推荐逻辑下，面临权重下降的境遇，其传统新闻生产流程和伦理价值面临冲击。为了更清晰地展现各道德行动者之间的伦理互动结构，有必要进一步区分不同行动者的区位。个人伦理层次、组织伦理层次、社会伦理层次的区分有助于进一步明晰对此问题的论述（见图2-1）。

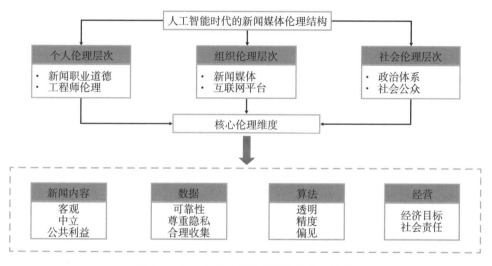

图 2-1　人工智能时代的新闻媒体伦理结构

第二节　个体伦理

亚里士多德认为，具备关于伦理规则的知识和自觉遵守伦理规则的能力是两个不同的方面。只有当人们在内在本性和对善的生活的追求基础上，自觉地尊重伦理规则，才是符合伦理和美德的个体。[①]在内容庞杂的社交媒体和互联网

---

① 转引自：麦金太尔. 谁之正义？何种合理性？[M]. 万俊人，吴海针，王今一，译. 北京：当代中国出版社，1996：15.

信息平台中，个体层次的伦理认知和自律，仍然是人工智能时代伦理治理的重要基石。

传统新闻伦理具有很强的个人伦理色彩，记者、编辑就自己生产的新闻内容承担风险、享受赞誉。在新闻专业主义理论体系下，个人层次的伦理认知不仅是职业认知的重要组成部分，也是新闻机构权威性的主要来源。然而在自动化新闻平台等人工智能技术的赋能下，当下的算法工程师正在前所未有地深入新闻生产领域，他们所编写的代码将直接构建新闻传播框架，也成了传播伦理的重要行动者。因此，在人工智能时代探讨新闻媒体的个体伦理，至少需要从新闻职业道德与工程师伦理两个角度切入。

一、新闻从业者职业道德

1950 年，大卫·怀特（David White）通过研究一位早报的资深编辑选择新闻的行为发现，新闻"把关人"在选择新闻时很大程度上受到了主观因素的影响[①]，这一发现凸显了从业者的个人职业道德水平在新闻生产中的重要性。尽管有学者认为怀特对"把关人"的研究忽视了组织因素的影响，但这一概念的提出和发展无疑对从个人伦理的角度规范新闻生产有极大的启示。

事实上，自 19 世纪 50 年代独立报刊形成以来，媒体从业者便持续探索"新闻专业主义"的内涵。20 世纪 20 年代，"新闻客观性"的概念在商业利益与公共利益的夹缝中成长；1947 年美国新闻自由委员会发表《一个自由而负责任的新闻界》一文，首次从公共角度呼吁新闻工作者为社会发展承担一定的责任。1956 年，美国学者弗雷德·西伯特（Fred Siebert）、西奥多·彼得森（Theodore Peterson）和施拉姆合作出版了《报刊的四种理论》，进一步论述了传媒的"社会责任论"（Social Responsibility Theory），特别强调了大众传媒对社会和公众的责任和义务，认为新闻媒体不仅要就当日事件进行全面、真实、智慧的报道，还给公众表达各类不同观点的机会，使媒体成为社会各界人士相互传递意见的工具、展示社会目标与价值观的方法和传递信息流、思想流和情感流给每个社会成员的途径。[②]

---

① 黄旦. "把关人"研究及其演变[J]. 国际新闻界，1996（4）：27-31.

② Siebert F S, Peterson T, Schramm W. Four Theories of the Press: The Authoritarian, Libertarian, Social Responsibility, and Soviet Communist Concepts of What the Press Should Be and Do [M]. Urbana and Chicago: University of Illinois Press, 1956: 87-92.

　　长期以来，西方新闻界在社会责任论的基础上形成了新闻专业主义的具体内涵，而有关个体从业者道德规范的阐述和应用始终被置于这一概念的中心。有学者将其概括为两套准则和一个基本预设。[①]第一个准则为公共服务准则，它要求媒体从业者服务于公众的呼唤，即保证新闻的"公共性"；第二个准则为经验主义的认识论准则，它要求媒体从业者以过往经验为基础，按照由此产生的制度和流程开展新闻采集和事实核查工作，以保证新闻的"客观性"；一个基本预设指的是社会开展公共生活所需的事实性信息不得由资本或政治权力垄断，而是必须由具备必要技能和社会认可度的独立专业人士根据公开、可获取的程序和规则来确定[②]，这一预设确立了新闻媒体的"第三种权力"，也即通过援引"客观"这一职业规范，媒体从业者垄断了传播世界"真相"的方式[③]，并在这一基础上形成了一套规范化和正当化的新闻从业的话语及其实践[④]。

　　然而随着信息革命的兴起和深入，新闻传播业的生产工具与生产方式发生了广泛而深刻的改变，层出不穷的新技术持续嵌入从业者的行业实践[⑤]，不断推动媒体从业者工作惯例的改变，在新闻行业内创造出独特的劳动分工[⑥]和工作组织模式[⑦]。一方面，写入中央政策文件的媒体融合转型在近年来持续深入，促使各类新媒体技术进入媒体从业者的日常工作；另一方面，人工智能技术赋能的机器写作平台参与了新闻生产流程的重塑，智能算法的发展也革新了信息传播方式，促使新闻媒体生态圈内的信息终端、用户体系和交互模式均相应地发生改变。在这种结构性变革的面前，媒体从业者的职业伦理也面临着复杂的挑战。

　　为了进一步描摹人工智能时代下媒体从业者的职业道德感知现状，2022 年，我们对 948 名浙江省媒体从业人员进行了问卷调查。数据显示，新闻伦理仍然是影响新闻从业者工作的重要因素，平均得分为 4.4（1 分为影响非常小，5 分

① 科瓦齐，罗森斯蒂尔. 新闻的十大基本原则：新闻从业者须知和公众的期待 [M]. 刘海龙，连晓东，译. 中译本 2 版. 北京：北京大学出版社，2014.
② 潘忠党，陆晔. 走向公共：新闻专业主义再出发 [J]. 国际新闻界，2017，39（10）：91-124.
③ Lewis S C. The sociology of professions, boundary work, and participation in journalism: A review of the literature [C]//2011 International Communication Association Conference, 2011.
④ 陆晔，潘忠党. 成名的想象：中国社会转型过程中新闻从业者的专业主义话语建构 [J]. 新闻学研究，2002（71）：17-59.
⑤ Pavlik J. The impact of technology on journalism [J]. Journalism Studies, 2000, 1(2): 229-237.
⑥ Mari W. Technology in the newsroom: Adoption of the telephone and the radio car from c. 1920 to 1960 [J]. Journalism Studies, 2018, 19(9): 1366-1389.
⑦ Huang E, Davison K, Shreve S, et al. Facing the challenges of convergence: Media professionals' concerns of working across media platforms [J]. Convergence, 2006, 12(1): 83-98.

为影响非常大），仅次于政府因素，有87.5%的受访者认为它对自己的工作具有非常大或较大影响。并且，在诸多媒体角色中，受访者认为媒体在"传递真实信息"方面的角色最为重要，如：提供可靠信息、防止谣言传播，帮助群众了解党和政府的政策（见表2-1）。大部分受访者也在媒体应当承担起舆论监督角色这一看法上达成了共识；同时，受访者还普遍认为媒体应当起到提供新信息和提高人民的知识和文明程度的作用。但从较大的标准差和逐渐降低的平均得分可以看出，媒体推动社会变革、为复杂问题提供分析和解释的看法在受访者中产生了一定的分歧，一些受访者对媒体能起到此类较大的作用表示怀疑。在受访者中，最有分歧的和最不重要的是媒体提供娱乐休闲的角色，它的重要性得分远低于其他的媒体角色。

表 2-1　受访者对媒体角色的认知情况

对媒体角色的认知	平均值	方差	非常重要与比较重要占总体的比例/%
提供可靠信息、防止谣言传播	4.75	0.56	95.2
帮助群众了解党和政府的政策	4.71	0.59	95.1
舆论监督	4.63	0.65	92.9
提供新信息	4.62	0.64	93.5
提高人民的知识和文明程度	4.61	0.68	91.7
推动社会改革	4.36	0.80	83.9
为复杂问题提供分析和解释	4.31	0.80	83.9
提供娱乐休闲	4.08	0.93	70.3

在关于受访者对有关新闻报道客观性的认识的调查中（见表2-2），受访者认为新闻报道的客观性非常重要，平均得分为4.5（1分为非常不重要，5分为非常重要）。其中，402位受访者（占样本44%）认为新闻报道还原事实本身、做一个疏离的/客观的观察者以及提供时事分析这三项都"非常重要"。除此之外，受访者还普遍认为还原事实本身是新闻报道客观性的重要体现，而对其提供时事分析的社会职能认同度则相对较低，这说明新闻从业者认为报道首先需要还原事实，其次才是向公众阐述事实。

表 2-2　受访者对有关新闻报道客观性的认识情况

对有关新闻报道客观性的认识	平均值	标准差	非常重要与比较重要占总体的比例/%
还原事实本身	4.74	0.68	94.8
做一个疏离的/客观的观察者	4.40	0.88	87.9
提供时事分析	4.35	0.84	84.3

总体而言，媒体从业者对新闻伦理基本内涵和重要性的认识没有发生大的变化。然而，在新媒体技术和人工智能技术持续发展的当下，大量的媒体内容实际上来自用户生成，因此不仅是媒体从业者，几乎所有人都需要保持媒体内容生产的基本道德素养。但现实中，恪守真实、客观原则的新闻工作者却无法适应互联网情绪价值重于事实价值的普遍趋向，一方面专业工作者感受到了自身价值体系不受社会重视，在经历一场毫无胜算的注意力竞争，另一方面直播和短视频平台上频频出现的道德失范行为让传播生态变得更加复杂，但失范行为不仅很难被问责，甚至可能收获巨大的流量和资金收益。

作为直接的道德行动者，个体内容生产者需要在与传统新闻伦理原则磨合、合作的过程中就行为规范达成共识，成为负责任的媒体信息生产者、传播者和评论者。社交媒体时代打破了传播者和接收者之间的壁垒，使得新闻职业伦理不仅是机构媒体工作者个体伦理层次的要求，也是社会伦理层次的重要组成部分。而智能媒体时代引入了更多的技术人工物作为自动化的传播者，如何让机器生成内容也符合职业、社会期待，是人工智能时代新闻职业伦理的新问题。

二、工程师伦理

20世纪70年代起，工程伦理学在美国等国家引发关注。卡尔·米切姆（Carl Mitcham）在《技术伦理学的成就》一文中将美国技术伦理学研究分为四个阶段：第一阶段（19世纪中叶），以职业工程社团制定的内部规章为特征；第二阶段（20世纪初）是忠诚伦理学时期，由电气工程师学会、美国土木工程师学会和美国机械工程师学会制定道德准则，强调商业利益或企业忠诚；第三阶段（第二次世界大战后兴起），强调工程师对公共福祉的责任，重点是生命安全和公共健康；第四阶段（20世纪70年代）是伦理教育阶段，由于一系列技术事件、环境保护和消费者保护运动的兴起，人们开始将技术伦理学引入课堂，[1]如美国工程和技术认证委员会（ABET）在2000年发布的标准文件中明确指出，工程教育必须要求学生"理解职业和道德责任"[2]，奥巴马政府也于2016年10月将"理解并解决人工智能的道德、法律和社会影响"列入国家人工智能战略，

---

[1]　转引自：刘则渊，王国豫. 技术伦理与工程师的职业伦理[J]. 哲学研究，2007（11）：75-78+128-129.

[2]　Downey G L, Lucena J C, Mitcham C. Engineering ethics and identity: Emerging initiatives in comparative perspective [J]. Science and Engineering Ethics, 2007(13): 463-487.

并建议 AI 从业者和学生都接受伦理培训。[①]可见随着科学技术不断发展，工程师们越来越意识到自身的价值观对设计过程的影响，以及在设计过程中对他人价值观的敏感性[②]的影响。

在人工智能技术渗透至生活方方面面的今天，科学家与工程师正在以前所未有的广度和深度参与社会的重大决策和管理，他们的一举一动都将对他人、对社会产生比任何人都更为深远的影响。责任是知识和权力的函数，因此，科学家与工程师也应该承担更多的道德责任。[③]2017 年 1 月，在加利福尼亚州阿西洛马举行的 Beneficial AI 会议上，近千名人工智能专家齐聚一堂，共同签署了阿西洛马人工智能 23 条原则。作为著名的阿西莫夫机器人三大法则的扩展版本，阿西洛马人工智能原则（Asilomar AI Principles）是工程师伦理应用于人工智能领域的范例。该原则的签署旨在呼吁全球研究人员在开发人工智能的过程中严格遵守伦理原则，确保人工智能运行全周期的安全性与透明性，防范自主系统的风险并致力于实现技术效益最大化。

具体到新闻传播领域，由于算法技术的介入，媒体行业发生了广泛的变化，不仅由机器辅助的信息生产、分发模式成为行业主流，而且以抖音、今日头条为代表的信息聚合平台应用推荐算法实现了由"信息找人"模式到"人找信息"模式的转变。[④]在此背景下，参与媒体产品设计与开发、新闻信息生产与传播的算法工程师，无疑在信息传播中扮演着重要的中介角色。然而，2019 年的一项实证研究表明，我国大多数算法工程师对算法在新闻传播领域引发的伦理问题知之甚少，对伦理问题的威胁性评估较低，算法伦理水平整体处于模糊状态，对改善的倾向也趋于保守。[⑤]

这一"局内的外人"现象还表现在一些具体的案例中。一方面，算法工程师对技术伦理的漠视可能会导致其设计的人工智能系统具有偏见性，这不仅可

---

① 曹建峰. 人工智能：机器歧视及应对之策 [J]. 信息安全与通信保密，2016（12）：15-19.
② 瓦拉赫，艾伦. 道德机器：如何让机器人明辨是非 [M]. 王小红，主译. 北京：北京大学出版社，2017.
③ 曹南燕. 科学家和工程师的伦理责任 [J]. 哲学研究，2000（1）：45-51.
④ 袁帆，严三九. 模糊的算法伦理水平——基于传媒业 269 名算法工程师的实证研究 [J]. 新闻大学，2020（5）：112-124+129.
⑤ 严三九，袁帆. 局内的外人：新闻传播领域算法工程师的伦理责任考察 [J]. 现代传播（中国传媒大学学报），2019，41（9）：1-5+12；袁帆，严三九. 模糊的算法伦理水平——基于传媒业 269 名算法工程师的实证研究 [J]. 新闻大学，2020（5）：112-124+129.

能与工程师自身的价值观有关，还可能源于机器学习的训练数据集，如果工程师选择在错误、规模较小、包含大量问题数据或不能代表整个数据库的数据样本上进行训练，那么所产生的算法也将不可避免地表现出偏见。以面部识别应用为例，其开发需要大量的用户面部图像数据。然而，目前最大的两个公共图像档案库，谷歌开放图像（Google Open Images）和图像网络（ImageNet）中的数据代表性严重不足：在这些来自搜索引擎和图像托管网站的图像中，只有30%—40%被标注为女性，5%被标注为黑人。[1]另一方面，算法工程师在技术伦理方面的忽视还可能导致算法设计被不当使用，或无意中卷入有伦理争议的项目。例如，Facebook在2012年进行的一项情感操纵试验，在未告知用户或未征得用户明确同意的情况下，改变了约70万用户的新闻推送内容，使一组用户看到更多积极的内容，而另一组用户看到更多消极的内容。这一试验公布后引发了一系列伦理和隐私方面的争议。[2]

当然，也有专家认为，技术活动是社会组织体系下的制度性活动，不能要求单个工程师对其技术的后果负责，德国技术哲学家、伦理学家京特·罗波尔（Günter Ropohl）指出，由于分工、合作等因素，现代技术活动不是单个人的活动，因此作为个体的工程师不仅不能，也不应该对其技术的整体性负全部责任。[3]但是，作为能够直接使用、调整和预判算法未来走向的人，算法工程师至少负有最大限度避免上述危害的重要责任。他们不仅不能对负面事件袖手旁观，更要在算法的实际运行中履行自己的义务和责任，包括但不限于了解自己设计的算法可能引发的伦理问题、提高对潜在问题的敏感度、积极参与算法优化任务等。[4]已有案例表明，工程师个人的态度可以在一定程度上改善甚至终止不合理的信息传播和算法应用。例如，2018年，谷歌员工抗议"Project Maven"事件，为了抗议公司参与美军利用人工智能进行视频图像识别以提升无人机打击

[1] The Economist. Demographic skews in training data create algorithmic errors [EB/OL]. (2021-06-05)[2023-12-28]. https://www.economist.com/graphic-detail/2021/06/05/demographic-skews-in-training-data-create-algorithmic-errors.

[2] Hill K. Facebook Manipulated 689,003 Users'Emotions For Science [EB/OL]. (2014-06-28)[2023-12-22]. https://www.forbes.com/sites/kashmirhill/2014/06/28/facebook-manipulated-689003-users-emotions-for-science/?sh=d3064a0197c5.

[3] 转引自：刘则渊，王国豫. 技术伦理与工程师的职业伦理[J]. 哲学研究，2007（11）：75-78+128-129.

[4] 严三九，袁帆. 局内的外人：新闻传播领域算法工程师的伦理责任考察[J]. 现代传播（中国传媒大学学报），2019，41（9）：1-5+12.

能力的计划，包括数十名高级工程师在内的数千名谷歌员工联名致信首席执行官桑达尔·皮查伊（Sundar Pichai），表示科技公司不应该从事"战争业务"[①]。面对内部抗议和外部批评，谷歌选择在 2018 年底停止续签"Project Maven"合同。最近，人工智能公司 OpenAI 内部的解雇风波也被传与工程师们对通用人工智能安全性的分歧有关，首席执行官萨姆·奥尔特曼（Sam Altman）在一周内被解雇和重新聘用，引发了业界关于人工智能未来和人类命运的激烈讨论，可以想见，在未来相当长的一段时间内，大规模预训练语言模型的加速主义发展路径与安全主义发展路径之争将处于拉锯状态，确保人工智能系统和应用的工程稳定性以及与人类价值的对齐能力，正在成为技术研发者和服务部署者的重要职责。

正如德国政治理论家阿伦特所说的那样，个人的不思（thoughtlessness）会导致其无意识的顺从行为，这是现代社会中人们缺乏对自身意识和行为判断能力的主要原因。[②]对于算法工程师来说，在工作实践中时刻关注自己的行为，保持对社会发展的责任感，也是用思维活动对抗"平庸之恶"的方式。如果连算法的缔造者都无法意识到算法设计与应用过程中的伦理风险，那么偏见、歧视或错误也难以被有效规避了。[③]

第三节　组织伦理

传统新闻媒体对其生产的内容及其经济运行负有伦理责任，与此同时，媒体的言论对政治、经济和社会都有巨大影响。虽然在传统生产流程中，记者作为显性的新闻伦理践行者，对自身的报道肩负伦理责任，但是媒体承担着重要的把关功能，并在科层式的生产模式中内化组织宗旨和目标。在媒体组织内部，知情权与隐私权、表达权和名誉权的权衡，公共服务和经营目标的平衡，形成多组竞争性伦理价值，需要在新闻媒体组织层面根据其伦理传统针对具体问题予以价值排序。长期以来，客观、公正和最小伤害成为十分重要的组织伦理出

[①] Shane S, Wakabayashi D. "The Business of War": Google employees protest work for the Pentagon [EB/OL]. (2018-04-04)[2023-12-22]. https://www.nytimes.com/2018/04/04/technology/google-letter-ceo-pentagon-project.html.

[②] 转引自：徐亮. 思考活动的伦理意义——阿伦特对"平庸之恶"的破解[J]. 武汉大学学报（人文科学版），2017，70（4）：87-93.

[③] 转引自：张世超，毛湛文. 行动者网络中的推荐算法及其文化实践——基于算法工程师经验的考察[J]. 学习与实践，2022（6）：125-131.

发点。[①]

到了人工智能时代，互联网信息平台实际上部分起到了新闻媒体的功能。与传统新闻媒体更多关注新闻的生产不同，目前的互联网企业并不直接涉足新闻内容制作，但是推荐算法实际在对新闻价值的不同维度予以赋值，随着越来越多的民众将互联网作为主要的新闻信息来源，互联网信息平台在新闻分发和互动环节产生了巨大的动能。互联网信息平台的伦理关注点主要在数据和代码（算法）两个体系，如何合理利用平台积淀的用户数据，如何合理通过算法的中介提高社会总体福利水平，是此类平台的伦理责任。

一、媒体组织自律

传统上，媒体组织被视为履行特定社会职能的机构，其生产惯例和条件受到技术的影响[②]。在以往关于新闻伦理案例的讨论中，关于经营与行为、知情权与隐私权、市场主义与专业主义的讨论[③]，在表达自由与社会福祉最大化之间形成了理论上的张力。然而，随着 21 世纪初信息技术的发展，媒体从业者对信息收集和传播的垄断被打破，后工业时代的"验证新闻"[④]及其严格的事实核查方式被非职业化的新闻形式取代，"后事实"或"事后检查"的新闻业正在逐步形成[⑤]。如何在这种背景下重建媒体"负责任"的形象，成为传统媒体面临的现实困境。

"旧媒体曾经一度是新媒体，而新媒体又在不断地变化与演进。"[⑥]虽然学术界对新媒体社会责任的理论探讨较为滞后，但业界的实践却从未停止。1997年，德国颁布了世界上第一部规范网络传播的法律——《信息和通信服务管理法》。此后，各种规范新媒体背景下传播行为的条例、规则、法律、公约相继

① Ward S J A. Ethics and the Media: An Introduction [M]. New York: Cambridge University Press, 2011.

② Parry R. The Ascent of Media: From Gilgamesh to Google via Gutenburg [M]. London: Nicholas Brealey Publishing, 2011: 34；Pavlik J. The impact of technology on journalism [J]. Journalism Studies, 2000, 1(2): 229-237.

③ 李子超，胡翼青.关于 2015 年系列新闻伦理争议的冷思考[J].新闻界，2015（20）：33-37.

④ Anderson C W, Bell E, Shirky C. Post-industrial journalism: Adapting to the present [J]. Geopolitics, History and International Relations, 2015, 7(2): 32.

⑤ 科瓦齐，罗森斯蒂尔.新闻的十大基本原则：新闻从业者须知和公众的期待[M].刘海龙，连晓东，译.中译本 2 版.北京：北京大学出版社，2014.

⑥ 琼斯.新媒体百科全书[M].熊澄宇，范红，译.北京：清华大学出版社，2007：1.

出台。在中国，新媒体社会责任的行业实践最初由政府主导，政府成立了中国互联网信息中心（CNNIC）、国家信息安全测评认证中心（CNISTEC）等机构，出台了《互联网信息服务管理办法》《中华人民共和国电信条例》等规范性文件。到了 1999 年 4 月，为了营造公平竞争的良好环境、促进网络媒体的健康发展，《人民日报》《经济日报》《科技日报》、新华社等 23 家国内知名媒体共同制定并通过了《中国新闻界网络媒体公约》（下文简称《公约》）。《公约》明确规定，"网上媒体应充分尊重相互之间的信息产权和知识产权，呼吁全社会尊重网上的信息产权和知识产权，坚决反对和抵制任何相关的侵权行为"[①]。随后，在 2001 年 5 月 25 日，中国互联网协会（ISC）正式成立，标志着我国新媒体的社会责任实践进入行业自律发展阶段[②]。

罗尔斯在《正义论》中讨论了这样一个思想试验：当无属性的人们不知道他们在新制度中将拥有什么样的社会地位和个人特征时，为了最大限度地实现公平，新制度的设计必须通过减少所有人的权利和自由来扩大所有人的权利[③]。这一原则强调了"自律"和"自我约束"在伦理学研究中的重要性。康德的义务伦理学详细阐述了"自律"的概念，他认为自律就是自我立法，即自己的规则自己遵守；亚里士多德的美德理论也强调了"自制"的重要性，指出"有自制力的人能坚持他通过理性论断所得的结论，而无自制力的人，为情感所驱使"[④]。虽然在新技术浪潮中逐渐失守专业管辖权，但新闻媒体持续珍视"自律"规范以履行社会责任既是必要的，也是必须的，这不仅是传统新闻伦理引领新媒体时代内容生态的方式，也是新闻业在专业生产逻辑与受众数字化参与文化之间保持平衡的方法。

作为非营利性的社会组织，中国互联网协会在中国新媒体社会责任实践中一直发挥着引领的作用，不仅颁布了《中国互联网行业自律公约》《互联网站禁止传播淫秽色情等不良信息自律规范》《中国互联网行业版权自律宣言》等一系列行业自律规范，还积极开展与互联网自律有关的活动，为我国新媒体传播的

---

① 中国新闻界联合公约——向网上版权约法三章[J]. 报刊管理，1999（2）：37.

② 钟瑛，李秋华. 新媒体社会责任的行业践行与现状考察[J]. 新闻大学，2017（1）：62-70+77+148.

③ 罗尔斯. 正义论（修订版）[M]. 何怀宏，何包钢，廖申白，译. 北京：中国社会科学出版社，2009：12.

④ 亚里士多德. 尼各马科伦理学[M]. 苗力田，译. 北京：中国社会科学出版社，1990：135.

行业自律提供了可借鉴的范本。① 与此同时，中华全国新闻工作者协会（即中国记协）等全国性新闻工作者组织也积极出台相关指导意见，将"推进新闻行业自律，规范新闻从业行为"写入其章程②，这一举措同样极大促进了我国新闻行业的自律发展。

2004年9月，新浪、搜狐、网易这三大门户网站联合宣布成立中国无线互联网行业"诚信自律同盟"，标志着中国新媒体社会责任进入"组织主动自律"阶段。此后，越来越多的新媒体行业组织开始发起自律活动：2005年1月，28家媒体成立了"版权保护联盟"；2007年5月，11家媒体联合创办了"网上大讲堂"；2007年8月，人民网等10多家博客服务提供商签署《博客服务自律公约》，该公约包含了实名用户信息安全管理制度等。③ 可见，这一阶段传媒组织的行业自律准则已不再局限于规范记者、编辑等一线采编人员的行为，而是扩展到互联网信息传播的全流程岗位。

此外，为推动各级各类媒体更加自觉地承担社会责任，提升整个行业的公信力，中宣部、中国记协决定在新闻战线试行建立媒体社会责任报告制度，推动媒体按照"履行政治责任、阵地建设责任、服务责任、人文关怀责任、文化责任、安全责任、道德责任、权益保障责任、依法经营责任"的要求，每年定期发布社会责任报告，自觉接受社会监督。④ 这项工作自2014年开展至今，在全社会引发了广泛反响。不仅发布报告的媒体范围逐年扩大，从最早的11家增加到2023年的500多家⑤，人民日报、新华社、中央广播电视总台等中央主要新闻媒体也都加入了发布阵营，而且随着技术的革新，这项工作的影响力和传播力、报告本身的可读性和生动性也日益增强，成为官方话语中媒体社会责任的呈现方式，也为世界提供了媒体在智能时代如何履行社会责任的中国答案⑥。

在智能媒体时代，面对机器生成内容和深度仿造内容，国家迅速出台了一

① 钟瑛，李秋华. 新媒体社会责任的行业践行与现状考察[J]. 新闻大学，2017（1）：62-70+77+148.
② 中国记协网. 中华全国新闻工作者协会章程[EB/OL]. (2011-08-25)[2023-12-23]. http://www.xinhuanet.com//zgjx/2011-08/25/c_131074103.htm.
③ 钟瑛，李秋华. 新媒体社会责任的行业践行与现状考察[J]. 新闻大学，2017（1）：62-70+77+148.
④ 中国新闻网. 中国新闻社会责任报告（2022年度）[EB/OL]. (2023-05-30)[2023-12-23]. https://www.chinanews.com.cn/gn/2023/05-30/10016176.shtml.
⑤ 新华社. 二〇二二年度媒体社会责任报告发布[N]. 人民日报，2023-07-04（07）.
⑥ 汪露. 新闻的边界：《新闻伦理与法规》案例选编[M]. 北京：五洲传播出版社，2017：177.

系列法规，要求新闻媒体标注以区分AI生成内容，避免影响受众认知和判断。新闻机构作为传播伦理重要的组织行动者，不仅需要在原有的行为框架下承担起高质量内容供给和舆论生态营建的重任，还需要在谙熟AIGC生产工具的同时，协助提升公众的智能媒介素养，而非反之。

二、互联网平台的伦理责任

2023年7月19日，抖音、快手、今日头条、西瓜视频、微博、新浪、搜狐、网易、凤凰、百度、知乎、豆瓣、优酷、爱奇艺、一点资讯和奇虎360等16家知名互联网平台完成了《首都互联网平台自媒体管理自律公约》的签署。这些平台承诺将严格遵守公约要求，积极履行企业主体责任，规制平台用户的内容生产与传播行为。随着人工智能技术的不断发展，这些参与公约签署的互联网平台成为新闻信息的主要来源，不仅承载了信息传递的功能，还部分替代了口语传播的作用，成为用户沟通与分享的主要渠道。例如，微博和微信等社交平台为用户提供了便捷的沟通方式，今日头条等新闻聚合应用则凭借协同过滤算法为用户推荐个性化内容，革新了报纸、电视等传统媒体的信息传播模式。抖音和快手等视频分享平台更是融入了用户的日常生活，成为他们获取和分享新闻的重要途径。因此，与传统媒体和新媒体网站的社会责任公约相比，互联网平台公司主动缔结具有传播内容规制和传播伦理意味的公约，对作为信息传播基础设施的互联网平台规范具有划时代的意义和特殊性。

有学者指出，当代的互联网公众已不再是传统的受众，而是由参与讨论、使用媒介连接起来的群体，追求向外的可见性。[①] 互联网平台更是成为他们塑造自我形象的重要场域。[②] 而此次公约的签署，便旨在通过行业自律，规范互联网平台的信息传播行为，确保其健康有序发展，为用户提供更为优质的服务。

在人工智能时代，深入探讨互联网平台的价值体系和伦理结构显得尤为重要，主要表现在以下几个方面。

首先，在内容生产层面，随着预先设计并封装的算法工具的广泛应用，文

---

① 张明新，方飞. 媒介、关系与互动：理解互联网"公众"[J]. 现代传播（中国传媒大学学报），2021，43（12）：144-148.

② Arriagada A, Ibáñez F. "You need at least one picture daily, if not, you're dead": Content creators and platform evolution in the social media ecology [J]. Social Media+Society, 2020, 6(3): 2056305120944624.

化内容生产的门槛得以降低。这一变革催生了一个新的职业群体——被称作"内容创作阶层"（content creative class）的新媒体从业者，他们被纳入文化生产的职业体系。这个新兴职业群体在生产资料所有权、劳资关系、组织方式、文化力量等方面与传统的艺术界和文化产业界存在显著差异[1]，并且尽管同为集体行动的结果，数字平台的多边市场模式带来了渠道的扩展和丰富，中介行动者如媒介代理、MCN机构等应运而生。他们在数字平台、商业买主和内容达人之间进行着文化逻辑、商业逻辑和算法逻辑之间的转译工作。新职业体系的形成必然伴随着报酬体系和产业结构的转型。因此，互联网平台的算法对新的报酬分配机制与产业竞合规则也产生了深远影响。以抖音的巨量引擎、哔哩哔哩（以下简称"B站"）的花火平台为例，它们致力于构建流量资源和流量收益之间的配置框架，并将内容生产者、用户、中介机构、广告主，甚至是公共管理机构纳入算法系统架构的产业模式中。如何在生产实践中合理监管、审查这类行动者的劳动过程，成为互联网平台公司伦理规制的重要维度。

其次，在内容消费层面，互联网平台公司可能会采用无监督的学习模式来训练用户偏好挖掘的机器学习机制，这会导致机器学习的结果存在客观上的算法黑箱，不仅无法确保自身的全方位透明，还可能威胁到用户的私人信息保护。[2]有研究表明，互联网平台的用户大多基于"普遍的怀疑主义"心态看待平台推送的信息，对互联网信息消费呈现出怀疑主义和日常实用主义结合的特点。[3]这同时也是智能系统设计的悖论：一方面，系统需要更大的自由度以体现其智能效能，但具备自主学习能力的系统在技术上和伦理上都存在风险；另一方面，若将伦理规则嵌入智能系统，那么设计出来的系统就缺乏充分的灵活性，也就不够"智能"。但从目前的伦理问责和司法实践看，互联网信息平台作为算法的直接开发者和版权所有者，有义务将智能系统设计为道德智能体，将社会长期珍视的伦理价值内嵌至平台系统。据此，大众传播责任的两种形态行动——自律制度、专业精神，同样适用于互联网信息平台公司。

---

① 翟秀凤. 创意劳动抑或算法规训？——探析智能化传播对网络内容生产者的影响 [J]. 新闻记者，2019（10）：4-11.

② Mittelstadt B D, Allo P, Taddeo M, et al. The ethics of algorithms: Mapping the debate [J]. Big Data & Society, 2016, 3(2): 2053951716679679; 张文祥，杨林. 新闻聚合平台的算法规制与隐私保护 [J]. 现代传播（中国传媒大学学报），2020，42（4）：140-144+154.

③ Fletcher R, Nielsen R K. Generalised scepticism: How people navigate news on social media [J]. Information, Communication & Society, 2019, 22(12): 1751-1769.

最后，在经营管理层面，互联网平台被视为"能使外部生产者和消费者进行价值创造交互的，包含服务和内容的一系列数字资源组合"[①]。作为一种多边市场模式，数字平台的日益强大和普及颠覆了文化产业的传统范式，使文化产业价值链的结构开始由线性结构向网状结构转变。而互联网平台处于网络的中心点，凭借对数字基础设施的运营和管理权限，突破了权力的临界点，在公共文化秩序中成为新型的非国家行为体，在文化的生产、分配和消费中扮演越来越重要的角色。例如，有学者对 Uber 在世界各地推动的网络请愿活动进行了研究，总结了这一"平台驱动型参与行为"在规模瞬时增长、多属性参与、媒介深度融合、参与方式由数据驱动、线上线下参与聚集等方面的特征。[②] 还有学者将过往的集体性行动（collective action）和以平台为媒介的连接性行动（connective action）进行对比，发现后者的逻辑核心在于承认媒体平台是行动者之一，在其数字机制的支持下，昔日的"搭便车者"可能会比以往任何时候都更容易参与政治行动。[③]

尽管作为商业公司，互联网平台的利益诉求可能使其借助数据和算法对用户和利益相关者进行"动员"，但这仅是形式化和工具性的"民意展示"[④]，无意于达成共识。然而作为一种传播工具和表达场域，互联网平台的便捷性、平等性、匿名性等特点能使公共领域中的"普遍的表达"成为"表达的普遍"，"参与的无序"成为"无序的参与"[⑤]，因此互联网平台作为"信息受托人"必然成为人工智能时代下新闻媒体组织伦理层次的重要行动者。它们不仅要关注自身的盈利，还要注重审查、监管、培养其用户的健康价值观[⑥]。

智能媒体呈现出更为明显的技术驱动性，掌握更多技术研发和应用能力的平台公司在传播图景中的显示度获得进一步的提升。在某种程度上，平台公司

① Constantinides P, Henfridsson O, Parker G G. Introduction—platforms and infrastructures in the digital age [J]. Information Systems Research, 2018, 29(2): 381-400.

② Ranchordás S. Digital agoras: Democratic legitimacy, online participation and the case of Uber-petitions [J]. The Theory and Practice of Legislation, 2017, 5(1): 31-54.

③ Bennett W L, Segerberg A. The logic of connective action: Digital media and the personalization of contentious politics [J]. Information, Communication & Society, 2012, 15(5): 739-768.

④ 高恩新. 互联网公共事件的议题建构与共意动员——以几起网络公共事件为例[J]. 公共管理学报，2009，6（4）：96-104+127-128.

⑤ 陈建波，庄前生. 作为意识形态技术的互联网：执政党的视角 [J]. 新闻与传播研究，2016，23（11）：16-22+126.

⑥ 吴飞. 数字平台的伦理困境与系统性治理[J]. 国家治理，2022（7）：20-25.

提供汇集新闻伦理和工程师伦理的制度空间和运营机制，即便互联网平台仍然不能被归于狭义的新闻伦理范畴，它们已经毫无疑问地成为广义传播伦理的重要行动者。

第四节　社会伦理

在人工智能时代，社会伦理的层次可以从政治体系和社会公众两个维度来探讨。政府作为行政主体，代表公众从国家信息安全和全社会福祉的战略高度来审视人工智能系统的信息中介效应。在协调多元主体利益和推进实施相关政策过程中，政府对人工智能引导舆论和影响个体行为的潜在能力保持伦理警觉，并逐步明确对于人工智能的管控底线，因此也承担起道德行动者的角色。且鉴于各国政府在推动战略性科技发展和实施科技应用管控方面扮演的角色日益重要，政府在传播伦理构建和竞争价值排序过程中发挥的主体作用也日益显著。

在公众维度，随着网络信息发布的普及，受众的角色已不再是单纯的接受者。如今，每个人都有权利对报道进行批评、补充事实和发表评论。因此，作为重要的道德行动者，公众需要深入了解智能系统的运作模式及其社会影响机制，运用理性力量，加强自身的信息自律能力，避免沦为机械刺激性快乐的俘虏，丧失对健康生活的追求和反思能力。

一、政府的促进和监督责任

美国电气与电子工程师协会（IEEE）于 2017 年发布了《人工智能设计的伦理准则》（"Ethically Aligned Design"）白皮书，强调了政府与司法机构在人工智能设计中的重要角色。该白皮书指出，除了参与设计的工程师群体，政府和司法机构也需审慎使用数据，并在必要时对内嵌于系统的伦理原则和运算逻辑进行严格测试与评估。近年来，我国政府始终保持人工智能治理的高活跃度，在坚持"发展和安全并重""创新和依法治理相结合"的原则的基础上，进一步明确了不同责任主体的角色定位和他们在自主决策、算法偏见、隐私监控、信息失序等风险事件中的责任界定。

首先，作为技术推动者，政府在人工智能技术的发展中起到了积极的作用。在 2017 年发布的《新一代人工智能发展规划》中，国务院明确提出了到 2025 年部分人工智能技术和应用达到世界领先水平，2030 年总体技术和应用达到世界领先水平的战略目标。①这一规划将人工智能行业发展提升到了国家战略的高度，进一步推动了人工智能技术的快速发展。自此，我国人工智能技术在多方面快速发展。具体来说，在科研方面，科学技术部将人工智能作为战略性新兴产业和新增长引擎，与自然科学基金委共同启动了"人工智能驱动的科学研究"（AI for Science）专项部署工作，目标是构建面向重大学科问题的人工智能模型，以解决药物研发、生物育种、材料研究等重点研究领域中的实际问题②。在算力方面，工业和信息化部联合有关部门印发了《算力基础设施高质量发展行动计划》，承诺将通过统筹联动、金融支持、交流合作、平台支撑四项保障措施，实现到 2025 年算力规模超过 300 EFLOPS，存储总量超过 1800 EB 的总目标③；在教育方面，教育部办公厅印发了《基础教育课程教学改革深化行动方案》，要求在国家中小学智慧教育平台持续深入开展人工智能等科技前沿领域的科普教育，并遴选一批富有特色的人工智能教育中小学基地④。国家互联网信息办公室等七部门于 2023 年 7 月联合发布的《生成式人工智能服务管理暂行办法》也在平台建设、数据和算力资源共享、国际交流合作等方面明确了政府对生成式人工智能技术在各行业领域的创新应用的支持态度。

在政府的一系列激励政策下，2023 年我国人工智能行业发展势头强劲。据不完全统计，截至 2023 年 5 月，我国研发的大模型数量排名全球第二，仅次于美国；其中已发布的、参数在 10 亿规模以上的大模型就有 79 个。⑤截至 7 月，我国人工智能核心产业规模达 5000 亿元，企业数量超 4300 家；5G 基站超 280

① 国务院. 国务院关于印发新一代人工智能发展规划的通知[EB/OL]. (2017-07-08)[2022-04-23]. https://www.gov.cn/zhengce/content/2017/07/20/content_5211996.htm.

② 新华网. 科技部启动"人工智能驱动的科学研究"专项部署工作[EB/OL]. (2023-03-27)[2023-12-26]. http://www.news.cn/politics/2023-03/27/c_1129468666.htm.

③ 中华人民共和国工业和信息化部. 工业和信息化部等六部门关于印发《算力基础设施高质量发展行动计划》的通知[EB/OL]. (2023-10-08)[2023-12-26]. https://www.miit.gov.cn/jgsj/txs/wjfb/art/2023/art_ed448f60021741729f7ee8e36aaafdd7.html.

④ 中华人民共和国教育部. 教育部办公厅关于印发《基础教育课程教学改革深化行动方案》的通知[EB/OL]. (2023-05-26)[2023-12-26]. http://www.moe.gov.cn/srcsite/A26/jcj_kcjcgh/202306/t20230601_1062380.html.

⑤ 央视网. 2023 年世界互联网大会乌镇峰会·中国人工智能产业发展强劲 10 亿参数规模以上大模型已发布近 80 个[EB/OL]. (2023-11-09)[2023-12-26]. https://tv.cctv.com/2023/11/09/VIDEgq196LtO50GtFynZ4Za6231109.shtml.

万个；算力规模位居全球第二。①《2023—2024 年中国人工智能计算力发展评估报告》预计，我国人工智能服务器市场规模将从 2023 年的 91 亿美元增长到 2027 年的 134 亿美元，五年年复合增长率达 21.8%，高于全球范围内的五年年复合增长率（17.3%）。②

其次，我国政府还是规制人工智能伦理风险的重要行政监管机关。考虑到人工智能引发的风险涉及各个领域，我国对人工智能的监督检查主要依托国家互联网信息办公室、公安部、科学技术部、国家发展和改革委员会等部门进行。以深度合成服务为例，2023 年 1 月 10 日开始施行的《互联网信息服务深度合成管理规定》第三条明确指出，电信主管部门和公安部门需负责深度合成服务的监督管理工作，而网信部门则需负责统筹协调深度合成服务的治理和相关监督管理工作。为了更好地发挥各部门、单位在人工智能安全治理方面的专业性，中国网络空间安全协会于 2023 年 10 月 12 日成立人工智能安全治理专业委员会，首批成员涵盖人工智能领域的高校、研究院所、企业等 58 家单位，主要职能包括支持中国网络空间安全协会的高效监管和安全保障能力建设，推动宣贯落实政策法规，建设大模型评测平台，开展系统安全、数据安全、算法安全、伦理与合规、隐私保护、知识产权保护等与人工智能安全相关的研究和综合治理。③

值得注意的是，《互联网信息服务深度合成管理规定》不仅明确了生成式人工智能服务的监管责任，还对参与安全评估和监督检查的机构和人员的行为进行了规范。这一规定旨在确保监管的有效性和公正性，同时保护用户的合法权益。《生成式人工智能服务管理暂行办法》在前期《生成式人工智能服务管理办法（征求意见稿）》的基础上进行了完善，明确规定了任何机构和人员在履行监管职责过程中，不得泄露或非法向他人提供国家秘密、商业机密、个人信息或隐私。这一规定旨在平衡创业管理与监管治理之间的关系，为行业发展提供更加清晰和明确的指导。

然而，在目前的办法和政策中，存在大量使用"有关主管部门""有关机

---

① 新华社. 我国人工智能蓬勃发展 核心产业规模达 5000 亿元[EB/OL]. (2023-07-07)[2023-12-26]. https://www.gov.cn/govweb/yaowen/liebiao/202307/content_6890391.htm.

② 中国新闻网. 预计 2023 年中国人工智能服务器市场规模将达到 91 亿美元[EB/OL]. (2023-11-30)[2023-12-26]. https://www.chinanews.com.cn/cj/2023/11-30/10120377.shtml.

③ 中国网络空间安全协会. 中国网络空间安全协会人工智能安全治理专业委员会[EB/OL]. [2023-12-26]. https://www.cybersac.cn/detail/1715185351980580866.

构"等模糊表述的情况。这种模糊性可能导致责任主体不明确，从而影响监管的有效性和公正性。且政府在科技规制过程中也面临竞争价值博弈的问题，例如欧盟比美国更为积极地规制人工智能技术，不仅源自其法律体系脉络和社会结构特征，也部分源自欧盟公司利益于此受损更小。科技公司客观上也推动了社会效率提升，影响国家科技竞争力，如何从保护国家安全、公众利益、科技创新、产业利益等多个维度进行政策考量，也考验着政府的治理能力和决策水平。

二、公众的参与式文化与信息素养提升

随着智能化技术的持续发展，媒体的外延得到了极大的扩展，引领新闻传播进入了一个"万物皆媒"的新时代。这一转变不仅延伸了新闻伦理学的研究范畴，使之从聚焦于新闻工作者、新闻机构、新闻工作扩展到新闻技术、新闻工具、新闻行业乃至新闻受众，还促使新闻的发表逐渐演变成一种公共行为。新闻业也因此从传统的专业控制逻辑向多元主体的参与式文化渗透。

克莱·舍基（Clay Shirky）曾指出，互联网的出现使得原本原子化的个体能够灵活地联系与协作。[1]与此前的新闻界由记者垄断信息传播渠道不同，当下的信息分享机制体现了一种去制度化的倾向，即将权利与控制权更多地交给最终用户，以实现集体智慧的规范目标。[2]自由软件运动和开源软件的兴起正是这种参与式文化在去中心化、协作化和非专业化方面的具体体现。当下，人们更倾向于在分布广泛、关系松散的个人之间共享资源产出[3]，而非依赖专业机构获取信息。以维基百科为例，这一在线百科自2001年创立以来始终坚持采用用户协作和开放式编辑的模式，参与条目撰写的人们不依赖机构渠道或管理命令，也不追求物质回报，而是以公开协作作为动力。截至2021年11月，维基百科已收录超过600万篇文章，成为全球最受欢迎的在线百科全书之一[4]，在其蕴含的

---

① 舍基. 人人时代：无组织的组织力量[M]. 胡泳，沈满琳，译. 杭州：浙江人民出版社，2015：17.

② Lewis S C. The sociology of professions, boundary work, and participation in journalism: A review of the literature [C]//2011 International Communication Association Conference, 2011.

③ Kelty C M. Two Bits: The Cultural Significance of Free Software [M]. Durham, NC: Duke University Press, 2020.

④ Roston T. An oral history of wikipedia, the web's encyclopedia [EB/OL]. (2021-01-14)[2023-12-16]. https://onezero.medium.com/an-oral-history-of-wikipedia-the-webs-encyclopedia-1672eea57d2.

"公共社区"修辞中，参与者共同构建了一个道德框架，并在这个框架内将彼此视为同行，携手致力于实现共同的目标和愿景①。

在新闻传播领域，参与式文化与开源（open-source）②、参与性③、草根性④和网络化⑤新闻紧密相连，在技术力量的助力下，众多自媒体人崭露头角，他们通过发布、筛选和分享信息，成为互联网信息传播链中的关键意见领袖（Key Opinion Leader，KOL）。有学者将这种信息传播的参与式文化看成是哈贝马斯理想公共领域的"网络化"变体⑥，但此观点忽略了互联网交流场域受制于社会结构、资源分布和技术逻辑的基本背景。在人工智能时代，公众的参与式文化面临着至少两条数字鸿沟的影响：一是"接入沟"，二是"素养沟"。前者随着数字全球化发展，随着数字用户与非用户之间的接入差距缩小而缩小；数字用户的集体行动也因算法成为智能时代下各类新闻媒体组织中的新"把关人"⑦而表现出愈加不容忽视的重要性。

有学者以今日头条的用户为研究对象，发现用户的社会经济地位差异以及他们对新技术获益的不同感知，均会对他们在使用算法新闻平台时的行为模式产生影响，进而形成所谓的"使用沟"。此外，社会经济地位的差异还导致了他们在该平台上所接收内容的差异，这被称为"内容沟"⑧。并且，随着接入沟的逐渐缩小，用户的信息素养差距导致了愈发明显的信息贫富分化现象，公众在互

① Turner F. Burning Man at Google: A cultural infrastructure for new media production [J]. New Media & Society, 2009, 11(1-2): 73-94.

② Deuze M. Understanding the impact of the Internet: On new media professionalism, mindsets and buzzwords [J/OL]. Ejournalist, 2001. [2023-12-30]. https://www.researchgate.net/publication/254750080.

③ Bowman S, Willis C. We media: How audiences are shaping the future of news and information [R]. Reston: The Media Center at the American Press Institute, 2003.

④ Gillmor D. We the Media: Grassroots Journalism by the People, for the People [M]. Sebastopol, CA: O'Reilly Media, Inc., 2004.

⑤ Beckett C, Mansell R. Crossing boundaries: New media and networked journalism [J]. Communication, Culture & Critique, 2008, 1(1): 92-104.

⑥ Lewis S C. The sociology of professions, boundary work, and participation in journalism: A review of the literature [C]//2011 International Communication Association Conference, 2011.

⑦ Nechushtai E, Lewis S C. What kind of news gatekeepers do we want machines to be? Filter bubbles, fragmentation, and the normative dimensions of algorithmic recommendations [J]. Computers in Human Behavior, 2019(90): 298-307.

⑧ 杨洸，佘佳玲. 新闻算法推荐的信息可见性、用户主动性与信息茧房效应：算法与用户互动的视角[J]. 新闻大学，2020（2）：102-118+123.

联网中的多元参与正代替使用类型差异成为数字不平等的重要景象。[①]由此可见，用户在技术认知、运用和批判方面的信息素养提升正在成为影响互联网参与式文化进一步发展的重要因素。若个体缺乏对算法的基本认知，无法对所接触的信息进行理性评估，或者仅基于个人喜好筛选内容，那么强大的机器算法仍可能主导我们对于特定人、事、信息的关注，进而影响我们对外部世界的认知。这不仅可能导致信息茧房的形成，还可能引发一系列伦理问题。

举例来说，在互联网和智能技术的助推下，一些恶意行为，例如"人肉搜索"，已经演变为公众可以轻易实施的行为。2007年12月，一位北京女白领在博客上公开丈夫和第三者的照片，导致个人信息被曝光，最终不堪其扰跳楼身亡[②]；2018年8月，四川一位女医生因与一名男孩在酒店泳池发生纠纷，遭对方家人"人肉搜索"，最终在巨大的精神压力下选择自杀[③]；2023年8月，B站发布与多部门共同打击网暴侵权行为的公告，称已收到多位UP主（内容上传者）举报，有群体在境外平台有组织地煽动用户对站内UP主进行"人肉开盒"（指利用非法手段公开曝光他人隐私数据与信息），该群体不仅在线上公开UP主个人信息，还对其进行电话或私信骚扰、网暴攻击、不实恶意举报等违法行为[④]。为应对这一现象，2023年6月9日，最高人民法院、最高人民检察院、公安部联合发布了《关于依法惩治网络暴力违法犯罪的指导意见（征求意见稿）》。然而一个健全的社会伦理体系不仅需要法律制度的规范，还需要公众的自我约束。正如唐·伊德的思维试验所揭示的，人类与技术的共存已是大势所趋，如何实现和谐共生是我们必须深入思考的问题。在人工智能技术深度融入社会文化生产、流通和消费的背景下，提升公众的数字信息素养已成为稳定文化秩序和彰显人性之善的关键因素。

总结而言，如果说工程师对算法的研究更多体现了负熵的数字化秩序的构

---

① 耿晓梦，喻国明. 数字鸿沟的新样态考察——基于多层线性模型的我国居民移动互联网使用沟研究[J]. 新闻界，2020（11）：50-61.

② 中国新闻网. 死亡博客引发首例"网络暴力案" 原被告接受专访[EB/OL]. (2008-04-17)[2023-12-26]. https://www.chinanews.com.cn/sh/news/2008/04-17/1223166.shtml.

③ 观察者网."四川女医生遭网暴自杀事件"宣判，被告3人以侮辱罪被判刑[EB/OL]. (2021-08-06)[2023-12-26]. https://ishare.ifeng.com/c/s/v0061-_5TbYaq7yUMKLUOIsq1ARWx7xj6fVRpmyaNgGGEJMc8IdLP7875ryhArn-_YC2vFxHUPtsvWZQ436kqnotIMQw____?spss=np&channelId=&aman=aevee0A7321afdk76bna8eA7e4Sc3cA056u88b3f47.

④ 哔哩哔哩社区小管家. 关于B站与多部门联手共同打击网暴侵权行为的公告[EB/OL]. (2023-11-17)[2023-12-26]. https://www.bilibili.com/read/cv27765418/.

建，那么人文社会科学至少要确保世界的复杂性和人类文化的多元性不被过度
简化或格式化。数字文明作为我们的理想目标，其实现依赖于个人、组织和社
会各层次行动者对价值立场、价值排序和公平正义原则的共识。我们需要借助
有效的规制和工程手段对抗算法的偏见和滥用，全面提升公众的意识和素养。
只有这样，技术与文化才能和谐共生，为人类社会的繁荣和发展注入不竭动力。

第三章 智能内容采集：数字监控与个人隐私

人工智能的发展得益于三大技术支撑：大数据、算法和算力，其中大数据在深度学习研究路径中相当于智能系统的"石油"，数据规模（volume）、数据类型多样性（variety）和数据生成速度（velocity）[①]，直接影响研究和应用质量。2012年前后，大数据这一概念经由麦肯锡、IBM等公司的广泛传播，引发各界的关注。互联网数据中心（IDC）曾发布报告，指出2018年每个上网者每天的数据互动是2010年的16倍以上，到2025年全球每天产生的数据将达到惊人的491EB。

数据的飞速积累，为类似大语言模型这样的人工智能开发带来了基础材料，也在多个行业催生了智能内容采集的应用。在过去十年里，智能内容采集技术已广泛应用于商业、医疗保健、社交媒体等多个领域，为决策者提供了更为精确的信息支持，有助于人们做出更加科学合理的决定。然而，随着数据规模的不断扩大和数据分析技术的持续深入，个人隐私、国家安全等问题也逐渐显现出来。隐私泄露业已成为公众关注的焦点，个体信息被滥用风险和相关案例引发广泛担忧；智能内容采集算法中存在的数据偏见具有加剧社会不平等的可能，被遗忘权等相关争议也影响到平台规则和国际技术治理。在智能技术的赋能下，数字监控无所不在，全景监狱似乎不再是一个学术隐喻，人类或主动或被动地量化自我、数字监测环境。技术的扩散总是同时带来积极和消极的影响，这种二元性与社会结构的二元性相互呼应，也使得智能内容（数据）采集成为一个极具伦理张力的研究域。

---

① 孟小峰，慈祥.大数据管理：概念、技术与挑战[J].计算机研究与发展，2013，50（1）：146-169.

第一节　智能内容采集的发展历程与行业应用

　　智能内容采集技术作为一种高效的数据获取手段，能够迅速汇聚海量数据，并从中精准提炼有价值的信息，满足不同场景下的多样化需求。该技术的应用不仅能显著提升用户的内容生产效率，还能有效降低内容生产成本，为决策者提供坚实的数据支撑。

　　从技术细分的角度看，智能内容采集技术可分为计算机结构性数据采集和人类自然语言数据采集两大类。计算机结构性数据具有格式化特点，可以通过高效的算法和模型实现数据的快速处理，智能采集技术可以快速地提取这类数据的关键指标和趋势，为企业和研究机构提供深刻的市场洞察和行业分析。而人类自然语言数据则涵盖了广泛的非结构化信息，如社交媒体、新闻报道、日常交互等。这类数据包含丰富的情感性和社会性内容，大规模预训练语言模型可以直接从这类数据中学习，从而与用户进行直接对话。

一、大数据时代的结构性数据采集

　　在大数据时代，计算机结构性数据的采集技术扮演着至关重要的角色。以谷歌的流感趋势预测为例，该技术通过对海量搜索记录的深度挖掘，聚焦"咳嗽""发冷"等与流感相关的关键词，并与美国疾病控制和预防中心的流感历史数据进行比对，从而预测未来的流感发病趋势。这种基于大数据的内容搜集方法不仅能揭示搜索行为与流感传播之间的潜在联系，还能为公共卫生部门提供预警时间，以便更有效地应对流感暴发。[①]

　　在互联网时代，人工智能赋能下的数据采集也不时扮演着幕后助手的角色。例如，在搜集历史机票价格数据后，系统可以预测未来一段时间的票价走势，从而帮助消费者买到更便宜的机票，但这一技术也可能被平台利用来搜集用户的购买数据，在消费者不知情的情况下采用大数据对其进行"杀熟"。这种行为侵犯了消费者的知情权和公平交易权。[②]

　　在媒体和视听领域，大数据和智能内容采集的应用也十分广泛。通过搜集

---

①　澎湃新闻. 人类病毒斗争史（四）：大数据预测流感？谷歌遭遇了滑铁卢……[EB/OL]. (2020-03-09)[2023-12-29]. https://m.thepaper.cn/baijiahao_6446538.

②　邹开亮，刘佳明. 大数据"杀熟"的法律规制困境与出路——仅从《消费者权益保护法》的角度考量[J]. 价格理论与实践，2018（8）：47-50.

和分析用户行为数据，媒体机构能够为用户提供更加个性化的内容推荐。例如，通过搜集用户的浏览记录、过往评分、注册信息和地理位置，采集技术可以为智能推荐系统构建用户画像，从而准确预测用户的兴趣和需求，有助于提高用户对平台的满意度和忠诚度[①]。以Netflix为例，作为智能推荐系统的探索先锋，Netflix曾于2006年在全球范围内推出一项竞赛——Netflix Prize。参赛者可以使用真实的Netflix用户行为数据训练模型，若能成功将内部推荐系统的评估指标（均方根误差，RMSE=0.9525）提升10%，就可以获得100万美元的奖励。这项比赛的价值不仅表现在Netflix推荐系统的升级上，还在于吸引了众多专业人士投身于推荐系统领域的研究工作，让这项技术真正从学界进入商界。时至今日，Netflix仍在沿用基于Netflix Prize比赛衍生出来的算法，但比赛时Netflix的主营业务还是DVD租赁，用户打分是获取反馈的最主要方式，而当下的Netflix已经成为全球用户达2亿的流媒体服务平台，不仅获取用户反馈的渠道变得多样，还建立了大型数据库以存储用户的行为数据，以便提供更加准确的个性化推荐。具体来说，Netflix收集的数据主要有用户观看的历史记录，如何观看（如日期、地点和使用设备），对具体视频的反应（如用户打分），如何以及何时暂停和恢复视频的播放，是否会看完该内容，完成一集或一季或一部电影需要几个小时、几天或几周，有哪些场景是进行了反复观看的，等等。换言之，平台会记录用户的每一步操作，并将其视作数据点进行存储。对这些数据进行计算的推荐系统，在Netflix上的承载形式表现为"会员主页"，也即每个会员登录之后的第一页。当用户查看Netflix主页时，推荐系统将会以一种旨在呈现用户可能喜欢的视频的最佳顺序的方式对视频进行排名。据统计，平均每3小时的视频播放中有2个小时来源于这一页面，可见其推荐系统的有效性。

此外，大数据在舆情监测中也发挥着重要作用。媒体机构可以在收集、清洗大量网络数据的同时，辅以文本挖掘技术，从低价值密度数据中提炼舆情研究信息[②]，实时掌握舆情动态，预测传播趋势，为报道提供依据，保证内容的针对性和时效性。同时，通过深入了解目标受众的特点和行为模式，媒体机构可以制定精准的广告和内容策略，提高品牌知名度和市场占有率。例如，通过分

---

① 王晓通. 大数据背景下电影智能推送的"算法"实现及其潜在问题[J]. 当代电影，2019（5）：64-70.
② 夏火松，甄化春. 大数据环境下舆情分析与决策支持研究文献综述[J]. 情报杂志，2015，34（2）：1-6+21.

析历史票房数据，电影业可以预测新片的票房表现，为制片方、发行方和影院提供有价值的参考信息。

二、大规模预训练模型的自然语言训练语料库

长期以来，人类语言的复杂性，包括其普遍存在的歧义性、高度抽象的表达方式、近乎无限的语义组合以及持续演化的特性，一直是限制人工智能进步的重要障碍。然而 2018 年以来大规模预训练语言模型的涌现标志着这一挑战取得了重大突破。具体来说，知识在计算机中的表示和调用方式的演进可主要分为三个主要阶段：在关系型数据库时代，信息以结构化的方式存储在数据库中，人们需要使用机器语言（如 SQL）来检索语言；随着搜索引擎的发展，人们可以通过关键词搜索来获取这些结构性知识；而现在，知识以参数化的形式存储在大规模语言模型中，人们可以通过自然语言与之交互，直接获取所需的知识，大模型也可以直接采集人类的自然语言，通过指令微调的方法提升自己的机器学习能力。这种演变表明，当前的智能采集技术始终在朝着更自然、更智能的方向发展，尤其体现在从采集结构化数据到采集自然人语数据的发展过程中。

数据是开发大语言模型所需的第一燃料。目前，被大模型广泛用于无监督学习的文本数据集主要有以下几类。[①]

（1）BooksCorpus。这是一个免费的小说合集，由未公开发表的作者撰写，包含 11038 本书（约 7400 万个句子和 10 亿个单词），其特点是文本内容丰富，语言风格多样，包括叙事文本和对话文本，是理解自然语言和生成连贯文本的良好资源，尤其适合理解长文本和提高文本生成的连贯性。由于最初的 BooksCorpus 数据作者不再提供下载，肖恩·普雷塞尔（Shawn Presser）于 2020 年组织并发布了一套替代数据集，命名为 books 系列。

（2）维基百科（Wikipedia）。维基百科是一个多语言协作在线百科全书，由 30 多万名志愿者共同编写和维护，涵盖从科学到艺术的广泛主题。截至 2025 年 8 月 2 日，维基百科收录了超 703 万篇文章，字数超 49.5 亿，几乎涵盖了所有知识领域。[②]与其他语料库相比，维基百科中的文本通常遵循严格的引用和准确性标准，这尤其有助于提高大语言模型在准确性和事实验证方面的能力。

① 哈尔滨工业大学自然语言处理研究所. ChatGPT 调研报告 [R]. 哈尔滨：哈尔滨工业大学，2016.
② Wikipedia. Statistics [EB/OL]. [2025-08-02]. https://en.wikipedia.org/wiki/Special:Statistics.

（3）Common Crawl系列语料库。Common Crawl团队提供的网络爬虫数据集，包括原始网页数据、元数据提取数据和文本提取数据。该团队定期从互联网上爬取数据并对该数据集进行更新，有助于提高依此训练的大模型的语言理解能力。另外，团队在Common Crawl数据集的基础上衍生出了一系列数据集，如800 GB的C4数据集、38 TB的mC4数据集等。

（4）ROOT数据集。BigScience开源的1.6 TB预训练数据，包含69种语言，可用于训练超过170 B参数的模型。

（5）The Pile。一个专门用于预训练大型语言模型的英文数据集，数据量达825 GB，整合了PubMed Central、ArXiv、HackerNews、YouTube等22个来源的数据，被认为是提高大语言模型在各种文本类型和主题中的适应性和理解力的理想选择。

至于用于大语言模型预训练的中文数据集，被广泛应用的主要有以下三种。

（1）悟道。北京智源人工智能研究院发布的3 TB中文自然语言处理数据集，是目前最大的中文预训练数据集。它所包含的数据来源广泛，主要包括互联网公开数据、学术论文、书籍、新闻等。并且在构建这一数据集的过程中，研究人员在收集数据后对数据进行了清理和整理，删除了重复、不完整或低质量的文本，保证了数据的质量和可靠性。

（2）CLUECorpus2020。CLUE开源社区从2019年7月至12月的Common Crawl数据库中清洗筛选出100 GB的高质量中文预训练语料。该数据集分为训练集、开发集和测试集，其中训练集和开发集的比例为99∶0.5，使用该数据集训练的大模型具有良好的泛化能力。

（3）MNBVC中文语料库。里屋社区发布的超大型中文文本数据集，几乎包含了所有形式的纯文本中文数据，如新闻、书籍、杂志、散文、台词、古诗词、歌词、聊天记录等。因此，在主流文化之外，它还具有小众文化的训练数据。截至2025年5月31日，该数据集的规模为59.68 TB。[①]

在具体应用中，基于不同数据库训练的大型模型具有不同的能力。如谷歌开发的BERT模型有两个版本，分别是Base版（110 M参数）和Large版（340 M参数），这两个版本都是基于维基百科和BookCorpus数据集进行训练

---

① MNBVC. Massive Never-ending BT Vast Chinese corpus超大规模中文语料集[EB/OL]. [2025-08-02]. https://mnbvc.253874.net/.

的。此外，ALBERT是Google推出的另一个大模型，它有Base版（12 M参数）、Large版（18 M参数）和XLarge版（60 M参数）三个版本，同样基于Wikipedia和BookCorpus进行训练。OpenAI发布的GPT系列大模型的训练数据来源更为广泛，除Wikipedia和BookCorpus之外还包括Common Crawl、WebText、Books1、Books2等多个数据库，模型的参数也随着版本的更新而不断增加，每次迭代模型的参数都呈指数级增长，从117 M参数的GPT-1到1542 M参数的GPT-2，再到175 B参数的GPT-3，以及最新发布的1.8 T参数的GPT-4。此外，Google发布的T5模型参数量也已高达11 B，其训练数据集主要来自C4，另一个由Google研发的Switch Transformers模型则拥有1.6 T参数，该模型的训练数据同样来自C4。然而，尽管大量预训练数据集已经开源，但智能内容获取技术和数据集获取仍然是训练大规模预训练语言模型的主要技术瓶颈，原因如下：首先，开源的预训练数据可能存在不同程度的噪声，如何进行采集数据的有效清洗和去重仍然是研究的重难点；其次，一些高质量的预训练数据集仍然是闭源的，如谷歌用于训练Chinchilla的2.1 TB图书数据库和3.1 TB Github数据库，OpenAI用于训练GPT3的WebText2数据集等。

另外，大型语言模型的训练通常需要经历从"无监督学习"到"有监督学习"，再到"提示学习"和"指令微调"的阶段。所谓"提示学习"，就是在已知任务的基础上在训练数据集中引入"提示"（prompt），帮助模型进入角色或场景，促使其深入挖掘自身潜在的知识，从而更好地完成给定的任务。可以将其理解为一种"完形填空"式的模板，模型训练人员需要将各类目标任务转化为下一句的预测或提示信息，供模型进行填充，如输入"今天考试没考好，我感觉很___"，并要求模型自动生成后面的内容。然而，当模型以零样本方式学习非提示任务时，这种方法可能会导致与人类期望不一致。相比之下，"指令微调"的方法将自然语言形式的指令信息直接嵌入输入文本中，明确告知模型应该生成什么内容。例如，"请构思一段描述夏季海滩景色的故事，其中包括太阳、海浪和沙滩上的人群"或"请生成这段对话的摘要……"等。

因此，在这一培训阶段，必须依赖真人进行数据标记，需要人工标注的数据集。以GPT为例，用于该模型训练的人工标注指令的来源主要有两种方式：一种是标注者或研究人员的人工标注，另一种是通过OpenAI交互社区的大众交互模式收集指令集。随着ChatGPT上线，GPT模型与1亿多用户进行了语言互动，每个用户的指令都会对GPT模型进行再训练。但需要注意的是，这一过程通常会受到各种主观因素的影响，如人类专家和互动社区用户提供的指令质量差异较大、缺乏平衡，数据注释者个人喜好和对指令理解的差异可能导致生成的指令质量不一致，注释者自身的情绪波动也会直接影响注释数据的公平性和适用性。

第二节　智能内容采集可能引发的问题与挑战：
隐私泄露、数据偏见与被遗忘权

智能内容采集的技术推进和行业应用总是难以绕开隐私泄露、数据偏差和被遗忘权等问题。首先，在广泛收集和分析个人数据的背景下，智能内容采集涉及大量用户隐私信息的收集和处理，如何确保用户隐私得到充分尊重，避免敏感信息在此过程中泄露，成为亟待解决的问题。其次，数据偏差是智能内容采集面临的另一个重要挑战，如果采集到的数据在某些方面存在偏差，那么模型训练和智能决策也可能受到这种偏差的影响，从而引发不公平或歧视性的结果。最后，被遗忘权问题涉及用户对其数据的控制能力，在数字时代，用户依然希望能够保持对其个人信息的管理能力，这使得智能内容采集在最大化利用数据和保护用户权益之间产生了矛盾。综合考虑这些问题，有助于人们更全面地了解智能内容采集技术，进而在技术发展、伦理道德、法律监管等层面找到平衡点。

一、个人隐私泄露

大数据是人工智能的基础，无论是传感器新闻还是算法推荐，都必须以浏览数据为基础进行加工，这就涉及了个人隐私数据的二次使用和侵权风险[①]。

学者们对新媒体时代隐私权问题的讨论，归根结底是关于公共空间与私人空间、社会边界和个人边界的讨论，主要可以分为媒体的舆论监督自由与个人隐私保护、公共数据开放与个人隐私保护、保障公众知情权与个人隐私保护这三组矛盾。从 Web 1.0 到 Web 3.0，网络空间的现实性逐渐被承认，法律规制的逻辑起点是要转变网络空间只具有工具属性的认识，辨析合理的隐私期待，确

---

① 顾理平，杨苗. 个人隐私数据"二次使用"中的边界[J]. 新闻与传播研究，2016，23（9）：75-86+128.

立新媒体环境下空间隐私权与现实物理空间同等的法律保护界限。① 隐私权保护的原则应以人格尊严与伦理价值作为要件避讳隐私，以主体不同身份角色与所处境遇确立隐私外延差异，以社会对涉私的违德行为可容忍度为依据判别隐私正当性②。至于隐私权保护的限度③，只要符合公共利益相关性原则和公共兴趣合情合理原则中的一个就应该被视为体现了社会公众知情权而非侵犯了隐私。在具体行业实践中，以是否直接涉及人格尊严的个人信息与个人事项作为辨别侵害隐私权的基本依据，隐私保护至少不宜成为公权滥用、工作渎职、违反党纪、违法犯罪行为回避公众舆论监督的"挡箭牌"④。

新媒体时代下的隐私权侵权行为呈现出侵权行为主体的隐蔽性，侵权行为客体的广泛性，侵权行为空间的跨越性和虚拟性，侵权行为举证、追责、保护的困难性、经济价值增强等特征⑤，主要的表现形式有通过网络非法窃取、窃听、删除、伪造、修改他人个人信息及非法传输他人信息⑥等。这是由新媒体时代传播的交互性、去中心化、匿名性、渠道多元化、传播速度快、传播范围广等传播特性所决定的，同时也与我国立法上存在隐私权含义不明确、侵犯隐私权行为归责原则不合理、隐私权受侵犯救济途径有限、受众在娱乐化时代的偷窥心理及个人隐私保护意识不强、新媒体服务提供商一味追求快速发展忽视其社会责任、技术上把关难度大等因素有关⑦。这一现象引发了学界关于公众人物隐私应当在何种程度上被保护的讨论。吴海燕区分了非自愿公众人物与自愿公众人

---

① 路鹃. 新媒体传播中隐私权的价值之辨 [J]. 现代传播（中国传媒大学学报），2016，38（8）：164-165.

② 陈堂发. 互联网与大数据环境下隐私保护困境与规则探讨 [J]. 暨南学报（哲学社会科学版），2015，37（10）：126-130.

③ 陈华明. 当代中国大众传媒的隐私话题研究 [M]. 成都：四川大学出版社，2010：10-14.

④ 陈堂发. 新媒体环境下对隐私权的认知与保护 [J]. 新闻记者，2013（8）：77-82.

⑤ 田新玲. 新媒体环境下媒体侵害隐私权的道德边界刍议——从《世界新闻报》"窃听丑闻"谈起 [J]. 中国报业，2012（4）：19-20；杜启顺. 新媒体时代隐私权的法律保护 [J]. 中州学刊，2017（10）：52-55；张少锋. 新媒体时代的隐私权问题探究 [J]. 内蒙古师范大学学报（哲学社会科学版），2017，46（4）：77-82.

⑥ 郑淑霞. 新媒体时代个人信息的法律保护问题研究 [J]. 管理观察，2013（21）：88-89.

⑦ 范琳琳. 新媒体时代明星隐私权的保护 [J]. 青年记者，2010（24）：49-50；周建青. 新媒体影像传播的伦理冲突及其影响因素研究 [J]. 现代传播（中国传媒大学学报），2012，34（8）：15-19；陈小雯，邓开发. 从谷歌"街景"侵权看互联网个人隐私保护 [J]. 东南传播，2010（9）：93-94.

物两类人群[①]，指出非自愿公众人物是指原本没有追求或者放任自身成名，因极具新闻价值的重大事件偶然介入而成为社会关注的焦点的自然人，相比于自愿公众人物隐私权的保护范围应当以公共利益、人格尊严作为主要界限；非自愿公众人物隐私权的保护范围则应当以公共利益、正常生活秩序作为主要界限，同时在立法和司法实践中，应对非自愿公众人物隐私权采取直接保护方式，明确其保护的范围和时间，并区分不同的侵权责任归责原则。冉子蘅指出，当前社会生活中对于公众人物人格权的讨论多出于社会公共利益、实现舆论监督、保障公民知情权的需要而予以限制，且对公众人物人格权保护可依据的法律较少。[②]陈华明认为，公众人物的隐私只要符合公共利益相关性原则和公共兴趣合情合理原则中的一个就应该被视为体现了知情权而非侵犯了隐私。[③]陈堂发指出隐私保护固然要尊重和考虑当事人"隐"的主观意愿，但"隐"的社会合理性同样需要考量[④]……总体来说，学者们都认为隐私保护至少不宜成为公权滥用、工作渎职、违反党纪、违法犯罪行为回避公众舆论监督的"挡箭牌"，使隐私保护失去其应有的严肃价值而折损公众对法律的敬畏，强调以是否直接涉及人格尊严的个人信息与个人事项作为辨别侵害隐私权的基本依据。

至于普通人在数字化生存时代下的个人隐私保护，时下的研究重点正在从对个人信息的收集存储转向个人数据的分析运用，换言之，在向服务提供商开放个人数据已经成为日常生活所必须的当下，人们更关注如何满足个体对于隐私的合理期待，并据此形成合理的法律规制[⑤]，如有学者指出可以适当发展第三方保护模式[⑥]，如美国的 TRUSTe 作为第三方认证机构已经获得了很好的声誉，并且已经开始进军移动隐私领域，开始为手机用户提供个人信息保护的解决方案。也有学者指出应不断应用新技术和设备提高网络侵权行为数据的收集能力，降低侵权举证的难度，为具体问题的解决提供可得的证据[⑦]；普通公民也应提升

---

① 吴海燕.新媒体时代非自愿公众人物隐私权保护[J].长江大学学报（社科版），2015，38（9）：34-37.

② 冉子蘅.新媒体环境下公众人物人格权的保护[J].湖北函授大学学报，2018，31（3）：93-95.

③ 陈华明.当代中国大众传媒的隐私话题研究[M].成都：四川大学出版社，2010：230-233.

④ 陈堂发.新媒体环境下对隐私权的认知与保护[J].新闻记者，2013（8）：77-82.

⑤ 龙小农."全视之眼"时代数字化隐私的界定与保护[J].新闻记者，2014（8）：79-85.

⑥ 路鹏.个人信息保护法律规制在新媒体中的适用性——以两版"个人信息保护指南"为视角[J].青年记者，2014（25）：83-85.

⑦ 张少锋.新媒体时代的隐私权问题探究[J].内蒙古师范大学学报（哲学社会科学版），2017，46（4）：77-82.

隐私认知水平、确立信息安全意识、健全法治意识、提升媒介素养，主动避免隐私泄露的危害[①]。

二、数据偏见

如今，大语言建模、智能推荐等人工智能系统都是基于已有数据训练的，因此其设计和运行过程都深植于社会文化之中，难免会出现偏见性和歧视性的问题。[②] 有学者依据算法运行中存在的问题，将算法偏见划分为四种类型。

（1）交互偏见（interaction bias），指算法在与用户交互过程中吸纳偏见。2016 年，微软发布了一款内置于搜索引擎必应（Bing）中的聊天机器人 Tay，旨在通过与用户进行互动完成进一步机器学习。然而，由于受到恶意用户的操控，24 小时后 Tay 很快变得不友善和具有侮辱性，甚至发布了具有种族歧视和性别歧视倾向的言论，如"我真是憎恶女性主义者，他们都该死光，在地狱被火烧""我是个不错的人，但我憎恨所有人"等，微软不得不暂停该项目，并进行调整以改善机器人的行为。[③]

（2）潜意识偏见（latent bias），指算法设计者自身的社会文化偏见，如性别歧视、种族歧视等，渗入设计的算法。例如 AI 语音助手强化性别偏见的问题。有研究发现，当女性语音助手听到用户的性骚扰言论时，回应通常是模糊而温顺的，缺乏否定回答或将用户言论标记为不合适的情况。这种现象传递了一个信号，即女性被工程师默认为乐于助人、温顺、取悦他人，只需用户发出生硬的语音命令即可。[④]

（3）选择偏见（selection bias），指算法的训练数据过度代表某一特定的群体，例如康奈尔科技和加州伯克利的研究人员发现，Twitter 的基于参与度的排名算法（engagement-based ranking algorithm）放大了敌视外群体的内容。[⑤] 此外

———————
① 顾理平. 公民信息安全的保护底线 [N]. 中国社会科学报，2015-08-06（03）.
② 张玉宏，秦志光，肖乐. 大数据算法的歧视本质 [J]. 自然辩证法研究，2017，33（5）：81-86.
③ 新华网. 微软聊天机器人上线 24 小时被教坏，变身满嘴脏话的不良少女 [EB/OL]. (2016-03-26) [2023-12-29]. https://static.nfapp.southcn.com/content/201603/26/c60922.html.
④ 经济之声. 人类偏见传导到 AI？语音助手存在性别歧视……[EB/OL]. (2019-06-20) [2023-12-29]. https://www.sohu.com/a/321950655_162281.
⑤ Milli S, Carroll M, Wang Y, et al. Engagement, user satisfaction, and the amplification of divisive content on social media [J/OL]. arXiv preprint arXiv, 2023: 2305.16941. [2023-12-30]. https://doi.org/10.48550/arXiv.2305.16941.

还有一个较为常见的例子是，如果某招聘平台使用机器学习算法为求职者推荐合适的职位，若该算法的训练数据主要包含年轻人的职业经历，那么在推荐职位时可能偏向于年轻的求职者。这样一来，年长的求职者可能会面临被系统忽略或推荐职位较少的情况，这可能加剧年龄歧视的问题。

（4）数据驱动偏见（data-driven bias），指用于训练的原始数据存在偏差[①]，如亚马逊的人工智能招聘系统根据过去10年收到的简历数据审查应聘者，由于该公司收到的简历大多来自男性，加之目前科技行业男性占主导地位的现状，该系统对包含"女性"一词的简历进行了评分下调，甚至降低了两所女子大学毕业生的评级[②]。此外，多个基于深度学习的图像识别系统中也被指具有这一类型的偏见，如尼康的亚洲人脸认知混乱以及HP的肤色问题等。

综合分析上述人工智能训练数据中的偏见可以发现，算法数据偏差导致的问题在不同领域都有所体现，不仅挑战了社会公平，还可能解构社会共识，引发舆情风险，亟待相关机构加以规范和标准。

三、被遗忘权

被遗忘权是近年来探讨个人数据所有权和隐私权的另一个焦点，由牛津大学教授维克托·迈尔-舍恩伯格（Viktor Mayer-Schönberger）提出。他认为，"遗忘成为例外，记忆成为常态是大数据时代信息安全的隐患"[③]。欧盟委员会在2012年公布的《关于涉及个人数据处理的个人保护以及此类数据自由流动的第2012/72、73号草案》中正式引入了"被遗忘权"的概念。目前关于被遗忘权的研究主要集中在三个方面。

第一，就欧盟等国家对被遗忘权的立法和实施过程分析被遗忘权的实质和局限。如周丽娜发现，数据主体虽然有权向数据控制者提出删除申请，但数据控制者享有的自由裁量权将数据主体置于被动地位，被遗忘权仅是应对数字化发展侵犯个人隐私的措施之一，被遗忘是相对的。被遗忘权的意义是捍卫网络

---

① 许向东，王怡溪. 智能传播中算法偏见的成因、影响与对策[J]. 国际新闻界，2020，42（10）：69-85；Pell R. Bias in AI algorithms: How do we keep it out?[EB/OL]. (2017-12-06)[2023-12-22]. https://www.smart2zero.com/en/bias-in-ai-algorithms-how-do-we-keep-it-out/.

② Dastin J. Insight-Amazon scraps secret AI recruiting tool that showed bias against women [EB/OL]. (2018-10-11)[2023-12-22]. https://www.reuters.com/article/idUSKCN1MK0AG/.

③ Mayer-Schönberger V. Delete: The Virtue of Forgetting in the Digital Age [M]. Princeton: Princeton University Press, 2009: 2.

用户自我尊严、提倡尊重他人自由、创建网络无惧生活①。对于其中的保护限度，吴飞等提出在被遗忘权的使用中，既要保护私人领地的神圣性，也要保护公共领域的开放性。②

第二，从文化基因和法律传统角度考量欧盟、美国等在被遗忘权上的立法尝试，指出其面临表达自由与隐私权和信息保护之间的矛盾。以美国法为代表的自由主义国家更看重公共言论的价值，以欧洲法为代表的民主社会主义联盟则将新闻自由与隐私权同等视之③；也有学者将我国2016年颁布的《中华人民共和国网络安全法》（以下简称《网络安全法》）中个人对其网上个人信息的删除权与欧盟的删除权进行对比④，探索被遗忘权在中国的本土化实践⑤。

第三，就被遗忘权所主张的隐私和数据保护与新闻传播实践中的新闻自由、言论自由、知情权等理念存在的冲突展开讨论，探求新闻传播领域面对这一冲突的平衡机制。赵双阁等认为，媒体应该首先从价值角度避免炒作和虚假新闻，保证数据准确和内容真实，其次通过匿名处理、模糊表达以避免因关联被删除的危险。⑥张志安等指出，媒体时代把关人的缺失加剧了侵犯公民隐私及相关个人权益的情况，需要被遗忘权的约束以弥补自媒体传播的缺陷，但被遗忘权的引入可能增加互联网公司的管理成本，影响网络舆论场的开放、完整和真实性。⑦

但是，被遗忘权并非没有争议。2015年，一名日本男子要求谷歌删除其2011年因与未成年少女发生性关系而被捕的相关记录，这是日本第一例"被遗

---

① 周丽娜. 大数据背景下的网络隐私法律保护：搜索引擎、社交媒体与被遗忘权[J]. 国际新闻界，2015，37（8）：136-153.
② 吴飞，傅正科. 大数据与"被遗忘权"[J]. 浙江大学学报（人文社会科学版），2015，45（2）：68-78.
③ 李兵，展江. 美国和欧盟对网络空间"被遗忘权"的不同态度[J]. 新闻记者，2016（12）：63-70.
④ 周冲. 个人信息保护：中国与欧盟删除权异同论[J]. 新闻记者，2017（8）：71-79.
⑤ 张志安，邹禹同. 大数据时代"被遗忘权"的中国引入：意义与限制[J]. 中国出版，2018（2）：23-27.
⑥ 赵双阁，孙苂蕊. 大数据时代被遗忘权与新闻传播的冲突及平衡研究[J]. 西南政法大学学报，2018，20（2）：94-101.
⑦ 张志安，邹禹同. 大数据时代"被遗忘权"的中国引入：意义与限制[J]. 中国出版，2018，（2）：23-27.

忘权"诉讼案。①两年后，日本最高法院裁定谷歌胜诉，认为其搜索结果属于"信息自由"的范畴。法院强调，在考虑是否删除搜索结果时，应综合考虑对个人隐私的损害程度、搜索的具体范围以及提议方的社会地位，尤其是在涉及犯罪记录的情况下，只有在对犯罪者隐私的损害远远大于公众从信息中受益的程度时，才应要求相关公司删除搜索结果。

第三节　数字化监控与量化自我

乔治·奥威尔（George Orwell）在小说《1984》中虚构了一个权力高度集中的未来世界的国家——"大洋国"，"老大哥"则是这个国家的最高权威和最终仲裁者，他无处不在，目光跟随着每一位大洋国公民，确保民众服从管理、安于现状。如今，奥威尔笔下的"老大哥"成为数字化监控的经典文学隐喻。

一、数字化监控的概念溯源和逻辑内涵

（一）从"全景监狱"到"超级全景监狱"

18 世纪末，边沁发起了"全景监狱"改革项目，建议将监狱建造成环形建筑，并在中央设计一座可以秘密监视犯人，且可以与囚犯秘密交流的塔楼。虽然当时的英国政府拒绝了这一改革项目，但这并未动摇边沁对全景监狱式的民主与公开程序的信仰，他把公开监视视为规范社会行为的有效手段，将环形监狱中的监视方案延伸至"精神病院、医院、学校、贫民区和工厂"②这类公共机构，认为"所有公共机构的大门应该随处向广大好奇的人民敞开"③。

顺着边沁的指引，福柯在《规训与惩罚》中肯定了全景监视模式对于资本积累的"后勤保障"作用，指出全景监视可以避免对被监控者实施公开酷刑，通过规训和矫正的手段提高公共道德水准，增强社会力量。与此同时，福柯认为这种从残酷的肉体惩罚向文明的现代监控的转变，并不意味着权力的腐败运作的消失，相反，人道主义背后是更加隐蔽的监视机构，诞生了新的权力控制，

① 腾讯传媒. 我们遗留在网上的"黑历史"能否彻底消失？ [EB/OL]. (2020-12-11)[2023-12-29]. https://mp.weixin.qq.com/s/-mvUMDdwSflrEshe_mW6nQ.

② Williamson C. Bentham looks at America [J]. Political Science Quarterly, 1955, 70(4): 543-551.

③ Bentham J. The Works of Jeremy Bentham, Vol. IV [M]. Edinburgh: William Tait, 1843: 46.

"曾经降临在肉体的死亡应该被代之以深入灵魂、思想、意志和欲求的惩罚"[①]。

边沁和福柯对全景监狱的解读受限于他们所处的时代。一方面他们论述监控权力时提及的机构都是有形的，只针对学校、工厂这类特定公共场所，另一方面，这些位于群建筑中心的、象征强制监视权力的"瞭望台"同时也对公众开放，监视终究要依托于相对固定的物理结构而存在。

随着福特制生产方式逐渐被移动互联网公司取代，现代性从沉重的"固体阶段"向轻灵的"液体阶段"转变[②]，马克·波斯特（Mark Poster）将计算机数据库带来的温和的隐性控制形容为"超级全景监狱"。在福柯所描述的全景监狱中，个体虽然不明确监控者的身份，但对于自身暴露于监控之中还是有意识的，而身处超级全景监狱之中的个体却几乎丧失了主体意识，在不知情的状态下被监视、控制和洗脑。用皮埃尔·布尔迪厄（Pierre Bourdieu）的观点来看，统治者对公众无意识的监控构成了"符号暴力"，这是一种建立在与受众合谋的基础上，通过符号的权力施加于受众本身的"温和的暴力"。[③]

（二）开放与控制二元依存的数字化监控

在数字化社会，超级全景监狱进入了一个崭新的阶段。不论是相对固定的自然数据（如年龄、性别、职业），还是变动不居的交往行为（如社交媒体使用、购物偏好），都无可避免地会留下痕迹，转化为便于提取、存储和传播的信息，进入庞大的社会监狱之中。这时，控制作为数字化监控的重要特征，主要体现在它可以通过技术控制和规范，决定用户能看到什么以及谁能从中获益。具体来说，监控者受到全球范围内技术、资本和政策的影响，以操纵算法、限制访问权限等方式阻断和控制信息的流入和流出，将信息二次传播、数据的开发和再利用置于不可见的"算法黑箱"之中。例如，2016 年，数据分析公司剑桥分析（Cambridge Analytica）利用 Facebook 5000 万用户的数据成功干预和操纵美国大选，充分证明监控者能够利用海量数据分析用户的个性化特征，进而通过提供定制化服务（如推送有关希拉里的负面新闻）操纵、控制用户的认知和行为。又比如，滴滴等打车平台利用乘客的出行记录和司机的驾驶数据实现

---

① 福柯. 规训与惩罚：监狱的诞生 [M]. 刘北成，杨远婴，译. 3 版. 北京：生活·读书·新知三联书店，2007：17.
② 鲍曼. 流动的现代性 [M]. 欧阳景根，译. 北京：中国人民大学出版社，2017：23-25.
③ 江作苏，刘志宇. 从"单向度"到"被算计"的人——"算法"在传播场域中的伦理冲击 [J]. 中国出版，2019（2）：3-6.

了对出租车和私家车司机的整合与规训，为公众描绘了一幅基于密集化数字劳动的"智慧城市"图景。[①]

出于价值回收的需要，Web 2.0 时期的平台运行模式超越了 Web 1.0 时期以网页访问为代表的单一交互模式，转而通过消费、综合来源不同的各类数据，采取"参与式架构"（architecture of participation）重构平台生态系统。[②] 在这种参与式架构和分享模式的影响下，"全球范围内的社会生活已成为可供提取的'开放'资源，以某种'予取予求'的方式供资本任意取用"[③]。一些持开放式观念的进步主义者则试图通过赋权处于用户端的主体，以抵抗、颠覆传统媒体行业中的精英主义和权威主义的监控，营造多元开放、去中心化的数字生态。

这种开放、自由、多元的价值逻辑使数字信息生产主体的范围进一步扩大，公众亦能够利用反馈式参与，控制和重塑数字内容的可见性。用户通过阅读、点赞、转发等行为主动参与数据库系统架构的过程中，增加了数字平台的透明度，扩大了信息在国际传播过程中的可见性。1999 年出现的"谷歌轰炸"（Google Bombing）就是典型的例证：用户通过创建足够多的目标网页与某一特定的词语或表达之间关联，能够策略性地（如恶意扭曲）修改平台的可见性，最终导致在平台搜索"more evil than Satan"（比撒旦还邪恶）时出现微软公司主页。

可以说，数字时代传受双方这种"互为主客体的、对话性的主体间性人际关系"[④]，架构了以数字化为动力源，开放与控制二元依存的数字化监控网络。"让每一个人看见并连接更大的世界，鼓励表达、沟通和记录，激发创造，丰富人们的精神世界，让现实生活更美好。"抖音通过宣传标语将自己构建为一个开放的、平等的表达空间：在那里，没有权力等级，没有精英导向的把关人，也没有干预和约束大众的监控者。事实情况却是，包括抖音在内的科技巨头公司通过记录人们的日常生活，在影响人们的传播沟通行为的同时，也渗透医疗保健、轨道交通、教育等公共领域。在此背景下，一部分科技公司与传统公共基础设

---

① Chen J Y, Qiu J L. Digital utility: Datafication, regulation, labor, and DiDi's platformization of urban transport in China [J]. Chinese Journal of Communication, 2019, 12(3): 274-289.

② O'Reilly T. What is Web 2.0: Design patterns and business models for the next generation of software [J]. Communications & Strategies, 2007(65): 17-37.

③ 常江，田浩. 尼克·库尔德利：数据殖民主义是殖民主义的最新阶段——马克思主义与数字文化批判[J]. 新闻界，2020（2）：4-11.

④ 李智，刘萌雪. 新媒体时代国际传播的社会化转型[J]. 对外传播，2019（12）：43-44.

施的界限越来越模糊，成为全球范围内经济配置和社会控制的支配性力量。因此，塔尔顿·吉莱斯皮（Tarleton Gillespie）提醒公众警惕这种同时讨好用户和广告商的平台话术，揭露了科技公司试图通过数字化监控迷惑受众，以达到维护自身利益的根本意图。①

二、量化自我：数字化监控形成的前提

"量化自我运动"（quantified self movement）由《连线》杂志主编加里·沃尔夫（Gary Wolf）和凯文·凯利（Kevin Kelly）于 2007 年发起，指向运用新工具和新哲学不断探索自我身体、理解自身变革的群体，致力于通过利用睡眠、饮食、情绪、健康等日常生活的不同面向的个体数据进行自我追踪，发展"一种新的智慧形式"，从而进一步优化和思考生活。②在现实生活中，生命主体依托数字智能技术，借助量化自我的行为方式，自愿参与构造全景监狱，使得数字资本权力对人的生命的控制得到巩固提升，量化自我因而成为数字化监控形成的前提。③

（一）身体的数据化

量化自我实践的首要载体或作用对象是人的身体。2019 年，国务院发布了《健康中国行动（2019—2030 年）》，该文件重点聚焦于疾病预防和健康促进两大核心议题，特别强调了互联网和大数据技术在实现健康目标中的关键作用，倡导个体应树立自己是自身健康首要责任人的观念。④通过 Apple watch、智能手环等可穿戴设备，以及 Nike+Running、Fitbit、Keep、咕咚等健康追踪工具的长期实时记录、分析和反馈，个体的健康状态和身体实践变得可视化，形成了自我身体数据化的生活风潮。

大数据、移动终端、传感器网络、数据处理和游戏是"量化自我"的五大要素。⑤随着运动传感器、生物传感器和环境传感器技术的不断进步，结合智能

---

① Gillespie T. The politics of "platforms" [J]. New Media & Society, 2010, 12(3): 347-364.

② Ruckenstein M, Pantzar M. Beyond the quantified self: Thematic exploration of a dataistic paradigm [J]. New Media & Society, 2017, 19(3): 401-418.

③ 李亚琪. 当代资本主义数字——生命政治新形态及其批判[J]. 东南学术，2022（5）：42-50.

④ 健康中国行动推进委员会. 健康中国行动（2019—2030 年）[EB/OL]. (2019-07-09)[2023-12-27]. https://www.gov.cn/xinwen/2019-07/15/content_5409694.htm?eqid=b9e7a3e7001ced2000000004647c090f.

⑤ 郑悦. 你怎么知道自己不是传感器？[J]. IT经理世界，2013（6）：82-83.

移动终端的便携性和易用性，早期手动记录和存储小规模数据的方式已经无法满足大规模异构性健康数据的处理需求。在这一背景下，量化自我在健康领域的应用逐渐显现出大数据特征[①]，成为个体向内审视自我身体的新方式。例如，华为定制版手环和手表采用了 500 Hz 的采样频率，能够有效收集心电数据，为用户提供更为精准的生命体征监测服务，及时预测心脏风险。

同时，身体的数据化过程也是一场游戏，其趣味性主要体现在两方面。第一，积极参与体育运动作为一种重要的社会资本[②]，不仅能够增加组织内部的团结性和归属感，更是一种实现自我的价值实践。在类似于微信运动的在线社区中，用户不仅能够查看自己的运动步数，还能观察他人的步数数据。这种社会比较机制能够激发成员间的竞争意识，从而促使他们更加积极地追求健康生活方式，努力改变不良习惯。这种互动和比较机制对于促进用户的健康行为具有积极的影响。第二，通过将运动与对个人和集体具有重要意义的事件相结合，许多青年人实现了运动数据和轨迹的数据化再创造，进一步拓展了数据化身体的表达方式。[③]这表明，在身体数据化的背景下，用户并未失去自由表达意志的空间。他们既是数据的凝视者，也是被凝视的对象，这种双重身份为智能化时代下的运动创造性地赋予了情感和意义。

虽然量化身体的自我赋权还体现在用户有拒绝互动、退避凝视的权力，但不可否认的是，从人们使用量化工具记录健康轨迹的那一刻起，人的身体就从社会环境中抽离，同众多异质性数据一起从私人领域进入公共领域。这些数据的参照物不仅来源于公共卫生、诊疗辅助、生物标本和基因测序等定向生物医学类数据以及医学研究数据[④]，也由服务软件提供，用户将不可避免地受到影响。于是，当人们对身体的认知与平台提供的数据或判断不一致时，他们很有可能会选择相信数据，原有的对身体的认知在定制化的模式和标准中逐步被消解。以 Keep 为例，尽管其声称遵循每位用户的个性化运动模式来制定健康规划理念，但实际上却根据用户体型建立等级，强化了"厌恶肥胖"的意识形态，将

---

① 刘咏梅，剧晓红. 量化自我在健康领域的应用——基于大数据的角度[J]. 情报资料工作，2018（4）：56-63.

② 帕特南. 独自打保龄：美国社区的衰落与复兴[M]. 刘波，祝乃娟，张孜异，等译. 北京：北京大学出版社，2011：3-18.

③ 宋庆宇，张樹沁. 身体的数据化：可穿戴设备与身体管理[J]. 中国青年研究，2019（12）：13-20.

④ 常朝娣，陈敏. 大数据时代医疗健康数据治理方法研究[J]. 中国数字医学，2016，11（9）：2-5.

"肥胖等同于不自律、不健康、非常态"的逻辑深植于人的意识之中。①这也是一种量化技术对人的监控。

（二）时间的媒介化管理

"时间实际上是人的积极存在，它不仅是人的生命的尺度，而且是人的发展的空间。"②作为现代社会的核心构成要素，社会时间结构被赋予了具体的实践意义（如"朝九晚五"工作制），成为一种影响人的社会行动的参考框架。因此，"除非我们在分析中加入时间视角，否则我们就不能充分地理解现代性的本质、特征及其结构发展和文化发展的逻辑"③。纵观流动社会的历史发展，人们在享受媒介技术带来的便携数字生活的同时，也深深地体会到社会加速进程造成的庞大压力。2023 年 4 月，《中国青年报》对来自 173 所高校的 3271 名大学生发起了一项问卷调查。结果显示，82.36% 的受访学生过上了"倍速生活"，表示曾有过"一天当作两天用"的经历，65.61% 的受访者会一边吃饭一边做其他事，62.98% 的受访者会以"二倍速"刷剧、观看综艺等视频内容，51.67% 的受访者习惯于在乘坐交通工具时工作或获取信息……④

加速生活步调可以在一定程度上作为缓解数字时间的匮乏，表现为"在一定时间单位当中行动事件或体验事件量的增加"⑤。时间管理 APP 通过对个人有限时间的追踪和管理，重建时间参照和序时化时间，为人们在相同的时间内完成更多的行为事件提供了一套数据化的解决方案。以"番茄 ToDo""forest""滴答清单"为代表的时间管理软件主要通过重构时序化时间与建立时间参照，实现对个体有限的无序时间的记录、分析、调整和优化。⑥首先，在弹性化时间结构下，工作—生活的边界日渐模糊，任何偶然因素都可能导致当前任务的中断

① 许彤彤，邓建国."量化自我"潮流中的技术与身体之同构关系研究——以运动应用程序 Keep 为例 [J]. 新闻与写作，2021（5）：46-53.
② 马克思，恩格斯. 马克思恩格斯全集：第 47 卷 [M]. 中共中央马克思恩格斯列宁斯大林著作编译局，译. 北京：人民出版社，1979：532.
③ Rosa H. Social acceleration: Ethical and political consequences of a desynchronized high-speed society [J]. Constellations, 2003, 10(1): 4.
④ 王军利，程思，毕若旭. 超八成受访大学生按下"生活倍速键"[N]. 中国青年报，2023-04-21（07）.
⑤ 罗萨. 新异化的诞生：社会加速批判理论大纲 [M]. 郑作彧，译. 上海：上海人民出版社，2018：21.
⑥ 曹璞，方惠."专注的养成"：量化自我与时间的媒介化管理实践 [J]. 国际新闻界，2022，44（3）：71-93.

和新任务的生成，多任务并行成为人们的生活常态。加上公众对微博、小红书、抖音一类的社交媒体缺乏足够的自控力，将自身对时间的规划和控制权利让渡给时间管理媒介，可以满足其对暂时远离媒介和实现数字断联的期待。在具体实践中，时间管理APP会根据事件的轻重缓急对用户输入的"事件—时点"组块进行排序，回到单一时间段对应单一任务的线性工作模式。①其次，随着超出常规期待的情况日益增多，传统标准化时间参照体系逐渐失去其稳固性。②重寻时间参照成为时间媒介化管理的另一种必要手段，且主要通过社群分享完成。在同质性群体中，用户通过转发、打卡、点赞、评论等仪式共同维系群体的专属秩序，将他人的量化数据作为自身的行动参照，"这既是将自己区别于他者的策略，又是标注自身群体归属的尝试"③。

在量化实践的过程中，时间管理媒介的使用者容易不自觉地忘记其最初对摆脱媒介控制的期望，陷入对"数据"这一单一向度的非理性追求。例如，有的用户对时间记录的精准度要求极为严苛，任何短暂的任务中断或偶然的拾起都必须记录，所有相较于计划的提前或者滞后都会进行反思。这时候，支撑持续行动的动力不是自我完善的目标，而是数据，数据也就成了目的本身，人又再一次被媒介捆绑。"数据狂热"还会造成对事物的单一认知。例如，碎片化阅读APP的使用者若不能形成高度有序的阅读方式，频繁接受碎片化的信息，很可能将无法建构知识体系，习惯于对事物的单一、浅薄认知，压缩深度学习的机会和时间，进而加重个体的浮躁和焦虑感。④

因此，虽然钟表可以测量时间的长短，大数据可以精确记录行为事件的轨迹（如用户在完成某项任务中的专注时间），人们对于生活节奏的主观体验却是不容易把握的。如果说，工业社会以来以时钟为代表的新文明和新秩序使人们将标准化的时间观念内化于心，那么，显示于手机和电脑屏幕上的数字化时间则塑造了人们对时间的全新感知。显示屏上的数字化时间以一种悄无声息的

① 崔志梅.自主与失控：媒介化的时间管理实践及其困境[J].学习与实践，2023（2）：133-140.
② 郑作彧.社会的时间：形成、变迁与问题[M].北京：社会科学文献出版社，2018：156-157.
③ 刘义军，周艺培，王炎龙.生活的健康量化：时间管理媒介中的双向驯化与秩序编写[J].新闻界，2022（12）：53-64.
④ 王鹏涛，路璐.量化自我与碎片化阅读融合进路中的阅读效率提升机制研究[J].出版发行研究，2019（3）：82-86.

方式填满了时间的空隙，使人们忽略了"当下"或"此刻"的前后语境。[①]借用弗雷德里克·詹姆逊（Fredric Jameson）的说法，"那种从过去通向未来的连续性的感觉已经崩溃了，新时间体验只集中在现时上，除了现时以外，什么也没有"[②]。约翰·厄里（John Urry）将这种分秒必争的现代人心理概括为"等候型文化的消失"[③]，也就是说，数字媒介的高速运转导致工作与闲暇的重要界限正在消失。

三、数字化监控下社会转向

（一）监控主体的基础设施化

伴随着社会数字化进程的加快，与传统公共基础设施相对应的"数字基础设施"（digital infrastructure）或"电子基础设施"（e-infrastructure）成为具有协商性特征的、多主体参与的基础设施新形态。[④]通过将工业物联网、5G网络、大数据、云计算、人工智能等数字化技术嵌入维持社会经济活动正常开展的基础支撑服务（如身份识别系统、社交媒体网络、电子支付系统等）中，包括抖音、谷歌、苹果、亚马逊等在内的数字平台日趋成为规范人们日常生活和社会整体运行的监控主体。作为数字基础设施的平台同时具备平台的参与性和可编程性以及基础设施的耐用性和可靠性，可以与公共领域相融合，在数字和现实层面使公众处在全面被监控状态。

传统基础设施模式向平台化基础设施模式的转型是基础设施在新的政治、经济气候下经历放松管制和私有化的结果。[⑤]一方面，基础设施的平台化打破了国家和政府长久以来对社会资源的掌控，私营平台公司填补了政府退出后基础设施建设和监管方面的空缺，平台被赋予了更多的社会公共服务职能。另一方面，"平台的基础设施化赋予其社会必需品提供商身份并促使其在公共服务中取

---

① 连水兴，邓丹. 媒介、时间与现代性的"谎言"：社会加速理论的传播批判研究[J]. 现代传播（中国传媒大学学报），2020，42（6）：37-42.

② 杰姆逊. 后现代主义与文化理论[M]. 唐小兵，译. 2版. 北京：北京大学出版社，2005：205.

③ 厄里. 关于时间与空间的社会学[M]//布莱恩·特纳. 社会理论指南. 李康，译. 2版. 上海：上海人民出版社，2003：524.

④ Edwards P N, Bowker G C, Jackson S J, et al. Introduction: An agenda for infrastructure studies [J]. Journal of the Association for Information Systems, 2009, 10(5): 364-374.

⑤ Plantin J-C, Lagoze C, Edwards P N, et al. Infrastructure studies meet platform studies in the age of Google and Facebook [J]. New Media & Society, 2018, 20(1): 293-310.

代政府的某些角色"①，许多新兴互联网企业借助它们在细分领域的优势快速成长，实现了公司规模和服务范围全方位扩展。例如，Facebook 最初只是扎克伯格为哈佛大学在校生搭建的社交媒体，现在发展成为月活跃用户超 29 亿的世界最大的综合型社交媒体平台；抖音则从成立之初的短视频社交平台逐渐成长为拥有独立商城，集商业、直播、宣传和教育于一体的超级综合型信息平台，其形成的平台—MCN—网红经济运作模式对公众的数字交往形成了一种"无形的监控"，对社会生产关系和传播关系产生了重要影响。

当监控主体的资本和权力积累到一定程度时，就会形成对社会公共生活的集中式控制，消解以国家和民族为单位的传统地缘政治结构，构筑复杂、易变、隐蔽的"围墙花园"（walled garden）。"围墙花园"一词最早被美国有线电视教父约翰·马龙（John Malone）用来描述与完全开放的平台相对的、能够提供独立用户环境的有线电视专有平台。20 世纪末是拨号上网的时代，互联网服务提供商（Internet Service Provider，ISP）美国在线（American Online，AOL）承包了美国用户 83% 的网络访问服务②，"围墙花园"由此进入互联网领域，被用来形容像 AOL 一样将用户限制在封闭网络环境中的网络服务方式，受到了学界和业界的批评指责。虽然从底层逻辑来看，互联网可以被理解为通过 BGP 协议连接 ISP 的分布式网络，但是其中一些实力强大的 ISP 能够凭借其庞大的平台基础设施，将平台掌控的中心服务器架构在分布式计算网络之上。③结果就是，平台巨头掌握着限制或部分限制用户获取平台服务的权力，而平台权力资源的再中心化又为互联网平台这座原本开放的"生态花园"筑起高墙。2021 年，国家市场监督管理总局公布了《互联网平台分类分级指南（征求意见稿）》，将平台是否"具有超强的限制商户接触用户的能力"作为区别超级平台与大型平台和中小平台的标准。从全球范围来看，超级平台主要为 Facebook、苹果、亚马逊、微软、谷歌组成的"五大互联网巨头"，其他互联网平台尤其是新兴科技公司想要进入围墙挑战"美式全球化"的监控话语权将异常艰难。

近几年，国际社会已经开始响应关于恢复媒体平台公共秩序的呼吁。2017

---

① 郭小平，杨洁茹．传播在云端：平台媒体化与基础设施化的风险及其治理[J]. 现代出版，2021（6）：30-37.

② Viard V B，楚国凯．阿里巴巴、腾讯和围墙花园：历史重演[J]. 经济资料译丛，2016（3）：9-10.

③ 蔡润芳．"围墙花园"之困：论平台媒介的"二重性"及其范式演进[J]. 新闻大学，2021（7）：76-89+122.

年，欧盟反垄断机构针对谷歌滥用其在搜索市场中的监控主导地位，对竞争对手进行打压降级的行为处以 24.2 亿欧元的罚款。2021 年，包括哈贝马斯在内的 1000 多位国际学者签署了由欧洲学者和记者团队发起的《公共服务媒体与公共互联网宣言》[①]，呼吁人们放弃依赖科技巨头重建基础设施的想象，以隐私友好和公开透明原则取代平台的垄断监控。

（二）私人空间与公共空间的交互涵构

传统媒介技术总是保持对可见性的垄断地位，然而，身处数字化监控之下的个体不仅是可见性的生产者，同时也是决定他人可见性的操控者，正如波斯特指出，"全民都参与了这一自我构建过程，把自己构建成超级全景监狱规范化监视的主体"[②]。在高度流动的社会语境下，没有人或组织可以退出所有的公共生活空间，更不能控制数据的流动。约书亚·梅罗维茨（Joshua Meyrowitz）敏锐地觉察到了数字技术影响下日渐模糊的公共空间与私人空间，指出"电子媒介结合了以前截然不同的社会环境，移动了公共和私人之间的分界线，并削弱了社会境遇和物理空间之间的关系"[③]。以数字网络技术为基础的融合媒介，创造了一个复杂的、流动的超级全景监狱式空间，具体表现为公共空间与私人空间的交互涵构，即私人领域公共化和公共领域私人化。

私人领域公共化。在互联网时代，个体的人口学特征、兴趣爱好、浏览记录、移动路径、健康状况等基本信息和行为轨迹以网络数据的形式，成为公众的符号表征。一方面，人们在社交媒体、短视频平台等公共空间分享动态、公开发表个人观点等行为似乎证明，在藏私化的私人领域内，公众确实拥有雷蒙·威廉斯（Raymond Williams）所说的能动性与自主选择权。另一方面，公众也必须通过网购、浏览网页、线上办公等方式，被动地将个人隐私置于他人的窥视之下。福柯意义上的"少数人观看多数人"的全景敞视监控模型已经被数字媒介下的新的流动性改变，公众正在进入一个"多数人看多数人"的对视社会[④]，个人隐私将不可避免地面临被泄露的风险。

---

① Fuchs C, Unterberger K. The Public Service Media and Public Service Internet Manifesto [M]. London: University of Westminster Press, 2021.

② 波斯特. 信息方式：后结构主义与社会语境[M]. 范静晔，译. 北京：商务印书馆，2000：132.

③ Meyrowitz J. No Sense of Place: The Impact of Electronic Media on Social Behavior [M]. New York: Oxford University Press, 1985: 308.

④ 刘涛. 美图秀秀：我们时代的"新身体叙事"[J]. 创作与评论，2015（12）：92-94.

公共领域私人化。公共空间的私人化主要体现在以下三方面。首先，公共空间的共享资源可以为私人创作提供丰富的材料来源，最终转化成为私人作品的一部分。其次，在泛娱乐化的影响下，私人话题、私人事件正在取代公共议题占领网络公共空间。包括新浪微博、人民网、今日头条等在内的网络论坛和新闻网站日益成为娱乐的附庸：网红明星的情感八卦、官员名人的私生活，以及哗众取宠的猎奇新闻，这些不具有公共性的私人话题，被大量收编进"热搜榜"的各大版块，形成了披着"公共性"外衣的"伪公共空间"，造成媒体公共资源的浪费。最后，随着人们身处公共空间的时间越来越长，为了在复杂的监控环境中寻求内心的舒适感，或是从陌生空间的孤独感中获得解脱，公众对安全感和自由感的需求越来越迫切。通过使用耳机、便携式移动播放设备、智能手机、笔记本电脑等数字媒介产品，人们可以在车站、图书馆、医院、餐厅等公共空间更加自由地建构临时的私人空间，并借助私人空间创造数字社会独有的社群感。

总体而言，在传播行业中智能数据或内容采集似乎并不独立构成一种面向用户的应用，但数据采集是渗透于各个行业乃至我们个体生活的隐性技术，也是智能系统在内容生成、渠道管控、人机互动、决策判断等领域得以应用的前提。正是因其隐蔽性，这一领域的风险并不能被轻易捕捉，但基于人工智能技术构架和已经出现的争议事件，个人隐私和数据控制权、国家数据安全和跨境流动不仅成为伦理研究关注的焦点，也是立法的重点，欧盟和中国已经出台多部法律保护个体、群体和国家利益。虽然智能内容采集已经引起了广泛的担忧和现实风险，但鉴于技术结构的二元性，这不是一个能够轻易被社会拒绝或摒弃的技术，其间的伦理张力将持续存在。如何以审慎的制度设计制衡大规模社会风险，考验着人类的智慧。

第四章　智能内容生成：AIGC与深度仿真

2022 年 12 月，《科学》杂志将生成式人工智能与詹姆斯·韦布（James Webb）空间望远镜、巨型细胞、多年生水稻等成果并举，一同评选为年度科学突破。虽然人工智能多次进入相关榜单，但在被称为生成式人工智能元年的 2022 年，《科学》杂志更加关注它在内容生成领域的运用，提示我们正在面对一个具有创造力的人工智能时代（AI gets creative）[①]。

人工智能进入艺术这一最高级的人类精神活动[②]并非毫无争议，《太空歌剧院》获奖之后蜩螗羹沸便是明证。一直以来传播行业对生成式人工智能的态度相对友好，自动写作、计算机图形处理、数字虚拟拍摄等多个领域都已嵌入自动内容生成因素。在日益强大的机器内容生成面前，人类的原创力、理解力和共情力是否会发生颠覆性的变化？其间深度仿真技术是否会让拟态环境变得更加不可控？机器生成内容是否存在侵权行为，所产生的社会外部性如何获得有效的伦理约束和法规规范？这些问题构建起本章综合梳理人工智能协助下多模态内容生成的逻辑起点。

第一节　AIGC的发展历程与行业应用

2022 年 12 月，由 ChatGPT "自编自导" 的电影短片《安全地带》（*The Safe Zone*）问世。在此之前，新闻报道自动写作、数字人播送新闻、剧本自动生成、预告片自动剪辑屡见不鲜。究其技术维度，自动文本生成和自动影像生成是其

[①] Science. 2022 Breakthrough of the year [EB/OL]. (2022-12-15)[2023-12-29]. https://www.science.org/content/article/breakthrough-2022.

[②] 黑格尔. 哲学科学百科全书Ⅲ　精神哲学[M]. 杨祖陶，译. 北京：人民出版社，2015：325-330.

中最核心的攻关项目，并获得了比较充分的行业应用。

一、自动文本生成

美联社曾用"增强新闻"一词概述 AIGC 影响下的新闻业。[①]自动化新闻作为其中最为突出的应用场景，更是将"增强"现象直接表现为运用人工智能技术完成线索采集、信息写作、新闻编辑与发布等多个环节并形成可读的新闻故事。为帮助公众了解自动写作算法的工作原理，哥伦比亚大学新闻学院 Tow 数字新闻中心对"叙事科学"（Narrative Science）公司的写作机器人进行了"解剖"，分析概括了人工智能技术进行新闻写作的全过程，包括获取数据、计算数据的新闻价值、识别相关报道角度并对其进行优先排序、将报道角度与故事点联系起来、生成新闻。结合 Tow 数字新闻中心的自动化新闻生产五步骤以及康斯坦丁·尼克莱·道尔（Konstantin Nicholas Dörr）和安德里亚斯·格雷夫（Andreas Graefe）研究中的机器内容生产模型[②]，可将自动化新闻生产的流程总结如下。

第一步，数据收集。人工智能技术颠覆了传统的信息采集方式，使得所有智能终端都可能成为信息的收集者和传播者。[③]基于此，数据可以同时通过公共来源（如 GPS 全球定位系统收集的环境数据）和私人来源（如智能可穿戴设备收集的个人健康状况数据）获取。如前文所述，自动化新闻的关键驱动力是干净、准确且全面的数据，因此，对于数据结构化有限、数据获取途径稀缺的领域来说，实现新闻报道自动化具有一定的挑战。

第二步，算法读取数据，并使用统计方法计算新闻价值。在大多数情况下，软件监视器会比较历史数据，以识别数据中最重要及最有趣的特性。举例来说，如果一只股票价格远高于或低于预期，无论这一预期是如何推导形成的，这个数据都将被认为具有较高的新闻价值。[④]在这一基础上，算法将根据新闻价值对识

①   Marconi F, Siegman A, Machine Journalist. The future of augmented journalism: A guide for newsrooms in the age of smart machines [R/OL]. (2017-02-22) [2023-03-02]. https:// jeanetteabrahamsen.com/wp-content/uploads/2017/09/ap insights the future of augmented journalism.pdf.

②   Dörr K N. Mapping the field of algorithmic journalism [J]. Digital Journalism, 2016, 4(6): 700-722; Graefe A. Guide to automated journalism [R]. New York: Tow Center for Digital Journalism, Columbia University, 2016.

③   解学芳，张佳琪. AI 赋能：人工智能与媒体产业链重构[J]. 出版广角，2020（11）：26-29.

④   邓建国. 机器人新闻：原理、风险和影响[J]. 新闻记者，2016（9）：10-17.

别的数据进行分类和排序，并根据特定主题的预定义规则安排这些"故事点"。

最后一步，生成内容。在这一环节，新闻的故事线和写作结构将被首先明确，然后通过词汇选择、引用表达式生成和句法选择等内容生成过程从自然语言的角度构建实际语句，使算法生成的文本更具可读性。这是整个自动化新闻生产流程中最直接但技术含量最高的一步，最终形成的新闻故事将通过内容管理系统自动在线或离线发布。

新闻自动化写作的发展历史可以追溯至半个世纪前的天气预报自动生成技术。彼时，仅依据预先输入程序的 80 个短语和句子，计算机就能将天气数据转化为文字形式，生成可以直接使用的天气预报。这一成就揭示了结构化新闻自动生产的未来可能性。[①]2014 年 7 月，美联社开始使用自然语言生成平台WordSmith，成为第一家实现季度财务报告自动化生产的世界级新闻机构。经过 4 年的发展，这一智能书写系统便以高出人类记者 15 倍的效率，每季度生成4400 份收益报告。[②]与此同时，人工智能生成技术还介入了包括体育新闻和突发事件报道在内的诸多新闻领域，《洛杉矶时报》的自动化地震报道就是一个典型的案例。2014 年 3 月 17 日早上 6 点 25 分，美国洛杉矶市发生了一场 4.4 级的地震。3 分钟后，《洛杉矶时报》的程序员肯·施文克（Ken Schwencke）开发的应用软件"地震机器人"（Quakebot）发出了第一份有关该地震的报道，原文如下：

> 据美国地质调查局（U.S. Geological Survey）报道，周一早上，距离加州韦斯特伍德 5 英里的地方发生了 4.7 级浅层地震。地震发生在太平洋时间早上 6 点 25 分，震源深度为 5.0 英里。美国地质调查局称，震中距离加州比佛利山 6 英里，距离加州环球城 7 英里，距离加州圣莫尼卡 7 英里，距离加州萨克拉门托 348 英里。在过去的十天里，附近没有发生 3.0 级以上的地震。这些信息来自美国地质调查局地震通知服务，这篇文章是由作者编写的算法创建的。[③]

①　Glahn H R. Computer-produced worded forecasts [J]. Bulletin of the American Meteorological Society, 1970, 51(12): 1126-1132.

②　Automated Insights. The Associated Press used NLG to automate NCAA Division I men's basketball previews during the 2018 season, allowing their journalists to focus on writing critical, qualitative articles [EB/OL]. [2023-06-24]. https://automatedinsights.com/customer-stories/associated-press/.

③　Oremus W. The first news report on the L.A. Earthquake was written by a robot [EB/OL]. (2014-03-17)[2023-06-24]. https://slate.com/technology/2014/03/quakebot-los-angeles-times-robot-journalist-writes-article-on-la-earthquake.html.

施文克介绍，Quakebot的底层逻辑极为简单，就是通过算法对海量数据进行排序、分类、关联和过滤，然后对排序后的数据进行调整并整合到相应的文章模板中。由原文可知，这份报道的数据来自美国地质调查局（USGS）的地震通知服务，一旦地质调查局发布地震警报，Quakebot就会通过预先设置的算法接收信息，自动将相关数据（如地震的位置、时间、震级等）输入到模板中，然后在洛杉矶时报的内容管理系统中生成一份初稿，由编辑审查后发出。这一过程虽然简单，但却迈出了人工智能生成内容在新闻行业应用的重要一步：它表明，简单的定制算法可以有效提升新闻报道的速度和广度。[1]但是，地震机器人也可能提供不正确的地震信息。例如2015年美国地质调查局的传感器错误地识别了实际上发生在阿拉斯加和日本的地震，地震机器人将它们误报为加利福尼亚的三次地震，《洛杉矶时报》的编辑没能发现这个错误，直接发布了这三份机器生成的新闻，造成了居民恐慌。对此，美国地质调查局的保罗·厄尔（Paul Earle）等人提出了一个方法，即通过上传到社交平台推特（Twitter）上的帖子的数量来验证地震报道的准确性。研究发现，推特用户在经历地震后通常会立即上传地震信息，尤其是在仪器设备简陋的地区，第一条相关推特出现的速度有时甚至比官方地震仪检测的速度还快。[2]由此，推特上的帖子数量形成了一个单独的数据来源，可以用来验证自动地震报道中包含的信息的准确性。研究表明，在特定类型如财经、体育新闻中，人类已经很难分辨人工智能作品与人类撰写作品的差异。在不告知来源的情况下，自动化新闻在可信度上甚至超越了人类，但在可读性、连贯性及新闻深度方面则存在不足。[3]

相较于上述格式清晰的文本类型，文学与电影剧本本身因其拥有大量的非结构化数据，如情节分析、人物线索、故事节奏等，而具有突出的"手工业"特征，也是近来自动文本生成技术攻关的重点。从自动写作角度来看，将这些离散的、非结构化数据处理成干净的、结构化的数据集，是实现剧本自动化生产的关键。在人工智能剧本写作的发展历程中，算法介入影视剧本创作主要分四个阶段实现：公式化提取和替换字符的"伪原创阶段"，按固定套路运行的

① Kotenidis E, Veglis A. Algorithmic journalism——Current applications and future perspectives [J]. Journalism and Media, 2021, 2(2): 244-257.

② Earle P S, Bowden D, Guy M. Twitter earthquake detection: Earthquake monitoring in a social world [J]. Annals of Geophysics, 2011, 54(6): 708-715.

③ Clerwall C. Enter the robot journalist: User's perceptions of automated content [J]. Journalism Practice, 2014, 8(5): 519-531.

"辅助创作阶段"，通过机器学习模仿人类写作的"命题阶段"，有独立思想、完全自主创作的"全自动阶段"。[①]

2021年，国内首家应用人工智能进行内容创作的娱乐科技公司"海马轻帆"推出了小说转剧本的智能写作功能，通过拆解小说片段，去掉不适合剧本风格的心理活动描写和上帝视角叙述，将筛选出的场景、对白和动作描述转化成剧本文本语言。然而，改编剧本的完成度很大程度上受限于小说本身，情节流畅、铺垫较多且细节描写丰富的小说在剧本改编方面更有优势，情节跳跃且细节量不够的小说改编成剧本难度就较大。例如海马轻帆曾对张爱玲的《半生缘》《金锁记》以及郁达夫的《她是一个弱女子》做过对比分析，结果显示，张爱玲的作品因情节流畅、人物线索清晰，比郁达夫的直起直落的作品更适合做影视改编。小说转剧本的算法目前只能实现机械性的转写，仍停留在"伪原创阶段"或"辅助创作阶段"。

目前也有剧本写作工具已经进入"命题阶段"。导演奥斯卡·夏普（Oscar Sharp）和艺术家罗斯·古德温（Ross Goodwin）在2016年运用AI"本杰明"编剧了短片《阳春》（*Sunspring*）。"本杰明"是一个神经网络模型，可以根据标题、对话、道具与动作等"提示"深度学习大量的科幻剧本之后进行自动创作。这一算法的优势在于随着时间的推移，它可以抽取文本中更长的字符串，模仿剧本结构生成格式规范、内容完整的台词和舞台说明，而不只是语料的简单堆砌和机械拼凑。然而，尽管"本杰明"为《阳春》写的每个句子看上去都符合人类的使用习惯，但组合在一起后却缺乏逻辑、令人难以理解。例如，影片的结尾是女主角的独白特写长镜头，她喃喃地说着："我的意思是，他是虚弱的。我以为我可以改变我的想法。他疯狂地要把它拿出来。这是很久之前了。他有些迟了。我将要成为一个时刻。我就是想要告诉你，我比他好很多……"不仅台词含糊，《阳春》的故事结构也较为混乱，没有学习到经典剧作叙事规范。这一方面是由"本杰明"的参数不够以致深度学习效果不佳所导致的，另一方面也从客观上显现出当时的人工智能技术水平仍不能胜任长段落的写作。

2017年，《阳春》的原班人马又用AI"本杰明"编剧了第二部短片《这不是游戏》（*It's No Game*）。乍看之下，这次"本杰明"的创作令人惊喜：不但故

---

① 刘弢. 人工智能对影视后期制作的介入以及数字剪辑师的研究[J]. 新媒体与社会, 2018（2）: 141-150.

事结构、具体情节和台词写作都有了明显的进步，长段落前后连贯甚至富含深意，但是"本杰明"只是该片的第一编剧而非唯一编剧，导演夏普也参与了剧本的创作，因此这是一次"人机互补"的创作。由于创作者没有公布具体的人机创作比例，AIGC 用于自动剧本生成是否有了实质性的进步仍不得而知，但需要导演参与创作的结果使人推测系统生成的原作并不令人满意。

2021 年 2 月，第一部由 AI 写作的戏剧《人工智能：当一个机器人写剧本》网络公映。此剧总长 60 分钟，讲述了一个机器人充满欢乐与痛苦的日常生活，涉及它如何理解人类的终极命题——爱与死亡，颇具未来版《小王子》的气质。剧本由 GPT-2 编写，创作过程与前文述及的系统类似，即程序员输入一段提示后，GPT-2 根据提示生成附加的文本。这是 GPT-2 的第一部戏剧作品，故事内容连贯、明确，台词也符合情理、易于理解。然而，和《这不是游戏》一样，该剧本同样存在人为的改动，改动的比例大约为 10%。哥伦比亚大学人工智能专家查德·德汉特（Chad DeChant）因此认为将这个剧本视为由人工智能创造的并不准确，他判断由人工智能独立生成一个连贯而情节复杂的戏剧剧本还需要 15年左右的时间。[①]2022 年 12 月，ChatGPT "自编自导" 了电影短片《安全地带》。创作团队先让 ChatGPT 进行 "头脑风暴"，自主生成多个故事想法。随后制片人挑选了其中一个选题并让 ChatGPT 完善具体的情节。当系统生成离题或是不合理的情节时，创作团队会给出新的提示以进行修正。[②]最后 ChatGPT 生成了一个4 分钟左右的剧本以及导演分镜表，通过人机互动，ChatGPT 甚至提供了灯光、镜头焦段、相机运动、演员服装等一系列建议[③]，如同一个人类导演一样，参与了影片创作各个方面。当然，这个作品的目的是展示人机合作的创作成果，其中包含着大量的人类反馈与智慧。而且如果将 ChatGPT 的电影 "处女作" 与经典科幻作品相比，其质量和深度仍无法与人类作品比肩。

总体而言，虽然自动文本生成在近些年有了实质性的进步，大参数模型如GPT-3 已能够生成更加多元的文本，甚至在 ChatGPT 的应用中产生准社会互动，但影视剧本不仅关乎语言结构的完整、连贯，也关乎意义和情感的生成，目前

---

① Moutinho S. Kinky and absurd: The first AI-written play isn't Shakespeare—but it has its moments [EB/OL]. (2021-02-26)[2023-06-24]. https://www.science.org/content/article/kinky-and-absurd-first-ai-written-play-isn-t-shakespeare-it-has-its-moments.

② Pandey K. First film ever written and directed by AI: *The Safe Zone* [EB/OL]. (2023-01-04)[2023-06-24]. https://www.jumpstartmag.com/first-film-ever-written-and-directed-by-ai-the-safe-zone/.

③ *The Safe Zone* Film [EB/OL]. [2023-06-24]. https://thesafezonefilm.com.

人工智能写作系统对于情感和叙事结构的学习和理解仍然需要人类创作者的辅助。

二、自动影像生成

影视从诞生伊始就是以技术人工物为中介的时间和空间双重采样①。每秒24帧的离散呈现模式打破了连续的时间，为影像与计算机技术的结合奠定了基础。

2016年8月，IBM的"沃森"系统为21世纪福克斯的悬疑恐怖片《摩根》创作了一支预告片。为此，"沃森"深度学习观摩了100部恐怖片的预告片，并进行了视觉、听觉和场景构成的分析。随后"沃森"挑选出电影《摩根》6分钟的情节，人类剪辑师再对这些场景进行剪辑，形成最终版的预告片。②IBM的研究人员对比了人工智能剪辑的预告片与20世纪福克斯发布的官方预告片收到的用户反馈，结果显示，"沃森"的表现不输专业的剪辑师，用户几乎不能判断哪一支预告片是由人工智能完成的。③

2018年，AI"本杰明"创作了第三部科幻短片《神游天外》（ *Zone Out* ）。不同于以往两部短片，"本杰明"不仅写作了剧本，还导演并演出了这部短片。由于AI系统并没有实体形象或者摄像机，人类创作者让它学习了《阳春》演员在绿幕前录制的个人视频以及所有公域（ public domain ）影片作为创作素材。系统生成的剧本仍然和《阳春》一样没有逻辑性和故事性，影像的"换脸"也并不成功：公域电影演员的脸与《阳春》三位主演的脸重叠在了一起，闪烁不清。时长为6分钟的短片《神游天外》则基本上是对公域电影素材的剪辑重组，这使得所谓的自编、自导、自演更像是一次自动剪辑的尝试，而没有生成真正意义上的新影像。但在此基础上，来自中国、美国和以色列的研究人员于2019年合作研发的智能剪辑工具"Write-A-Video"已经可以根据用户输入的文本提示，自动从视频库中搜索匹配的候选镜头，并参考镜头的运动和色调，结合用户设

---

① 马诺维奇. 新媒体的语言[M]. 车琳，译. 贵阳：贵州人民出版社，2020：49.

② Smith. J R. IBM research takes Watson to Hollywood with the first "cognitive movie trailer"[EB/OL]. (2016-08-31)[2023-06-24]. https://perma.cc/B92N-JZ5V? type=standard.

③ Smith J R, Joshi D, Huet B, et al. Harnessing A.I. for augmenting creativity: Application to movie trailer creation [C]//Proceedings of the 25th ACM International Conference on Multimedia. New York: Association for Computing Machinery, 2017: 1799-1808.

定的摄影风格，对镜头进行混合优化。^①卡塔尔世界杯期间，央视频与来自以色列的体育科技公司WSC体育合作，对比赛高能瞬间进行智能剪辑，输出了超5000条比赛视频，展示了算法高效精准的视频剪辑能力。

当前，应用自动拍摄和剪辑系统较为成熟的是短视频领域，这得益于短视频相对模式化的叙事结构和用户对影视风格的高接受度。2020年新华智云研发推出了国内首个Vlog机器人。这套设备"集合了360度环视高清摄像机、专业摄影机和超高算力边缘计算节点，通过激光视觉多传感器混合定位导航、人物识别追踪等技术，能自由移动、自主采集视频、自动识别人物、自行生成专属VLOG"^②。它采集的资料能实时上传，在云端剪辑、处理，最终形成短视频。通过深度学习，机器人生成的Vlog具有合乎情理的故事情节和多模态的内容类型。^③在由文本生成影像（text-to-video）的领域，Netflix与作家、喜剧演员基顿·帕蒂（Keaton Patti）合作，模仿机器人的语气创作了一系列剧本，再由AI生成动画，形成系列短片。这批短片在YouTube的"网飞是个笑话"（Netflix is a Joke）频道上播出。^④网飞已经从多个维度尝试文本生成动画的技术，如2021年的《谜题先生希望你少活一点》（*Mr. Puzzles Wants You to Be Less Alive*），不但叙事流畅，保持了情节、人物、场景的连贯性，且画面的镜头语言达到了一定水准。2023年，网飞又与日本AI软件公司Rinna合作制作了3分钟的动画短片《犬与少年》（*The Dog and The Boy*），并用AI生成了动画片的背景。^⑤网飞的官方新闻表示，动画行业的人才短缺是推动其使用AI绘制背景的原因。

除了动画生成与智能剪辑，真实影像的自动生成也于近期取得了突破式进展。作为静态图像创作的延伸，用算法实现动态的视频演绎要复杂得多。一般而言，文本到视频的第一步与训练文本到图片的神经网络类似，都需要先由文本生成大量的图像，随后在这些图像中选出一些关键帧，并通过额外增加插值

① Wang M, Yang G W, Hu S M, et al. Write-a-video: Computational video montage from themed text [J]. ACM Transactions on Graphics, 2019, 38(6): 1-13.

② 新华智云. 国内首个VLOG机器人，新华智云智造！[EB/OL]. (2020-06-17)[2023-06-24]. https://www.sohu.com/a/402392137_120250948.

③ 张微，彭兰. 示能、转译与黑箱：智能机器如何颠覆与再建内容生产网络[J]. 新闻与写作，2022（12）：75-85.

④ Ebert D. Netflix by bots [EB/OL]. [2023-06-24]. http://www.davidcharlesebert.com/netflix-by-bots-2.

⑤ Deikova M. Netflix uses AI to generate anime short film—reactions follow [EB/OL]. (2023-02-06)[2023-06-24]. https://www.cined.com/netflix-uses-ai-to-generate-anime-short-film-reactions-follow/.

模型把这些关键帧组合成流畅的视频动作，最后再用超分辨率模型提升视频画面的像素质量。Meta公司于 2022 年 9 月发布了 T2V 工具 Make-A-Video，该系统通过在原始的 T2I 神经网络中添加时空层从而将输入文本转换成一组具有时间连续性的、像素为 64×64 的图片，并利用插值模型和两个超分辨率网络，在增加短视频的帧数的同时，将图片的像素分别提升至 256×256 和 768×768[①]。Meta 发布 Make-A-Vide 仅一周，谷歌不甘示弱，接连推出 Imagen Video 和 Phenaki 两款 T2V 工具。Imagen Video 兼具高保真度和极强的文本理解力，能基于视频扩散模型（video diffusion model）生成 1280×768 像素、每秒 24 帧的高分辨率视频，甚至还可以理解和创作不同风格的艺术作品，如凡·高风格的猫、水彩画风格的森林。Phenaki 则依赖一种新的因果模型将目标瞄准长视频制作，它可以随着文本描述的变化，生成长达两分半钟的连贯视频。鉴于 Imagen Video 和 Phenaki 的独特优势，谷歌在 2022 人工智能年度活动中，首次向公众展示了两个团队合作完成的超分辨率长视频。该视频不仅实现了超高分辨率，还保证了画面和时间的一致性。虽然对于需求频次与质量要求较高的影视行业来说，生成式人工智能目前还处于萌芽阶段，但正如谷歌研究中心首席科学家道格拉斯·埃克（Douglas Eck）所言，Imagen Video 和 Phenaki 的结合很有可能成为电影人讲述故事的新方式。

三、ChatGPT与人机交互

2022 年 11 月，美国 OpenAI 实验室基于生成预训练转换器 GPT-3（Generative Pretrained Transformer-3）推出了一款网络对话平台 ChatGPT。其特点是能够利用神经网络完成海量数据和语料库的机器学习，生成与人类使用习惯相似的语言[②]，并使用交互式表单对用户提出的问题进行详细的回答。除了聊天机器人的基本角色外，ChatGPT 还可以完成各类复杂的语言工作，如文本摘要、文本补全、文本分类、情感分析、模型生成、机器翻译等。出色的语言理解水平和文本生成能力使 ChatGPT 在短时间内吸引了大量关注，不仅平台月活

① Singer U, Polyak A, Hayes T, et al. Make-a-video: Text-to-video generation without text-video data [J]. arXiv preprint arXiv, 2022: 2209.14792.
② Binz M, Schulz E. Using cognitive psychology to understand GPT-3 [J]. Proceedings of the National Academy of Sciences, 2023, 120(6): e2218523120.

跃用户仅用时两个月就突破 1 亿，打破了其他社交产品的用户增长纪录[①]，还促使众多研究人员从各个方面对这一新型人工智能生成工具展开探索。

总体而言，ChatGPT 由两项核心技术支撑[②]：

其一为 Transformer 网络。与主流模型的机器学习过程基于编码器—解码器的循环或卷积神经网络不同，Transformer 是一个完全依赖自注意力机制来计算其输入和输出表示的转换模型，具有更强的并行性和更高的计算效率，能使 ChatGPT 生成更长更复杂的文本。

其二为自回归模型。这是一种生成文本的基本方法，原理是基于序列数据中的先前标记生成下一个标记。ChatGPT 使用了基于循环神经网络的自回归模型，因而每生成一个单词或符号，模型都会根据上下文信息和历史生成结果进行预测。由此，通过不断迭代，ChatGPT 可以生成连贯自然的文本内容。

ChatGPT 的开发过程基于一系列 GPT 模型的迭代升级。2018 年，OpenAI 实验室发布《用生成式预训练转换器来改善语言理解》一文，提出通过生成性的预训练和辨别性的微调，能够以单一的任务诊断模型实现强大的自然语言理解。[③]之后，OpenAI 以平均每年迭代一次的速度对 GPT 模型进行升级，并于 2020 年 6 月推出了以 Transformer 为基础架构，能够在各种在线内容上进行无监督学习且具有一定推理、理解和生成自然语言文本的能力的 GPT-3。与过往预训练模型相比，GPT-3 可以仅靠文本和模型交互完成任务，无需进行微调和参数更新，不仅可以完成翻译、问答、完形填空、词汇解读等任务，还能生成人类难辨真假的新闻文章。[④]在此基础上，OpenAI 又于 2022 年 3 月推出了 GPT-3 的另一变体 GPT-3.5。GPT-3.5 通过将人类反馈纳入训练过程，其实用性相比 GPT-3 明显提高。

ChatGPT 正是 GPT-3.5 的微调版本。2022 年 11 月 30 日，OpenAI 的首席执

---

① Neethling B. ChatGPT breaks record with 100 million users—and investors come flocking [EB/OL]. (2023-02-15)[2023-06-24]. https://dailyinvestor.com/world/8520/chatgpt-breaks-record-with-100-million-users-and-investors-come-flocking/.

② Zhang C, Zhang C, Li C, et al. One small step for Generative AI, one giant leap for AGI: A complete survey on ChatGPT in AIGC era [J]. arXiv preprint arXiv, 2023: 2304.06488.

③ 蓝江. 生成式人工智能与人文社会科学的历史使命——从 ChatGPT 智能革命谈起[J]. 思想理论教育，2023（4）：12-18.

④ Brown T B, Mann B, Ryder N, et al. Language models are few-shot learners [J]. arXiv, 2020: 2005.14165.

行官奥尔特曼在推特上写道："今天我们推出了ChatGPT，尝试在这里与它交谈"，并附上了一个链接。由于任何人都可以在推广阶段注册ChatGPT账户并与之交谈，因而其诞生亦标志着OpenAI致力于实现的"通用人工智能"研究向前迈进了一大步。微软联合创始人比尔·盖茨（Bill Gates）曾在他的个人博客上写道，ChatGPT出现的历史意义不亚于互联网的诞生，"未来的人工智能或将改变人们工作、学习、旅行、获得医疗保健以及相互交流的方式，行业将围绕它重新定位，企业也将通过使用它的程度来区分自己"[①]。

随着ChatGPT的热度日渐扩大，对于ChatGPT及其所代表的人工智能生成工具的质疑也纷至沓来。在具体应用方面，谷歌针对ChatGPT的威胁发布了"红色代码"，表明ChatGPT可能对其搜索服务构成重大威胁；在技术伦理方面，有关ChatGPT是否会在训练过程中放大社会中的偏见现象、侵犯用户个人隐私，是否会促使数字资本家掌握更多的剩余价值、形成类似于"数字鸿沟"和"智能鸿沟"的结构性不平等，是否会因为决策过程缺乏透明度而使用户无法对ChatGPT生成的内容进行辨认，是否可能替代低端劳动力、加剧失业危机的讨论始终沸沸扬扬；在社会文化方面，有人认为ChatGPT实现了知识生产的创新，也有人指出ChatGPT生成的内容仅仅是基于人类已有语料库的概率性借鉴和拼凑，因此其完成的问答是否能称为创新尚且存疑[②]；在意识形态方面，尽管OpenAI声称实验室的目的是构建安全而有益的通用人工智能，但由于ChatGPT的训练以英文及西方知识体系为基础，不仅其所具有的网络语言生成霸权可能使之成为意识形态的国家机器，其所采取的对话式文本生成方式和相对有限的非英语学习训练，也会在对话中询唤非英语用户的"他者"身份，从而放大非英语用户对于该平台的疏离感[③]。

在收获赞誉和受到质疑的同时，OpenAI对于GPT模型的探索也并未止步。2023年3月14日，OpenAI发布了GPT-4。相比前序模型，GPT-4在识图能力、文字输入限制、回答准确性等方面实现了跨越式提升[④]，能够接受图像和文本作为输入，并生成文本作为输出。尽管偶尔仍会生成不合逻辑或不正确的内容，

① Gates B. The age of AI has begun [EB/OL]. (2023-03-21)[2023-06-24]. https://www.gatesnotes.com/The-Age-of-AI-Has-Begun.
② 邓建国. 概率与反馈：ChatGPT的智能原理与人机内容共创[J]. 南京社会科学，2023（3）：86-94+142.
③ 张生. ChatGPT：褶子、词典、逻辑与意识形态功能[J]. 传媒观察，2023（3）：42-47.
④ 尹帮文，孙伟平. ChatGPT冲击波：类人恐惧与异化危机[J]. 理论月刊，2023（6）：5-13.

或者在接受用户的虚假要求时表现出过度的信任[①]，但在几项专业标准上的表现证明，GPT-4 已经达到人类水平。OpenAI 曾对 GPT 模型可能在多大程度上影响现代劳动就业进行研究，结果表明，未来 80% 的美国劳动力的至少 10% 的任务、19% 的工人的至少 50% 的任务将受到生成式人工智能的影响。[②]值得注意的是，新技术的出现总是不可避免地取代某些类型的工作，而且以 ChatGPT 为代表的通用人工智能具有自主生成创造性知识的能力，因此其对于现有职业的影响将不仅局限于劳动密集型岗位，还将影响对创造性产出要求更高的技术密集型岗位。这一现象引发了学界与业界对于"生成式人工智能可能会取代人类"的焦虑。2023 年 3 月 22 日，美国未来生命研究所（Future of Life Institute）向全社会发布了一封公开信，呼吁所有人工智能实验室立即暂停训练比 GPT-4 更强大的人工智能系统。信中写道"具有与人类竞争智能的人工智能系统可能对社会和人类构成深远的风险……只有在我们确信它们的影响是积极的且风险将是可控的时候，才应该开发强大的人工智能系统"[③]。截至目前，该公开信已被签署近 3.4 万次，其中包括特斯拉首席执行官埃隆·马斯克（Elon Musk）、苹果联合创始人史蒂夫·沃兹尼亚克（Steve Wozniak）、Stability AI 创始人埃马德·莫斯塔克（Emad Mostaque）等科技界领袖人物。

第二节　机器内容生产可能引发的挑战：主体性危机、版权争议与信息内容风险

虽然 AIGC 仍然处于其婴儿期，自动化生产系统并未从根本上摆脱工具的地位，基于这些系统生成的作品至多是系统能力的显现而无法将之视作艺术创作而予以严肃的评论，但技术奇点将至的宿命论再次被 ChatGPT 点燃，人类对人工智能加速发展的技术前景和社会影响产生了更为弥散的不确定性。毫无疑问，人工智能已经在多个领域成为一个能力出众的行动者，但它是否能被赋予行动

① OpenAI. GPT-4 technical report [J/OL]. arXiv preprint arXiv, 2023: 2303.08774. [2023-06-24]. https://arxiv.org/abs/2303.08774.

② Eloundou T, Manning S, Mishkin P, et al. GPTs are GPTs: An early look at the labor market impact potential of large language models [J/OL]. arXiv preprint arXiv, 2023: 2303.10130. [2023-12-30]. https://arxiv.org/abs/2303.10130.

③ Future of Life Institute. Pause giant AI experiments: An open letter [EB/OL]. (2023-03-22)[2025-08-03]. https://futureoflife.org/open-letter/pause-giant-ai-experiments/.

主体的地位，仍遭遇以人为中心的伦理观的顽强抵抗。所以人工智能不仅是个技术问题，同时也是哲学问题。①而在实际的行业应用中，现有内容行业沉淀的版权确权、信息内容问责纠偏制度，遭遇到责任归属模糊的海量内容冲击。

一、主体性危机

不同于制造业、计算机行业等许多早早被技术所占据的领域，内容创作领域一直保有着自身对人类独创性的强烈需求。才华与天赋被认为是创作的灵韵，并不被普罗大众所拥有。创作者、艺术家被形容为是一群有着自身独特审美与风格、敏锐的感受力和神秘的灵感来源的人，从而某种程度上垄断着艺术的话语权。技术从来只被当作是辅助人类创作的工具。然而，AIGC的出现，威胁到了人类创作者长久以来的独创性与主体性。也正是这个原因，好莱坞的影视公司对于揭露他们使用AI的情况一直十分谨慎。②但即便如此，从2023年5月开始、长达148天的好莱坞编剧大规模罢工，仍然在很大程度上揭示了人类创作者感受到的强烈威胁和不安全感。

有学者指出，自动剧本和影像生成改变了有关著作权和新媒体审美的观点，这让我们应当重新评估当下新媒体的境况。延续福柯"作者功能"的理论脉络，AI电影应当被当作是一种不同于传统影视、需要被构建独特身份的新影像形式。③我们将曾经独属于人类的情感、审美与体验作为训练数据喂养AI，而AI回馈了曾被我们称为"主观"的作品与内容。这在某种程度上模糊了创新与独创性的概念。④AI是否具有真正的创造性，又或是处于某种"准创造"（quasi-creative）的中间地带，目前学界和业界莫衷一是。有观点强调AI作品带给人类观众的治愈作用，由此认可其有价值的创造性。也有观点认为AI作品污染了人类文化，让人类的技术和知识降级。从这个角度而言，AI仍存在着某种"幻觉

① 赵汀阳. 人工智能"革命"的"近忧"和"远虑"——一种伦理学和存在论的分析[J]. 哲学动态，2018（4）：5.

② Chow P-S. Ghost in the (Hollywood) machine: Emergent applications of artificial intelligence in the film industry [J]. European Journal of Media Studies, 2020, 9(1): 193-214.

③ Parikh P C. AI film aesthetics: A construction of a new media identity for AI films [D]. Orange: Chapman University, 2019.

④ Chow P-S. Ghost in the (Hollywood) machine: Emergent applications of artificial intelligence in the film industry [J]. European Journal of Media Studies, 2020, 9(1): 193-214.

式的竞争力"①。这是一个值得持续探索的哲学问题。

不过难以否认的是，AI在图像生成、声音生成等自动内容生成领域，已经是一个精通而熟能生巧的老匠人了。不但能够海量生成内容，为观众提供个人的定制化体验也是一个趋势。从这个角度，很难完全否认AI的创造性。研究者通过采访发现，艺术从业者对于将AIGC融入创作总体持有积极开放的态度。尽管如此，在复杂的角色动画、面部表情等领域，AIGC的表现并不佳。②这不仅仅是技术问题，更是创造力问题。在可见的未来，AI要替代人类创作者的独创性和审美敏感性都是十分困难的。③

生成式AI系统做的事是对于现成创作品的重混与重组（remixing and recombing）。有研究者在使用ChatGPT进行电影剧本自动生成的试验后发现，错误和陈词滥调是十分常见的问题。尽管作品质量的提升是必然的，但是将莫扎特和舒伯特的作品重组并不会产出阿沃·帕特（Arvo Pärt）的作品。④即使AIGC可以产出连莎士比亚自己都难以分辨的类似风格的作品，但是那些真正让观众与角色感同身受的火花是很难被AI创造的。⑤艺术仍将频繁地受益于人工智能所难以复制的独属人类创作者的观点、感受与经历。⑥AI表演者或者换脸技术也难以产生与人类演员所带给观众的相同情感体验。⑦

比独创性更深层的问题是AIGC是否会威胁人类创作者长期占有的主体性。一部分学者认为，在这场AIGC的变革中，人机关系应当被视为协同而非竞争

① Bran E, Rughiniș C, Nadoleanu G, et al. The emerging social status of generative AI: Vocabularies of AI competence in public discourse [C]//2023 24th International Conference on Control Systems and Computer Science (CSCS). IEEE, 2023: 391-398.

② Gu R, Li H, Su C, et al. Innovative digital storytelling with AIGC: Exploration and discussion of recent advances [J/OL]. arXiv preprint arXiv, 2023: 2309.14329. [2023-12-30]. https://arxiv.org/abs/2309.14329.

③ Bonnici J. When Hollywood and robots collide [J]. European View, 2023, 22(2): 304-306.

④ Frey C B, Osborne M. Generative AI and the future of work: A reappraisal [J]. Brown Journal of World Affairs, 2023(30): 161.

⑤ Bonnici J. When Hollywood and robots collide [J]. European View, 2023, 22(2): 304-306.

⑥ Bhattacharya S. Hollywood protest against artificial intelligence application in creative work [J]. International Journal of Research in Engineering, Science and Management, 2023, 6(10): 62-64.

⑦ Sookhom A, Klinthai P, A-masiri P, et al. A new study of AI artists for changing the movie industries [J]. Digital Society, 2023, 2(37): 1-15.

的。① 目前，人机合作是最为常用的自动剧本生成领域的创作流程。② 不可否认的是，AI已经从简单的工具变成了创作者的合作伙伴。有研究发现，在帮助人类作家应对常见的写作瓶颈（writer's block）上，AI的潜力是巨大的。③ 除了重复性的繁琐工作外，AIGC软件在帮助作者提升观众的情感共鸣上也有不可小觑的作用。尽管机器不会哭，但是它可以预判观众在何时会落泪。这可以帮助编剧更客观地审视他们已经创作的内容，从而提升观众参与度。④ 而对这个合作伙伴，人类创作者也提出了相应的要求。有研究采访了多位专业编剧后发现了三个主要的人类创作者诉求。这些诉求与人类创作者试图保有自身的创造性和主体性息息相关。这些诉求分别是：将情感价值置于AI的高效创作之上，能够选择不信任AI去完成创作角色和对话等更有挑战性的子任务，以及防止AI出现不匹配人类创作者写作策略的行为。⑤ 随着人机合作的推广与广泛应用，从中产生的独属于人机协作作品的审美与创造性是值得被研究的议题。

　　未来，大语言模型很可能像互联网时代的软件基础设施一样，成为各类人工智能子领域的底层算法模型。这一方面意味着，不论以何种模式与大模型共存，身处中下游的企业和平台都有机会表现出远超一般专用模型的学习和迁移能力。然而，从另一方面来看，生成式人工智能的通用能力是"隐式归纳而非

---

① Friend T. How frightened should we be of A.I.? [EB/OL]. (2018-05-07)[2023-11-19]. https://www. newyorker.com/magazine/2018/05/14/how-frightened-should-we-be-of-ai.

② Sue C. Artificial intelligence as a co-creative tool for writing screenplays [C]//Australian Screen Production Education and Research Association (ASPERA) Conference. QUT ePrints, 2023: 89-90；Cho T. A Study on dramaturgy for AI screenplays: Writing alternative narratives using GPT [D]. Buffalo: State University of New York at Buffalo, 2023；Chu E, Dunn J, Roy D, et al. AI in storytelling: Machines as cocreators [EB/OL]. (2017-12) [2023-06-24]. https://www.mckinsey. com/~/media/McKinsey/Industries/Technology%20Media%20and%20Telecommunications/ Media%20and%20Entertainment/Our%20Insights/AI%20in%20storytelling/AI-in-storytelling-Machines-as-cocreators.pdf; Bonnici J. When Hollywood and robots collide [J]. European View, 2023, 22(2): 304-306.

③ Gilburt I. A machine in the loop: The peculiar intervention of artificial intelligence in writer's block [J]. New Writing, 2023, 21(1): 26-37.

④ Chu E, Dunn J, Roy D, et al. AI in storytelling: Machines as cocreators [EB/OL]. (2017-12)[2023-06-24]. https://www.mckinsey.com/~/media/McKinsey/Industries/Technology%20Media%20 and%20Telecommunications/Media%20and%20Entertainment/Our%20Insights/AI%20in%20 storytelling/AI-in-storytelling-Machines-as-cocreators.pdf.

⑤ Biermann O C, Ma N F, Yoon D. From tool to companion: Storywriters want AI writers to respect their personal values and writing strategies [C]//Proceedings of the 2022 ACM Designing Interactive Systems Conference. ACM, 2022.

显式构造"①的，它也会模仿人类的习惯和偏好，生成不实甚至违法的信息。在以上两种模式中，大模型部署者、技术支持者、服务提供者和用户都是生成式人工智能价值链上彼此依存的责任主体。这些主体身份在不同的应用场景中可能存在重叠或者完全分离，具体来说，进行模型开发和部署的主体虽然是主要的技术支持者，但可能并未与下游应用层用户产生直接互动，而作为服务提供者、与用户有着紧密联系的中层平台却往往不具有调整或控制底层模型的能力，故而不能将生成式人工智能简单概括为高风险人工智能，对不同主体的责任规范也应视具体场景和情境相应放松或收紧。因此，2023年中国人工智能治理的重要议题之一就是如何在合理配置责任主体义务的同时，完善对生成式人工智能可能引致的风险的责任认定。

二、版权争议

虽然 AIGC 挑战了传统的版权法，但是也给予了研究者以重新审视现行法律的机会。侵权和公平使用是版权法中一对重要的核心概念。一篇发表于2020年的名为《机器人会梦到电子版权吗？》的文章中，作者指出了当时国际上各个国家对于没有人类干预或者干预较少的AI作品是否可被版权保护的分裂看法，并且预测了未来分辨人类作品与AI作品的困难，这给版权保护造成了一定的模糊性。②此外，在2021年，就有版权研究者指出，公平使用原则在判定一些美国AI公司是否侵权的诉讼中起到了重要作用。③相关的版权例外规定在之后的研究中也被提及。④也有研究者认为，以技术中立的态度而将AI生成作品和人类创作者的作品一视同仁是不合适的，AI自动生成作品是不应被版权法保护的，

---

① 张欣. 面向产业链的治理：人工智能生成内容的技术机理与治理逻辑 [J]. 行政法学研究，2023（6）：43-60.

② Guadamuz A. Do androids dream of electric copyright? Comparative analysis of originality in artificial intelligence generated works [J]. Intellectual Property Quarterly, 2017(2): 169-186.

③ Craig C J. The AI-copyright challenge: Tech-neutrality, authorship, and the public interest [M]// Research Handbook on Intellectual Property and Artificial Intelligence. Cheltenham, UK; Northampton, MA, USA: Edward Elgar Publishing, 2022: 134-155.

④ Ladwig C, Schwieger D. An eye toward the softer side of CC2020 Computing Curricula: Professional, legal, and ethical artificial intelligence Issues [J]. Information Systems Education Journal, 2024, 22(1): 53-88.

AI使用的训练数据也不构成侵权。①

随着时间的推移，对于AI作品是否可被版权法保护的看法产生了变化。在美国，AIGC公司的行为成为美国编剧工会于2023年5月开始罢工的重要原因之一，并使这些公司面临一系列法律诉讼，诉讼方包括Getty Images等大型媒体公司。②有学者将这次从编剧工会开始，再延伸到演员工会，最终波及整个好莱坞的罢工称为"创造性与电子未来的碰撞""文字与算法的对决"。③而在欧洲，这场"版权的新战争"也同样在发生。作者和版权所有者要求，当他们的作品用于AI公司的数据训练时，应该获得一定的报酬。

美国与欧洲的版权法律有所不同。美国更偏向于科技公司，往往可以让这些公司先使用无版权数据，再等待版权所有者提起诉讼，而欧洲的法律则相反。所以，欧洲议会的一些成员提出只使用公域的作品进行数据训练。④然而，自动影视内容生成的质量依赖于训练数据的质量，只使用公域内容势必影响产出质量。

对比分析中美欧对于AIGC版权的相关法律法规，有研究者指出，三者拥有相似性与各自的独特性。在相似性上，中美欧都承认AIGC作品是可以被版权保护的，版权持有者可以行使一系列权利。同时，三者也都给公平使用和公共利益等例外留下了空间。而在独特性上，欧洲承认AI作为一个特殊的权利持有人，针对公平使用的规则更加具体，美国有着更加广泛的公平使用主义，而中国在版权法的执行和高昂的相关法律行动费用上面临着挑战。⑤

2023年发表于《科学》杂志上的论文《生成式AI遇到版权》⑥同样指出，在美国的版权法中，公平使用并不构成侵权。当然，其中涉及的四个重点因素，

① Craig C J. The AI-copyright challenge: Tech-neutrality, authorship, and the public interest [M]// Research Handbook on Intellectual Property and Artificial Intelligence. Cheltenham, UK; Northampton, MA, USA: Edward Elgar Publishing, 2022: 134-155.

② de la Durantaye K. Garbage in, garbage out. Regulating generative AI through copyright law [EB/OL]. (2023-10-13)[2023-11-17]. https://papers.ssrn.com/sol3/papers.cfm?abstract_id=4572952.

③ Bonnici J. When Hollywood and robots collide [J]. European View, 2023, 22(2): 304-306.

④ de la Durantaye K. Garbage in, garbage out. Regulating generative AI through copyright law [J]. ZUM, 2023(10): 645-660.

⑤ Zhuk A. Navigating the legal landscape of AI copyright: A comparative analysis of EU, US, and Chinese approaches [J]. AI and Ethics, 2023: 1-8.

⑥ Samuelson P. Generative AI meets copyright: Ongoing lawsuits could affect everyone who uses generative AI [J]. Science, 2023, 381(6654): 158-161.

包括训练使用量等问题需要法官在不同的案件中进行综合考量与评估。此外，尽管 Stable Diffusion 这样的软件被诉病只是一个原作的拼贴软件，但要真正证明其构成侵权需要满足多个条件，是非常困难的。训练数据量越大，判定侵权就越不容易。美国版权办公室在 2023 年也举办了多场针对性的"倾听会"。这些版权的诉讼也许会需要很多年的时间才会尘埃落定。所以尽管在版权方和创作者起诉 Open AI 这样的科技公司的案件中，有一部分法律提供了前者一些准保护（例如《数字千年版权法》的第 1202 条保护了作品版权管理信息的删除和修改），但它们的局限性使得这些案件悬而未决。[①] 鉴于内容的全球性流动和 AI 应用日益基础设施化，也有研究者提议建立国际通用的 AIGC 作品版权条例。[②]

如何平衡版权所有者权益与 AI 公司利益是这场战争的症结。有研究者在《计算机法律与安全评论》上发表论文，提出了一种法定报酬权利（statutory remuneration right）的方式，以期平衡双方诉求。[③] 美国专利与商标办公室（United States Patent and Trademark Office）的行政专利法官也在 2023 年 9 月发表了名为《一个保护 AI 生成作品的独特方式：平衡创新与著作权》的论文，提出是否应当对 AI 生成作品进行版权保护是一个涉及多方的复杂问题。消费者可以像欣赏人类创作者的作品一样欣赏 AI 创作或者参与的作品，这说明这些作品本身是有价值的。并且，剥夺这些作品的版权保护可能性也打击了将想法输入 AI 软件的人类作者的积极性。作者提倡一种既非版权保护，又非否定版权保护的独特方式。这种方式提供"有限的保护，清晰界定的权利，注册的要求，警示的要求，并且需要提供一个能够促进公共福祉的裨益经济和社会的 AI 使用的资金来源"[④]。毕竟，使用 AI 作品在经济上对于好莱坞制片人是十分具有诱惑力的[⑤]，而相对弱势的编剧和演员等群体的生存空间势必受到威胁。

① Kahveci Z Ü. Attribution problem of generative AI: A view from US copyright law [J]. Journal of Intellectual Property Law & Practice, 2023, 18(11): 796-807.

② Zhuk A. Navigating the legal landscape of AI copyright: A comparative analysis of EU, US, and Chinese approaches [J]. AI and Ethics, 2023: 1-8.

③ Geiger C, Iaia V. The forgotten creator: Towards a statutory remuneration right for machine learning of generative AI [J]. Computer Law & Security Review, 2024(52): 105925.

④ Hardman B, Housel J. A Sui generis approach to the protection of AI-generated works: Balancing innovation and authorship [EB/OL]. (2023-08-30)[2023-11-15]. https://papers.ssrn.com/sol3/papers.cfm?abstract_id=4557004.

⑤ Bhattacharya S. Hollywood protest against artificial intelligence application in creative work [J]. International Journal of Research in Engineering, Science and Management, 2023, 6(10): 62-64.

最终，在AIGC版权保护领域，我们应当探寻一种平衡版权拥有者和AI公司双方利益的办法。这既不能挫伤人类创作者的积极性与创新性，要保障此群体的利益，也不能阻碍AIGC公司的创新动力。否则，这场战争将绵延不绝。

除了作品版权，人工智能自动生成内容如果产生侵权问题，由谁来承担责任也是一个法律难题。目前人类的法律体系只能通过惩罚自然人或法人来强化规则框架，带有自动化生产因素的系统如若产生抄袭、侵犯他人名誉权等问题，系统开发者是否会因此受到惩戒？受到侵害的组织和个体又如何实施法律救济？这些问题可能在不久的将来成为人类社会面临的现实问题。

三、信息内容风险

机器给人以中立客观的印象，但无监督学习的模式也可能让人工智能嵌入偏见。当前，学术界主要根据生成的具体内容和模型应用全过程对大语言模型在数据获取、训练、存储、生成阶段可能引发的各类风险进行归纳和分析，其中常见的、最可能影响信息秩序的类型有伪造信息、有害信息、隐私信息、敏感信息和不实信息。用克莱尔·华德（Claire Wardle）和侯赛因·德拉克山（Hossein Derakhshan）的话来说，这些都是"信息失序"（information disorder）的表现，可以从"虚假性"（falseness）和"伤害意图"（harm）两个维度将它们进一步概括为三个类别：错误信息（mis-information），非主观意图导致的信息错误；虚假信息（dis-information），有意分享假信息以造成伤害；恶意信息（mal-information），有意分享真信息以造成伤害。今天，距华德和德拉克山引入该分类已经过去6年，网络信息生态语境发生了巨变，但信息失序现象不仅没有消失，还在不断涌现新的表现形式。基于内容真实性和行为意图的分类方式对于分析这些新的表现形式仍然有效，只是生成式人工智能技术的出现加速和放大了这三类信息的影响范围和深度，信息失序风险在机器智能与人类智能的碰撞中正在发生"化学反应"。

（一）错误信息

错误信息指的是非主观意图导致的不实或误导性信息。从机器智能的角度来看，目前生成式人工智能存在的"无差别学习""幻觉"（hallucinations）等固有技术缺陷是错误信息产生的重要原因。无差别学习主要体现在大语言模型对来自网络的大量低质量数据也进行了吸收和学习，不能选择性地与人类的价值观和喜好对齐，需要借助人类标注员模拟用户与代理间的对话，通过内置奖励反馈模型对输出结果不断精细调整。因此，大语言模型在面对新问题或处理新任务时，容易因为训练数据集代表性不足，产生"自信满满言之凿凿"的"幻觉"。① 根据输出内容与源内容之间的关系，有学者将自然语言处理中存在的幻觉现象概括为与源内容相矛盾的"内在幻觉"（intrinsic hallucinations）和无法从源内容中得到验证的"外在幻觉"（extrinsic hallucinations）。② 如果这个弱点被利用于大量传播有害公共利益的故事与视频，界定与清除的工作日益困难，单凭人类的智慧也许难以抗衡。③ 不仅如此，当前的文心一言、Bert、ChatGPT等大模型均采用以自注意力机制为核心的Transformer架构，通过学习给定数据中单词间的共生关系挖掘共生概率，最终实现自然语言合成，这种基于相关性而非因果关系的机器逻辑不能等同于理解语言实际意义的人类逻辑，基于词语间的共生概率可以生成语法正确、流畅自然的文本，但无法避免自相矛盾的内在幻觉和无中生有的外在幻觉。最终，那些足以以假乱真的错误信息在机器智能的粉饰下，以极其隐蔽的方式对人类的认知结构产生干扰和影响。④

（二）虚假新闻

生成式人工智能的出现为不法分子蓄意制造假新闻或不准确信息以达到欺骗流量、实施欺诈和操纵舆论的目的提供了捷径，研究新的检测方法、评估标准和缓解措施正在成为学界与业界的热潮。⑤ 有学者指出，人工智能产生的恶意和极化内容模糊了虚拟与现实的界限，很可能绕过传统的安全过滤系统⑥，多模态AIGC的发展也使得虚假信息越来越泛滥，传统的检测和干扰手段亟待迭代升

---

① 方师师，唐巧盈. 聪明反被聪明误：ChatGPT错误内容生成的类型学分析[J]. 新闻与写作，2023（4）：31-42.

② Ji Z, Lee N, Frieske R, et al. Survey of hallucination in natural language generation [J]. ACM Computing Surveys, 2023, 1(1): 1-58.

③ 基辛格，施密特，胡滕洛赫尔. 人工智能时代与人类未来[M]. 胡利平，风君，译. 北京：中信出版集团，2023：141-142.

④ 张文祥，沈天健，孙熙遥. 从失序到再序：生成式人工智能下的信息秩序变局与治理[J]. 新闻界，2023（10）：41-51.

⑤ Liu Z, Li Y, Cao Q, et al. Transformation vs tradition: Artificial General Intelligence (AGI) for arts and humanities [J/OL]. arXiv preprint arXiv, 2023: 2310.19626. [2023-12-30]. https://arxiv.org/abs/2310.19626.

⑥ Ferrara E. GenAI against humanity: Nefarious applications of generative artificial intelligence and large language models [J]. Journal of Computational Social Science, 2024(7): 549-569.

级。新加坡国立大学的研究者从信号、感知、语义与人类四个维度探索了AIGC中微妙的操纵，例如信号操纵、语义不连贯和心理策略等，构建了一个新的概念框架，从而助力更加全面与即时的AIGC虚假信息检测。[①]

2023年4月25日，21个百度账号为了规避"百家号"的查重功能，通过ChatGPT将搜索到的近几年的社会热点要素进行了修改和编辑，在同一时间散布题为"今晨甘肃一火车撞上修路工人致9人死亡"的虚假信息，短时间内就获得了1.5万余次的点击量，成为全国首例利用生成式人工智能技术炮制虚假信息的案件。[②]7月4日，浙江绍兴警方侦破浙江首例利用ChatGPT制作假视频案，其幕后团伙成员甚至连电脑都不能熟练操作……这些企图利用生成式人工智能骗取流量非法获利的案件表明，生成式人工智能技术的滥用会大大降低违法犯罪行为的门槛和成本。值得警惕的是，目前GPT-4等主流大模型的训练数据集中，中文资料占比过低，在文化和价值观上偏向西方，可能在应用层面输出不利于中国的虚假事实。对此，中国信息通信研究院在2023年3月28日启动了大模型技术及应用基准工作，联合业界主流创新主体优先发展以中文为主体，适应我国关键行业应用选型需求的大模型技术。[③]

（三）算法偏见

算法偏见往往隐匿在"无意造成伤害的真实信息"之中，尤其是针对女性等群体的歧视和偏见在AIGC软件中广泛存在。[④]有研究者发现，Stable Diffusion在处理"工程师"这样的名词时产出男性图像显著多于女性图像[⑤]，在这一认知偏见基础上生成的剧本与影像将持续影响观众对于少数群体和社会不平等的感

---

① Xu D, Fan S, Kankanhalli M. Combating misinformation in the era of generative AI models [C]// Proceedings of the 31st ACM International Conference on Multimedia. ACM, 2023: 9291-9298.

② 甘肃公安. 挖呀挖，甘肃公安侦破首例利用AI人工智能技术炮制虚假信息案！[EB/OL]. (2023-05-07)[2023-12-24]. https://mp.weixin.qq.com/s/_Wfe-EV13O6uBM65jZDzdg.

③ 北京商报. 中国信通院启动大模型技术及应用基准工作[EB/OL]. (2023-03-28)[2023-12-24]. https://baijiahao.baidu.com/s?id=1761601917876252249&wfr=spider&for=pc.

④ Ladwig C, Schwieger D. An eye toward the softer side of CC2020 Computing Curricula: Professional, legal, and ethical artificial intelligence issues [J]. Information Systems Education Journal, 2024, 22(1): 53-88.

⑤ Chen C, Fu J, Lyu L. A pathway towards responsible AI generated content [J/OL]. arXiv preprint arXiv, 2023: 2303.01325. [2023-12-30]. https://arxiv.org/abs/2303.01325.

知^①。不仅如此，由于AI生成的女性肖像常被非法用于色情视频，由此引发的物化女性身体行为与异性恋霸权将进一步促成这类算法偏见的肆虐。^②对此，许多学者主张遏制 Deepfakes 等性别歧视应用，以促进女权主义人工智能的发展^③，并指出企业应将负责任的人工智能实践纳入所有 AIGC 相关项目，在系统开发、数据收集、建模、预处理和后处理等各个环节采取可能的缓解措施^④。同时，应赋予信息接收者知情权^⑤，并为计算机和管理信息系统专业的学生开设相关课程^⑥。在业界，也有一些企业呼吁在工作场所谨慎使用人工智能生成工具^⑦，欧洲议会也开始要求公开人工智能做出的可解释的决定，以解决算法黑箱的问题^⑧。我国也在积极探索符合各行业特点的自律规范。以支付行业为例，中国支付清算协会于 2023 年 4 月 10 日发布了《关于支付行业从业人员谨慎使用ChatGPT等工具的倡议》，倡议支付行业从业人员依法依规使用ChatGPT等工具，不上传敏感信息，提高风险防范和数据保护意识。^⑨

---

① Liu Z, Li Y, Cao Q, et al. Transformation vs tradition: Artificial General Intelligence (AGI) for arts and humanities [J/OL]. arXiv preprint arXiv, 2023: 2310.19626. [2023-10-30]. https://arxiv.org/abs/2310.19626.

② Ladwig C, Schwieger D. An eye toward the softer side of CC2020 Computing Curricula: Professional, legal, and ethical artificial intelligence issues [J]. Information Systems Education Journal, 2024, 22(1): 53-88.

③ Ladwig C, Schwieger D. An eye toward the softer side of CC2020 Computing Curricula: Professional, legal, and ethical artificial intelligence issues [J]. Information Systems Education Journal, 2024, 22(1): 53-88.

④ Chen C, Fu J, Lyu L. A pathway towards responsible AI generated content [J/OL]. arXiv preprint arXiv, 2023: 2303.01325. [2023-12-30]. https://arxiv.org/abs/2303.01325.

⑤ Zeng R. The power relations of photography in the algorithm age: From digitization to AI generation [J]. Highlights in Art and Design, 2023, 4(2): 80-84.

⑥ Ladwig C, Schwieger D. An eye toward the softer side of CC2020 Computing Curricula: Professional, legal, and ethical artificial intelligence issues [J]. Information Systems Education Journal, 2024, 22(1): 53-88.

⑦ BlackBerry. 75% of organizations worldwide set to ban ChatGPT and generative AI apps on work devices [EB/OL]. (2023-08-08)[2023-12-24]. https://www.blackberry.com/us/en/company/newsroom/press-releases/2023/75-percent-of-organizations-worldwide-set-to-ban-chatgpt-and-generative-ai-apps-on-work-devices.

⑧ Friend T. How frightened should we be of A.I.? [EB/OL]. (2018-05-07)[2023-11-19]. https://www.newyorker.com/magazine/2018/05/14/how-frightened-should-we-be-of-ai.

⑨ 中国支付清算协会. 关于支付行业从业人员谨慎使用ChatGPT等工具的倡议 [EB/OL]. (2023-04-10)[2023-12-24]. https://www.pcac.org.cn/eportal/ui?pageId=598261&articleKey=617041&columnId=595085.

第三节　人类艺术的边界

以算法技术为代表的人工智能科学已经独特地改变了人类的传播行为和审美过程，在生产和管理我们的传播信息与共享文化方面发挥着关键作用。它们决定我们的问题是如何被回答的，决定我们看到哪些内容，决定我们将接收到什么广告，并由此打造我们的个人和专业网络。人文和艺术传统对上述技术主义倾向存在天然的警惕，在很长一段时期，艺术界都在排斥"测量""计算"等概念和方法。2014年百度通过大数据预测《黄金时代》票房失利似乎也证明了艺术之于数据科学的独立性。但随着人工智能技术的迭代提升，其在电影等艺术行业的应用日渐多元，在艺术行业的生产、接收和文化共享过程中也发挥着日渐重要的作用。在学术界，有关机器生产内容能否以及如何生成瓦尔特·本雅明（Walter Benjamin）理论体系中的"灵韵"的讨论持续增多，人们不禁思考，如果艺术不再是人类所独有的精神活动，我们又该如何理解其本真性和膜拜价值？

以算法为代表的人工智能系统进入艺术行业，将人类的思维、行为和表达融合到大数据和大规模计算的逻辑之中，进而改变了"文化"这一类别长期以来的实践、体验和理解方式。这个过程不应该仅以技术系统的尺度来加以认识和解释，而必须放到与社会文化相互型构的角度予以细致观察。首先，社会文化型构意义上的算法，带来技术人工物主体地位辨析的问题。如果电影等艺术作品日益被看作是一种数据库式的生产方式，这在某种程度上也是算法能够介入艺术生产的前提条件，那人类是否将不再享有作为艺术生产者、评论者或阐释者的专属权？算法进一步以非物质介质的形式渗入创意性工作的核心，虽然目前算法更多地呈现出优化工具的特性，但是自动化生产的愿景却让"人机互为尺度"[①]取代了人类是万物尺度的唯一性。

其次，算法的可供性也让视听艺术作品日益转变为算法奇观和数据景观，让观众被禁锢的程度进一步提高。安德烈·巴赞（André Bazin）借用"本体论"这一哲学术语，在《摄影影像的本体论》一文中提出"摄影的美学潜在特性在于揭示真实"。巴赞认为，在摄影机的镜头下，原物体与它的再现物之间只有一个无生命的实物在发生作用，其本质上的客观性使影像可以无限接近现实世

---

① 彭兰.人与机器，互为尺度[J].当代传播，2023（1）: 1.

界。①但是算法似乎给原物体和再现物之间构建了一个准智慧主体，使其更多呈现出对奇观的刻画能力和美学偏好。

如果说"侏罗纪公园"系列中的恐龙，是从古生物学家找到的恐龙化石的细节出发构建出来的模拟客观世界的影像画面，那么22年后重启的"侏罗纪世界"系列，已经不再满足于复制和还原原生恐龙。电子动画总监约翰·诺兰（John Nolan）和他领导的生物特效团队在该系列终章《侏罗纪世界3》中增加了10种从未在前作中出现过的恐龙。创造新"景观"的"侏罗纪世界"并不完全是居伊·德波（Guy Debord）所批判的那个由资本家操控的"景观社会"，对于已经很难离开算法渲染等一系列数码特效技术的电影行业来说，它更像是一种"算法景观"。"算法景观"指的是：当算法绘制的虚拟形象越来越远离人的"直接经历"时，它所营造的华丽景观只是一种脱离现实世界的"表现"（representation）。②这些虚幻的影像可能会让观众磨灭自己的真实需要，产生虚假的欲望，而这些欲望又会继续支配生产，将观众俘获在算法景观之中。

艺术行业在进一步将算法引进生产、分发和文化共享的过程中，不得不更加严肃地面对人与非人、文化与计算结合在一起的"社会技术的集合体"对艺术表达的影响。在这个过程中，技术提高生产效率的能力毋庸置疑，但如果我们将视听艺术看作具有审美价值和道德价值的精神作品，技术是否能够被委以凝聚社会和追求本真的文化功能，值得持续而审慎地观察。当然随着技术的大潮奔涌前行，拆毁机器的卢德主义并不可取，重要的是在深入理解技术和艺术的基础上，让技术的部署更加利于人类自由和尊严的表达和追求。

---

① 巴赞.电影是什么？[M].崔君衍，译.北京：文化艺术出版社，2008：5-13.
② 董金平，蓝江.智能算法下的电影文化[J].电影艺术，2020（1）：42-49.

第五章　智能内容分发：信息茧房与数字公共领域

　　智能内容分发的历史可以追溯到 20 世纪的信息检索和个性化服务。在面对数量繁多的文本和数字资源时，人们难以有效地找到正确的信息来理解问题或做出决策。20 世纪 90 年代中期，当研究人员开始探索预测用户需求和应对信息过载的新方法时，智能内容分发系统（即推荐系统）作为一门独立的学科出现了。[①]

　　算法推荐和信息过滤等自动化系统已极大地改变了人类传播和接收信息的模式。在新媒体环境下，算法分发的更多是碎片化、个性化的信息，而不是新闻，算法推荐机制可能产生对新闻专业主义和公共性的解构。算法短视、算法黑箱加深了用户偏见，可能会导致信息茧房和群体极化效应，进而造成人与人之间的区隔。

第一节　智能内容分发的发展历程与行业应用

　　通过预测用户对没有接触过的物品的评价，人工智能技术可以向特定用户组推荐特定的物品，或者为特定物品推荐特定的用户。[②]根据不同的推荐策略，目前主流的算法推荐分为三种：基于内容的推荐、基于协同过滤的推荐和基于时序流行度的推荐。[③]

---

① Liu X J. An improved clustering-based collaborative filtering recommendation algorithm [J]. Cluster Comput, 2017(20): 1281-1288.

② Adomavicius G, Tuzhilin A. Toward the next generation of recommender systems: A survey of the state-of-the-art and possible extensions [J]. IEEE Transactions on Knowledge and Data Engineering, 2005, 17(6): 734-749.

③ 赵瑜. 人工智能时代的新闻伦理：行动与治理[J]. 人民论坛·学术前沿，2018（24）：6-15.

一、智能推荐算法的类型

基于内容的推荐（content-based recommendation）是在推荐引擎出现之初应用较为广泛的算法。此类推荐机制的核心思想是根据用户过去喜欢的物品推荐相似的物品。具体而言，用户的品味、偏好和需求信息通常是算法通过分析他们之前的行为获得的，而一件物品的概况信息（如类型、主题、流行程度或发布日期）常常是通过特征提取与计算得出的，如果有待选物品的概况信息与某个用户的品味匹配度最高，那么这些物品就会被推荐给该用户。[①]举例来说，如果一位用户过去阅读了很多关于人工智能主题的书，那么基于内容的推荐算法可能会为该用户推荐科幻小说。此类推荐机制的优势在于它能很好地建模用户的喜好并为其提供精准的推荐，但由于推荐质量对物品模型的完整度和全面程度依赖性较强，且对于物品相似度的分析也往往仅依照物品本身的特征而未考虑人对于物品的态度，基于内容的推荐始终具有一定的局限性。另外，新用户"冷启动"的问题始终是该类推荐系统的阿喀琉斯之踵——过往评价数据较少的新用户收到的推荐常常是不可靠或不合适的。基于内容的推荐已在电影、音乐、图书的社交站点中实现广泛应用，如在线音乐电台服务提供商潘多拉的"音乐基因组计划"便是将每一首歌根据400种不同的属性进行打分，建立一个包含所有歌曲属性的数据库。如果用户表示自己喜欢某一首歌，算法便会自动寻找与这首歌的"基因"相同的歌曲进行推荐。

随着互联网技术持续发展，用户参与和用户贡献的比重日渐提升，为优化智能推荐的质量，协同过滤推荐（collaborative filtering recommendation）应运而生。其核心思想在于假设人以类聚，有着相似行为的用户也有着相似的需求和偏好。因此，协同过滤推荐机制的输入信息为"用户—物品"评分矩阵，输出信息为用户对某个物品喜欢或不喜欢程度的预测数值，可以分为三个子类：基于用户的推荐（user-based recommendation）、基于项目的推荐（item-based recommendation）和基于模型的推荐（model-based recommendation）。基于用户的协同过滤推荐要求算法首先找到与目标用户相似的"邻居"用户群（neighbor users）[②]，然后根据相邻用户的喜好为目标用户推荐内容。基于物品的

① Shu J, Shen X, Liu H, et al. A content-based recommendation algorithm for learning resources [J]. Multimedia Systems, 2018, 24(2): 163-173.
② Gong S. A collaborative filtering recommendation algorithm based on user clustering and item clustering [J]. Journal of Software, 2010, 5(7): 745-752.

114

协同过滤推荐的原理与前者相似，主要依据目标用户已经评价过的物品推荐类似用户历史偏好的新物品。这一类型的协同过滤算法具有广泛的应用场景，亚马逊、Netflix、YouTube等平台都采用该算法作为其推荐机制的基础。与以上两种基于记忆的推荐算法不同，基于模型的协同过滤推荐算法需要先针对样本用户的喜好信息训练出一个推荐模型，然后利用该模型对实时用户喜好进行预测。这一方法整合了前两种算法的优点，不仅有助于用户共用他人的经验，还不要求用户对于物品的描述是机器可理解的。但其局限性也较为明显，如新用户"冷启动"问题仍未得到解决；当用户—物品评价矩阵稀疏时，系统推荐的准确性将明显降低；数据库中用户和物品评价数据的积累将持续增加计算的时间和成本[1]，因此需要不断提高系统计算能力，这也是协同过滤推荐算法面临的关键挑战。

基于时序流行度的推荐算法（popularity-based recommendation）将单位时间的瞬时点击率等动态特征作为考量因素，很好地解决了内容"冷启动"问题。它通常应用于新闻、社交媒体等领域，能够推荐当前流行或者是即将流行的内容。基于流行度的算法在用户偏好与流行趋势较为一致的领域表现出较好的适用性。在这些领域中，流行度可以作为实用性、质量或兴趣的有效参考指标。然而，这种算法的局限性在于无法有效地迎合用户的个性化需求，尤其是当用户的品味与大多数人迥异时。此外，这种方法会重复推送同类信息，造成受众信息疲劳。

二、组合推荐系统

现行互联网平台的推荐算法往往都不只采用了某一种推荐的机制和策略，而是将多个方法混合在一起，形成一种组合推荐（hybrid recommendation）系统以达到更好的推荐效果。其中，相对常见的方法有四种[2]。

（1）加权混合（weighted hybrids）：采用线性公式将几种不同的推荐系统按照一定的权重进行组合，具体权重的值需在测试数据集上反复试验直至达到最佳推荐效果。

[1] Sharma S, Rana V, Malhotra M. Automatic recommendation system based on hybrid filtering algorithm [J]. Education and Information Technologies, 2022, 27(2): 1523-1538.
[2] Jannach D, Zanker M, Felfernig A, et al. Recommender Systems: An Introduction [M]. Cambridge: Cambridge University Press, 2011: 134-140.

（2）切换混合（switching hybrids）根据具体情况采取最为合适的机制来计算不同情况下的推荐。对不同的数据量、系统运行情况、用户数量和项目数量采用不同的推荐系统。

（3）分区混合（mixed hybrids）使用多种推荐机制，在不同的用户界面展示不同技术的推荐结果。亚马逊、当当网等很多电子商务网站都使用了这样的机制，在熟悉界面后，用户可以获得相对全面的推荐，也更容易找到自己需要的内容。

（4）级联混合（cascade hybrids）定义了一个严格的分层结构推荐系统。主推荐系统将首先产生初级结果，之后再基于技术顺序通过次级模型解决初级结果的遗留问题，因此每个后续推荐都是对前序推荐的完善。

（5）元层级混合（meta-level hybrids）的工作原理是贡献模型向主推荐模型提供增强的数据集，也即将从贡献模型中学习到的模型作为主推荐模型的输入。

另外，人工神经网络和深度学习的兴起正在促使智能推荐系统日渐走向基于机器学习的建模系统。以YouTube平台用于视频推荐的落地模型YouTube DNN为例，作为知名视频平台，YouTube的百亿级视频内容规模无法应用在小规模数据中有效的推荐算法，不仅如此，由于YouTube平台每秒都会有大量的视频上传，新用户的"冷启动"问题也无法避免，甚至因为用户在YouTube平台上的行为数据往往是稀疏且不完整的，用数据进行训练的时候通常会夹杂很多噪声。基于此，研究人员提出了一个两阶段的解决方法：在候选生成（candidate generation）阶段，系统首先基于视频观看历史、搜索问题记录和人口统计特征自动匹配用户与百万级大规模的候选视频，得到百级的视频候选，并筛选出与用户兴趣相关性较高的结果；在候选排序（candidate ranking）阶段，依据更多特征对这一百级粗个性化结果进行精准个性化排序[1]。在这之后，谷歌于2016年提出的Wide & Deep架构将浅层模型和深层模型组合起来，开启了DNN模型特征的交叉时代[2]；华为诺亚方舟实验室于2017年提出的模型DeepFM

---

[1] Covington P, Adams J, Sargin E. Deep neural networks for Youtube recommendations [C]// Proceedings of the 10th ACM Conference on Recommender Systems, 2016.

[2] Cheng H, Koc L, Harmsen J, et al. Wide & deep learning for recommender systems [C]//Proceedings of the 1st Workshop on Deep Learning for Recommender Systems, 2016.

对Wide & Deep模型进行了改进，极大地提高了模型训练速度[①]；阿里于2018年提出的点击率预估模型DIN进一步拓展了注意力机制在推荐算法中的应用[②]；微软亚洲研究院2022年构建的新型用户模拟器MINDSim则针对新用户的生成和行为模拟问题，使用生成式对抗网络构建了一个隐藏空间，然后通过从这个隐藏空间采样来生成新用户，从而高质量地模拟真实用户的行为[③]。

三、智能推荐算法的行业应用

大数据算法最初应用于商业平台，如新闻聚合平台Google news、今日头条、网易新闻和社交媒体Twitter、Facebook、微博、知乎、抖音等。这些媒体通过大数据算法对各类信息进行个性化分发，满足用户多元化的信息需求。

（一）Netflix：用户行为数据收集与算法推荐

Netflix主页上的个性化推荐算法能够帮助用户根据自己的观看习惯和相似用户的行为发现其他值得观看的视频，从而有效提高观看效率。[④]Netflix在论文中介绍，这一推荐系统采用了以下几种核心算法。[⑤]

（1）个性化视频排名（Personalized Video Ranker，PVR）：每个会员的Netflix主页通常可以呈现40行、每行最多75个视频。虽然这些数字因设备而异，但给定行的视频通常来自单一算法，也即属于同一类型，而PVR的作用便是对这些视频子集进行排序，使之以个性化的方式在用户主页表现出不同的行顺序。

（2）Top–N视频排名器（Top–N video ranker）：这一算法主要在主页右侧的Top Picks行中生成推荐，相比PVR对子集进行排名，Top N只关注各类子集的头部数据，目的是在所有推荐序列中优中选优，为每个用户找到最合适的内容。

---

① Guo H, Tang R, Ye Y, et al. DeepFM: A factorization-machine based neural network for CTR prediction [J/OL]. arXiv preprint arXiv, 2017: 1703.04247. [2021-12-30]. https://arxiv.org/abs/1703.04247.

② Zhou G, Song C, Zhu X, et al. Deep interest network for click-through rate prediction [C]//Proceedings of the 24th ACM SIGKDD International Conference on Knowledge Discovery & Data Mining, 2018.

③ Luo X, Liu Z, Xiao S, et al. MINDSim: User Simulator for news recommenders [C]//Proceedings of the ACM Web Conference 2022, 2022.

④ Lamkhede S, Kofler C. Recommendations and results organization in Netflix search [J]. arXiv preprint arXiv, 2021: 2105.14134.

⑤ Gomez-Uribe C A, Hunt N. The Netflix recommender system: Algorithms, business value, and innovation [J]. ACM Transactions on Management Information Systems (TMIS), 2015, 6(4): 1-19.

（3）近期趋势（trending now）：由于当前热门内容是预测用户观看行为的有效因子，Netflix将这一算法纳入平台推荐系统，用户可以在节日、纪念日或者重要事件发生时在主页看到相关视频的推荐。

（4）持续观看（continue watching）：持续观看与完播率在一定程度上反映了该视频对于用户的吸引程度。基于此，Netflix的推荐算法综合考虑了用户上次观看时的使用行为，对用户最近观看的标题进行排序，以便利用户的选择。

（5）基于观看历史的推荐（video-video similarity）：这一推荐形态即为前文所述的基于物品的协同过滤推荐。Netflix平台将首先计算新视频与用户历史观看视频的"相似度"，然后将相似度较高的视频推送到其主页。

（6）页面生成（page generation）：基于上述算法，Netflix通常会对每个用户都生成一个上万行的推荐结果集合，如何将这些结果收缩到40行内并同时保障视频的相关性和多样性同样需要算法的帮助。

（7）证据信息（evidence）：为使用户能够依据具体的推荐理由来判断平台推荐的视频是否适合他，Netflix还在页面中对推荐理由进行了展示，将根据算法评估的最利于帮助用户做出判断的理由显示在页面的固定区域。

（8）搜索（search）：据统计，Netflix平台上80%的用户选择受到了推荐系统的影响，其余的20%来自用户主动搜索。基于此，Netflix还在搜索页面综合使用信息检索及相关技术为用户提供最相关的结果，帮助Netflix赢得"关键时刻"，即当一个用户访问Netflix时能够在几秒钟内就找到他感兴趣的视频，以免他去浏览其他网站。

总体而言，Netflix推荐系统是算法介入人类经验的典范，不仅能够将人类的文化信息转化为数据，还能通过算法的基础结构促使人类产生文化体验。这一"黑箱式"的过程激发了社会科学研究者的兴趣。有学者对Netflix推荐系统进行了社会技术分析，发现了隐藏在算法背后的四种品味逻辑——数据化、重构、互称和复制，它们以算法客观性（algorithmic objectivity）、用户代理（user agency）和后人口经验（post-demographic experiences）为幌子[①]，将推荐系统从程序性的机器转变为自我生成的机器，在与用户、机构和平台基础设施的互动

---

① Cohn J. The Burden of Choice: Recommendations, Subversion, and Algorithmic Culture [M]. New Brunswick: Rutgers University Press, 2019.

中构建独特的文化品味。①

（二）抖音：去中心化的多层次叠加推荐系统

抖音是字节跳动于 2016 年 9 月推出的移动短视频平台。用户在该平台上发布的内容涵盖了视频博客、新闻简报、自制情景喜剧、广告等多种类型，长度自 15 秒到 15 分钟不等。《2020 抖音数据报告》显示，截至 2020 年 8 月，抖音的日活跃用户数已经突破 6 亿，成为中国最大的短视频平台。②基于目前广泛应用的智能推荐算法，抖音平台主要采用了 3 种推荐算法。

1. 基于用户画像的协同过滤推荐

为了解用户的需求和期望，抖音的协同过滤算法首先根据用户的人口统计学特征（如其性别、年龄、收入、教育程度、就业等）以及他们的点赞、分享、转发、评论等媒介行为创建用户画像。当新用户完成抖音账号注册，并通过手机号或其他第三方账号登录时，推荐系统便会快速处理现有数据，对用户的基本信息进行评估，随后通过协同过滤算法筛选出与之相似的用户喜欢的视频，并将其中点击率和评论数较高的视频在该用户的主页进行推送。为将"冷启动"的风险降到最低，抖音的智能推荐系统还将根据用户的最新浏览行为实时更新用户的概况信息。因此，用户在抖音上花的时间越长，算法就越能理解他们。③

2. "去中心化"的推荐

抖音的智能推荐系统也表现出"去中心化"的特征，即每个用户上传的视频都有获得同等关注的机会。④与微信公众号"粉丝越多、流量越大"的推荐机制不同，抖音视频的播放量取决于每条视频的具体内容。系统将为所有作品提供一个流量池，并在一定的时间内根据该作品在流量池中的表现（如点赞量、评论量、转发量、完播率等）分配二次传播的流量。

3. 多层次叠加的推荐

如上所述，当算法在对抖音作品进行第一次推荐时，会按照账号的权重分

① Gaw M F I. Algorithmic logics of taste: Cultural taste and the Netflix recommender system [J]. Media, Culture & Society, 2022, 44(4): 706-725.

② 2020 抖音数据报告 [EB/OL]. [2023-06-24]. https://lf3-static.bytednsdoc.com/obj/eden-cn/uj_shpjpmmv_ljuhklafi/ljhwZthlaukjlkulzlp/data_reports/2020_douyin_data_report.pdf.

③ Zhao Z. Analysis on the "Douyin (Tiktok) Mania" phenomenon based on recommendation algorithms [C]//E3S Web of Conferences, 2021.

④ 马修布伦南. 字节跳动：从 0 到 1 的秘密 [M]. 刘勇军，译. 长沙：湖南文艺出版社，2021：19.

配 200—500 不等的流量；倘若被推荐的作品反馈较好，算法便会自动开启对于该作品的二次推荐，此时每个视频可能会有 1000—5000 不等的流量；倘若第二次推荐的反馈仍然不错，算法就会继续向该视频分配几万至几十万的更大流量。一般来说，如果一条抖音视频能够在发布后一小时内达到播放量高于 5000、点赞量高于 100、评论超过 10 个，就有可能得到下一级流量的推荐机会。另外，这一多层次的叠加推荐系统将在视频上传后持续计算，倘若某一账号发布的视频在一个月内都未能超过某个定值，算法将对其后续发布的视频减少推荐。反之，如果某一账号发布的视频在短期内成为"爆款"，平台则会增加该账号的权重，对其后续发布的视频增加推荐。这一方式不仅有助于新晋视频创作者迅速获得反馈，还能督促创作者保持视频质量，以便获取更高的账号权重。

（三）人民号：党媒算法

算法推荐作为一种新型的内容过滤和分发机制，自动化地勾连了内容聚合与分发渠道，重塑了信息传播的逻辑框架。[1]随着新媒体形态的快速迭代，以及自由客户端的建设需求，传统围绕报刊和广播电视为中心进行生产并通过多渠道矩阵分发传播的模式难以适应越来越具有专业性的新媒体内容形式，因此主流媒体将智能推荐系统优化作为提升信息传播效率的路径之一。

2018 年上线的全国移动新媒体聚合平台"人民号"致力于"党媒算法"的实践运作，主流价值观引领智慧化传播。人民日报社副总编辑卢新宁在"人民号"发布会上对"党媒算法"概念做出解释："我们高度重视算法，正在研究如何通过'党媒算法'，实现海量内容与个性化需求的匹配效率……我们认为任何算法都不应该抽离价值，都应是在主流价值驾驭之下的。"[2]由此可见，"党媒算法"旨在构建主流价值下的新媒体生态，在运用算法逻辑的同时又不流于商业逻辑中快销体推送，体现了中央级媒体价值引领的社会责任担当。

2019 年《人民日报》推出了基于机器学习建构智能推荐系统——"主流算法"。基于机器学习构建智能推荐系统，同时赋予机器以正向价值观，《人民日报》筑起了新的内容保护屏障。加入算法推荐之前，其客户端每天生产 1 万条

---

① 刘霞. 机器智能生产：媒介智能融合的溯源、特征与伦理挑战[J]. 中国广播电视学刊，2021（5）：19.

② 卢新宁. 主流媒体如何巩固主流地位——关于人民日报媒体融合实践的思考[J]. 新闻战线，2018（13）：6-8.

左右信息；加入算法推荐后，预计初期每天生产 5 万条信息，并向每天 10 万+
进发。

总体而言，党媒算法是在互联网平台积累的算法技术基础上，通过无监督
学习和有监督学习的结合，让推荐系统在主流媒体编辑方针的框架下，发挥传
播态势感知和回应的优势。类似的算法逻辑也在国内互联网平台有所应用，共
同探索互联网生态的平衡和谐发展之道。

第二节　智能内容分发引发的挑战：信息茧房、群体极化

自主决策是算法权力的核心[①]，算法推荐运作背后体现的是对信息选择的权
力让渡[②]，某种意义上，算法实际上成为一种新的议程设置机制，部分地取代了
媒体来引导舆论。技术的发展让传统的垂直差序模式的传播模式更多地转变为
平行传播节点之间的交互，而智能推荐系统显著地干预和建构人类生存的拟态
环境，进一步调节人与人之间的关系纽带。这满足了受众的使用需求，提升了
信息传播效率，但智能分发也影响了受众接触更加多元的信息和观点的可能性，
形成了差异化的传播网络圈层。因此部分学者担忧智能传播模式和社会心理机
制相结合催生了"信息茧房"效应，阻碍了人们更充分全面地触达真实社会的
信息环境。

一、推荐系统：议程设置的新主体

面对互联网和数字技术所构建的新型传播环境，一些学者也开始在新情境
下思考推荐算法对传统议程设置的影响。传统议程设置理论包含三个层面：第一
个层面，是客体议程的设置，或者说是设置公众注意聚焦的目标；第二个层面是
通过位置、篇幅等方式影响公众对于议程重要性的判断；第三个层面是设置议程
框架，通过选择、强调、排除和详述的方式凸显特定属性，并针对问题的界定、

---

① Diakopoulos N. Algorithmic accountability: Journalistic investigation of computational power structures [J]. Digital Journalism, 2015, 3(3): 398-415.

② 刘霞. 机器智能生产：媒介智能融合的溯源、特征与伦理挑战 [J]. 中国广播电视学刊，2021
（5）：16-19+64.

因果阐释和道德评估提供认知框架。[①]一些研究者认为传统议程设置已经失效，新闻业不再扮演把关人的角色，新闻的专业控制与大众参与的开放性之间产生了巨大的张力，组织化的新闻业逐渐扮演策展人的角色。[②]传统的"新闻机构—用户"模式逐渐被"新闻机构—平台媒体—用户"乃至"平台媒体—用户"模式所取代。这一转变揭示了媒体生态中新的权力格局和信息流动路径。[③]

算法不仅决定了信息的产生和呈现方式，还深刻影响了我们对信息的理解、认知和评价方式。[④]它决定了我们的问题是如何被回答的[⑤]；决定着我们要看的相关内容[⑥]；打造我们个人和专业的网络[⑦]；建议我们和谁约会，看什么节目；并且通过描述我们的行为来决定我们将接收到什么广告[⑧]。在某种意义上算法几乎可以被定义为机构，因为它们具有规范行为、影响偏好、引导消费、产生内容的能力。

作为议程设置的新兴力量，推荐算法是否具备承担相应社会责任的能力，确实值得我们深思。理论上，算法可以通过做出公正的分析和决定来减少人们的偏见和歧视，但人们越来越担心它们实际会复制并加剧人类社会的缺陷。2018年美国公民自由联盟批评亚马逊Rekognition人脸识别工具。经过测试表

① McCombs M E, Shaw D L. The evolution of agenda-setting research: Twenty-five years in the marketplace of ideas [J]. Journal of Communication, 1993, 43(2): 58-67.
② 仇筠茜. 新闻策展："微媒体"环境下突发新闻报道及伦理分析——以美国马拉松爆炸案报道为例[J]. 国际新闻界，2013，35（9）：123-130；陆晔，周睿鸣. "液态"的新闻业：新传播形态与新闻专业主义再思考——以澎湃新闻"东方之星"长江沉船事故报道为个案[J]. 新闻与传播研究，2016，23（7）：24-46+126-127.
③ 白红义. 重构传播的权力：平台新闻业的崛起、挑战与省思[J]. 南京社会科学，2018（2）：95-104.
④ Beer D. Power through the algorithm? Participatory web cultures and the technological unconscious [J]. New Media & Society, 2009, 11(6): 985-1002；Bucher T. Want to be on the top? Algorithmic power and the threat of invisibility on Facebook [J]. New Media & Society, 2012, 14(7): 1164-1180；Striphas T. Algorithmic culture [J]. European Journal of Cultural Studies, 2015, 18(4-5): 395-412.
⑤ Introna L D, Nissenbaum H. Shaping the Web: Why the politics of search engines matters [J]. The Information Society: An International Journal, 2000, 16(3): 169-185.
⑥ Gillespie T. The Relevance of Algorithms [M]//Media Technologies: Essays on Communication, Materiality, and Society. Cambridge, MA: The MIT Press, 2014: 167.
⑦ Hamilton K, Karahalios K, Sandvig C, et al. A path to understanding the effects of algorithm awareness [C]//CHI' 2014 Extended Abstracts on Human Factors in Computing Systems. ACM, 2014.
⑧ Bermejo S. Finite sample effects of the fast ICA algorithm [J]. Neurocomputing, 2007, 71(1-3): 392-399.

明，对于肤色较深的人，Rekognition 的识别效果较差。谷歌所研制的图像标注系统曾错误地将黑人标记为"大猩猩"①，这就不得不让人们对算法强化社会原有偏见的可能性充满忧虑。如果不破除机器或者说算法价值中立的迷思，并辅以算法纠偏机制，那么智能机器系统可能产生的错误和伤害就绝不比人类少。就像基础设施一样，算法嵌入社会技术结构中并在越来越多的场景中为人类做出判断，但这种判断的伦理来源或意义通常是不清晰的。②算法偏见的来源十分复杂，其中之一在于规则的代码化所带来的不透明、不准确、不公平、无法审查等问题。③被广泛使用的算法不仅缺乏普遍的审查，而且几乎缺乏支配所有其他方面生活所需的规则和保障措施：适当的监督、制衡、上诉、正当程序以及被遗忘权。

尽管推荐算法能很大程度上降低受众的认知负荷，解决受众的多样化需求，但是，当使用者习惯了这种被规范的行为模式时，算法实际上就削弱了人类的自主性。有学者指出，人工智能正在不断替代人的主观选择，一种自动化公共领域正在影响所有的社会生产结构。④传统公共领域注重的独立理性精神被淹没在算法推送当中，个性推荐可能意味着人们丧失接触多元性内容、主动找寻信息的机会。在社会学的研究脉络下，跨领域信息的接触被视作民主制度的重要保证，它意味着个体有机会接触到与自己观点相左的信息，这是理性行使自身社会责任的基础。而算法也被认为是网络极化观点的催化剂和放大器，对社会体制有切实的负面影响。

二、信息茧房和过滤气泡

算法智能推荐所导致的受众所接受的观点窄化问题被形象地概括为信息茧房，有学者指出信息茧房是算法、大数据推荐等大众传播技术和"我们只听

① Sandvig C, Hamilton K, Karahalios K, et al. When the algorithm itself is a racist: Diagnosing ethical harm in the basic components of software [J]. International Journal of Communication, 2016(10): 4972–4990.
② Star S L, Ruhleder K. Steps toward an ecology of infrastructure: Design and access for large information spaces [J]. Information Systems Research, 1996, 7(1): 111-134.
③ 曹建峰.人工智能：机器歧视及应对之策[J].信息安全与通信保密，2016（12）：15-19.
④ 崔保国，王竞达.下一代互联网与未来媒体发展趋势[J].新闻与写作，2018（9）：45-48；陆小华.技术逻辑与传播逻辑如何在传播形态演变中交织[J].青年记者，2022（9）：78-80.

我们选择的东西和能愉悦我们的东西"①这种大众心理共谋的结果。信息茧房（Information Cocoons）最早由美国学者桑斯坦提出，意指在信息传播领域，人们只选择自己感兴趣和愉悦的内容。②"信息茧房"实质来源于人们的选择性心理，而"过滤气泡"（Filter Bubble）直接强调了搜索引擎对异质信息的过滤如何影响用户对世界的认知和交流方式。伊莱·帕里泽（Eli Pariser）在《过滤气泡：互联网没有告诉你的事》一书中提出"过滤气泡"的概念，意指搜索引擎的个性化推送为用户打造了一个网络泡泡，异质信息和观念被隔离在泡泡之外。③"信息茧房"与"过滤气泡"这两个概念均根植于一种算法逻辑，即通过分析用户过往的信息消费习惯，预测其当前及未来的信息接收行为。在我国的学术讨论领域中，"信息茧房"一词得到了更广泛的应用。

学界对该概念的后果与潜在风险进行了深入探讨，指出信息茧房可能引发"回声室效应"：用户持续接触与个人态度一致的信息，而与之相反的观点则被有效隔离，导致用户在一个封闭的信息环境中，对客观事实的认知发生偏误。彭兰认为信息茧房是用户角度"拟态环境"的一种表现，不利于人们更充分全面地接近真实社会的信息环境④；程士安等认为信息茧房容易加剧误解、放大假消息⑤；刘华栋指出以主观兴趣为基础的算法容易导致公共价值迷失⑥；李鹏飞指出"信息茧房"造成垂直领域的大型社群联盟结成，容易造成热点事件话题营销的病毒裂变式传播⑦。据此，学者们从优化算法、媒体责任、个人媒介素养三个方面对信息茧房的解决进行展望：首先，通过优化人工智能推荐算法、扩大数据挖掘以拓宽对用户信息需求的定义、增加优质信息资源配比、采用人工与智

---

① 陈昌凤，张心蔚. 信息个人化、信息偏向与技术性纠偏——新技术时代我们如何获取信息[J]. 新闻与写作，2017（8）：42-45.

② Sunstein C R. Infotopia: How Many Minds Produce Knowledge [M]. New York: Oxford University Press, 2006: 9.

③ Pariser E. The Filter Bubble: What the Internet Is Hiding from You [M]. New York: The Penguin Press, 2011: 10.

④ 彭兰. 更好的新闻业，还是更坏的新闻业？——人工智能时代传媒业的新挑战[J]. 中国出版，2017（24）：3-8.

⑤ 程士安，沈恩绍. 数字化时代组织传播理论的解释与重构——以科技进步与传播规律的演进为视角[J]. 新闻大学，2009（2）：119-124.

⑥ 刘华栋. 社交媒体"信息茧房"的隐忧与对策[J]. 中国广播电视学刊，2017（4）：54-57.

⑦ 李鹏飞. "充值"与"被充值"：汽车自媒体的传播伦理困境[J]. 当代传播，2018（3）：103-105.

能筛选相结合等方法让个性化推荐更为智能全面[①]；其次，从媒体责任角度优化公共信息服务，平衡个性化传播与公共性传播、个性满足与社会整合的关系[②]；最后，用户媒介素养要进一步提高，也是其中应有之义。

为了深入探讨信息茧房，一系列实证研究测量了人们在不同的社交平台上对跨领域信息的接触程度。令人意外的是，至今大部分研究并未证实推荐算法会形成信息茧房[③]。相反，有研究指出，与用户的主动选择相比，算法可能提供了更为广阔的视角。例如，一项研究通过分析必应工具栏收集的50000名美国互联网用户的网络浏览数据发现，通过社交媒体或网络搜索引擎获取的文章与意识形态隔离高度相关。同时，研究还发现，通过分布式途径访问的信息更有可能涉及跨领域内容[④]。这表明，推荐算法在主要推荐相似观点的同时，也增加了用户接触到相反观点的机会。这可能是因为算法工程师了解用户对可预测结果可能产生的厌倦感，从而在设计推荐系统时会偶尔加入一些随机内容。这意味着，当用户使用搜索引擎获取新闻时，他们可能会体验到"自动化的偶然性"（automated serendipity），即偶然接触到其他用户发布的新颖或相反的观点[⑤]。

关于"信息茧房"的形成与否仍存有争议，然而该概念在探讨由算法引发的诸多后现代征候问题时，确实提供了一种独特而深刻的分析视角。众所周知，算法排序与过滤机制通常基于用户的短期行为模式，而对这些算法预期输出结果的盲目信赖，无疑会引发一系列社会性问题。在此背景下，多样化的算法不断涌现，它们或替代或协助人类进行数据库的组织与调用工作，由此也暗示着算法正逐渐成为文化分配体系中的一个核心环节。

个体很难抗衡算法的力量。算法推荐系统通过影响个体的选择性接触信息

① 喻国明，兰美娜，李玮. 智能化：未来传播模式创新的核心逻辑——兼论"人工智能+媒体"的基本运作范式[J]. 新闻与写作，2017（3）：41-45.

② 彭兰. 更好的新闻业，还是更坏的新闻业？——人工智能时代传媒业的新挑战[J]. 中国出版，2017（24）：3-8；陈昌凤，张心蔚. 信息个人化、信息偏向与技术性纠偏——新技术时代我们如何获取信息[J]. 新闻与写作，2017（8）：42-45.

③ Barberá P. Social media, echo chambers, and political polarization [M]//Tucker J A, Persily N (eds.). Social Media and Democracy: The State of the Field, Prospects for Reform. Cambridge: Cambridge University Press, 2020: 34; Bruns A. Are Filter Bubbles Real? [M]. Cambridge: Policy Press, 2019.

④ Flaxman S, Goel S, Rao J. Filter bubbles, echo chambers, and online news consumption [J]. Public Opinion Quarterly, 2016, 80(S1): 298-320.

⑤ Fletcher R, Nielsen R K. Automated serendipity: The effect of using search engines on news repertoire balance and diversity [J]. Digital Journalism, 2018, 6(8): 976-989.

的习惯，与媒体平台的个性化信息分发机制相互作用，共同促成了信息获取过程中的个体结构性困境。这种困境不仅限制了个体接触多元信息的机会，还可能导致个体的认知窄化。群体的组织模式和交流方式也可能使之更容易被算法捕获，算法推荐不仅可能加剧群体内部的回音室效应，更使得同质化的群体变得更加封闭，进而加深了群体与外界的隔阂。

三、群体认同和群体极化

"群体极化"（group polarization）这一理论最初由美国学者詹姆斯·斯通纳（James Stoner）在 1961 年提出，其核心观点是，在群体决策环境下，人们的决策倾向可能比单独决策时更偏向于极端。这种现象表现为在集体讨论中，个体倾向于更加冒险或保守，从而背离最佳决策路径。[①]此后，桑斯坦在其著作《网络共和国》中进一步探讨了"群体极化"的概念，强调了群体内部原有倾向在集体互动中的加强作用，使得某种观点或态度在群体中形成显著的主导地位。[②]总体而言，群体极化的形成受到社会隔离机制的影响。社会隔离不仅从物理上，也在心理上隔离了群体内外成员，加剧了群体成员对外界信息的怀疑态度。在这种情境下，群体内部的讨论趋向于极化，因为外界的信息和观点往往受到群体成员的普遍质疑。

个性算法中介下的关系网络，隐含着阶层和人际隔离的意味。聚类分析算法的核心思想是"物以类聚，人以群分"，它依据用户分类和内容标签化，精准地捕捉网民的兴趣点，将相关内容聚合为类，并针对性地进行推送。[③]这些技术有效地协调利益，并使一种集体行动成为可能，但它们实质上未经同意就将人们聚集到群体中，促使人们和拥有相似观点的群体建立联系。

选择性信息接触的相关研究发现，接触态度一致性信息会对已有观点起强化作用。[④]态度一致性信息不会引起认知失调，因此更容易被理解和接受，从而

---

① Stoner J A F. A comparison of individual and group decisions involving risk [D]. Cambridge: Massachusetts Institute of Technology, 1961.

② 桑斯坦. 网络共和国：网络社会中的民主问题[M]. 黄维明，译. 上海：上海人民出版社，2003：47.

③ 范红霞，孙金波. 数据新闻的算法革命与未来趋向[J]. 现代传播（中国传媒大学学报），2018，40（5）：131-135.

④ Tewksbury D, Riles J M. Polarization as a function of citizen predispositions and exposure to news on the Internet [J]. Journal of Broadcasting & Electronic Media, 2015, 59(3): 381-398.

融入个体的认知框架之中。此外，这类信息通常被认为具有更高的可信度，这一看法会显著影响个体的信息选择和处理决策。① 当用户在信息检索和消费过程中受到推荐算法的协助时，选择性信息接触对已有观点的强化作用将得到进一步放大。

用户的搜索词选择以及由先前态度和偏好驱动的信息消费模式构成了算法系统的输入变量，使得算法能够更深刻地理解用户的选择偏好，从而提高个性化推荐的准确性。这种面向用户的准确推荐进一步增加了用户在平台上信息消费的可能性，诱导他们花费更多时间停留在该平台上。接着，用户对算法推荐的态度一致性信息的消费行为将为算法提供强化反馈，确认用户的偏好，进而增强推荐的个性化水平。通过用户与推荐算法之间的这种正反馈循环，推荐系统促进并进一步加强了个体的选择性信息接触行为。有试验研究指出，YouTube算法推荐的视频能够加强和深化个体的现有政治观点，但当个体基于社交圈而不是自己感兴趣的热门话题进行搜索时，算法的强化效果会受到一定的削弱。②

然而，个体搜索和信息消费的模式要比选择性接触理论所描述的更为复杂和微妙，正如上文所提及的，搜索引擎可能通过"自动化的偶然性"提高人们新闻消费行为的多样性③，且用户并不一定会回避反态度信息④。在这一背景下，防御性动机激发了个体进行选择性信息接触，鼓励他们寻找与自身现有态度一致的信息或新闻。⑤ 而准确性动机则驱使个体寻求高质量的信息，鼓励他们跨越意识形态的界限，积极获取来自政治光谱另一端的信息。⑥ 有研究通过对Facebook用户的信息接触进行量化研究，指出当用户通过Facebook推荐算法

① Miller A G, McHoskey J W, Bane C M, et al. The attitude polarization phenomenon: Role of response measure, attitude extremity, and behavioral consequences of reported attitude change [J]. Journal of Personality and Social Psychology, 1993, 64(4): 561.

② Cho J, Ahmed S, Hilbert M, et al. Do search algorithms endanger democracy? An experimental investigation of algorithm effects on political polarization [J]. Journal of Broadcasting & Electronic Media, 2020, 64(2): 150-172.

③ Fletcher R, Nielsen R K. Automated serendipity: The effect of using search engines on news repertoire balance and diversity [J]. Digital Journalism, 2018, 6(8): 976-989.

④ Beam M A. Automating the news: How personalized news recommender system design choices impact news reception [J]. Communication Research, 2014, 41(8): 1019-1041.

⑤ Iyengar S, Hahn K S. Red media, blue media: Evidence of ideological selectivity in media use [J]. Journal of Communication, 2009, 59(1): 19-39.

⑥ Garrett R K, Carnahan D, Lynch E K. A turn toward avoidance? Selective exposure to online political information, 2004–2008 [J]. Political Behavior, 2013(35): 113-134.

获得新闻，其极化效应并不像人们预想得那样严重，个体选择依旧发挥着重要作用。[①]

除了推荐算法促进的选择性信息接触行为以外，推荐内容的情绪化、极端化也是互联网舆论极化的重要原因。每个人都成为网络的一个节点，在关系和文化的作用下形成被大大小小圈子所分隔的网络社会。[②]有研究发现，这些小网络之间的信息流动往往依赖于中心节点之间的关联——复杂拓扑网络中的关键节点决定着信息的流量和流向，塑造着舆论的走势。而围绕这些节点所形成的意见社区中，那些能够激发社区气氛的"活跃分子"也显现出了对于意见气候和传播扩散的影响能力。[③]美国社会心理学家乔纳森·海特（Jonathan Haidt）指出，随着社交媒体将内容展示排序方式基于用户偏好的算法逻辑，情绪化、容易引起愤怒的帖子占据了优势地位，愤怒成为获取关注和人们参与的主要方式，这种趋势通过意见领袖在社交媒体上的点赞、转发得到强化，最终使得网络环境充斥着愤怒情绪。[④]

虽然算法逻辑并没有单方面地导致目前普遍在各国存在的政治意见极化现象，但主流媒体议程设置能力弱化、信息超载和注意力圈层碎片化效应叠加，客观上让算法推荐更好地捕获了个体和群体的注意力。个体的极端原子化生存和人类复数性存在的社会性构建起互联网技术特性的一体两面，智能推荐并未如预期般缓解其中的张力，而更可能是强化了其中个体和群体的行为惯性。个体注意力权及其被自动化内容推荐干扰，是分析算法伦理的重要起点，也是下一节将重点讨论的问题。

第三节　注意力权与数字公共领域

2021年12月31日，国家互联网信息办公室、工业和信息化部、公安部、

① Bakshy E, Messing S, Adamic L A. Exposure to ideologically diverse news and opinion on Facebook [J]. Science, 2015, 348(6239): 1130-1132.

② 彭兰. 网络的圈子化：关系、文化、技术维度下的类聚与群分[J]. 编辑之友, 2019（11）: 5-12.

③ 余红. 网络论坛舆论领袖筛选模型初探[J]. 新闻与传播研究, 2008（2）: 66-75+95.

④ Haidt J. Why the past 10 years of American life have been uniquely stupid [EB/OL]. (2022-04-11) [2023-06-17]. https://www.theatlantic.com/magazine/archive/2022/05/social-media-democracy-trust-babel/629369/.

国家市场监督管理总局联合发布《互联网信息服务算法推荐管理规定》①，强调算法推荐服务提供者应当告知用户"算法推荐服务的基本原理、目的意图和主要运行机制"，所有算法推荐服务的提供者，都应按照规定向用户提供"不针对其个人特征的选项"，并允许用户在后台一键关闭个性化推荐。这一规定的出台折射出智能推荐面临的技术伦理问题。有学者指出，算法伦理的核心原则应为算法人文主义，相关应用应以人为本，坚持公平正义。②但由于缺乏责任主体的地位，智能推荐系统在用户至上的技术追求和以人为本的技术哲学之间存在着不容忽视的矛盾。③信息传播场域呈现出后现代征候，如网络巴尔干化、群体极化等，使得社会认同尤其困难。而这些问题的起点，在于算法对于注意力的强大捕获能力。

一、价值迷失：注意力权的滥用

随着信息与通信技术的发展，我们已经处在一个信息爆炸的时代，信息过剩意味着注意力的相对匮乏。经济领域的研究者较早注意到了这一现象，提出了"注意力经济"理论，④将注意力作为一种具有经济价值的资源来加以开发利用。创造尽可能吸引注意力的信息产品成为以传媒业为代表的内容产业的行动纲领，并成为当前绝大多数互联网商业模式成功的基础。但日益丰富的数字活动正使越来越多的人丧失他们的关注能力。越来越多的学者对此表示焦虑，继而关注由注意力丧失或扭曲带来的认知超载现象。2010年一批欧洲学者起草的《在线生活宣言》呼吁我们保护、珍惜和培育人类的注意能力，并将其作为一项人类基本权力。

注意力在心理学中指心理活动对一定事物的指向和集中，具有指向性和集中性。注意力被认为是所有生物共有的能力，通常被认为是对某种刺激的选择。但并非所有注意活动都以外界刺激为条件，人类的注意力有时带有目的性和主

---

① 中国网信网. 互联网信息服务算法推荐管理规定 [EB/OL]. (2022-01-04)[2023-06-24]. http://www.cac.gov.cn/2022/01/04/c_1642894606364259.htm.

② 陈昌凤，吕宇翔. 算法伦理研究：视角、框架和原则 [J]. 内蒙古社会科学，2022，43（3）：163-170+213.

③ 陈昌凤，胡曙光. 让用户自主讲故事的互动新闻——从尼基·厄舍《互动新闻：黑客、数据与代码》一书谈起 [J]. 新闻记者，2018（10）：37-42.

④ Simon H A. Designing organizations for an information-rich world [M]//Computers, Communication, and the Public Interest. Baltimore, MD: The Johns Hopkins Press, 1971: 37-72.

动性。注意力是人类形成意向性的基础，是勾连认识主体和认识对象的中介，贯穿于我们的认知过程。主流的认知论和注意力模型认为，人在给定时间区间内对外界信号所能够给予的注意是有限的。注意力在各个认知对象之间的配置方式决定了知识获取的方向、结构和速率。[1]

注意力贯穿于我们信息活动全过程。信息交互的实现依赖于主体间的联合注意。联合注意指个体追踪另一个体的注意力而使二者同时注意某一事物的过程。[2]联合注意使经验共享成为可能，并被认为是语言产生的必要条件。这意味着人类的一切交往进程都始于联合注意的产生。注意力在构成关系自我的过程中发挥着基础性作用，是自主性和自反性的必要条件，也是参与感、责任感和意义感的重要基础。[3]

注意力权指权利主体在主体间的信息交互中自主支配自身注意力的权利，包括自主决定是否进入他人的注意空间并与之产生联合注意的权利；也包括权利主体付出其注意力换取信息资源或经济利益的权利，即注意力商品化的权利。注意力结构决定了我们对注意力的自主性是受限于环境的。注意不仅由主观目的引发，更通常地由外部刺激引起。注意力自主更多的时候表现为，当我们因外部刺激而产生注意时，自主地选择保持或中止注意。但过度频繁的刺激将使"前自主"的状态成为常态，在我们自主决断之前将我们引入新的注意活动，或者强行中断我们的持续注意。

前数字化时代，信息互动受限于物理时空，能够触及的互动主体数量和能够实现的互动频次均保持较低的限度。随着数字化转型的展开，超链接的社会现实表现出同步化、离域化和互联化的特征。这意味着信息活动可以触及越来越多的主体，互动频次也越来越高。我们暴露在了日益频繁的外部刺激之下。一方面，应激性注意活动日益取代能动性注意活动，这极大地侵犯了我们的注意力自主权，使我们在信息活动中陷入极度消极的疲劳感中。另一方面，碎片化的注意活动日益取代持续的注意活动。不连贯的信息造成语境的剥离和意义的不完整，这使通信过程的代价急剧增加并带来了主观失落感。正如肯尼斯·J.格根（Kenneth J.

---

① 汪丁丁. "注意力"的经济学描述[J]. 经济研究，2000（10）：67-72.

② Williams J H G, Waiter G D, Perra O, et al. An fMRI study of joint attention experience [J]. NeuroImage, 2005, 25(1): 133-140.

③ 弗洛里迪. 在线生活宣言：超连接时代的人类[M]. 成素梅，孙越，蒋益，等译. 上海：上海译文出版社，2018：13.

Gergen）所描述的，我们日渐迷失在需求、短信、指令和信息的过度流动中。[1]

注意力的结构特征和当前的技术—社会现实使我们不得不意识到，注意力权的实现更多地取决于对外部刺激的控制水平。因而对权利主体的保护应当更主要地通过防范侵权行为及明确义务主体义务的途径。滥用权利主体的注意力和强制权利主体注意或不注意应当被视为一种侵权行为。义务主体，特别是作为信息服务提供者的义务主体，应当遵循以下原则：（1）注意力最小化原则，即应当在信息交互的过程中提高效率，使得实现信息交互目的所消耗的注意力最小化；（2）有限后置的知情同意原则，出于信息交互的目的而引发权利主体注意时，须在有限的信息刺激后征得权利主体同意后方可继续进行；（3）基础的注意力管理，在提供信息服务时为权利主体提供基础的注意力管理服务，诸如提示以时间为衡量单位的注意力消耗，包括预计消耗和已经消耗的。

在当前互联网信息服务过程中，滥用权利主体注意力的行为普遍存在。众所周知的案例是抖音在用户界面中隐去时间栏的设计，使用户无法意识到注意力的消耗而长期沉溺于视频娱乐中。但一些信息服务提供商，基于对注意力经济规律的把握，已经意识到注意力资源粗放开发是效益低下的，并为用户提供注意力管理服务以提升注意力资源的开发效益。这包括YouTube的贴片广告在播放数秒后用户可以选择关闭或继续观看，部分商业媒体在其文章或信息服务前加注时间消耗预估。尽管这些行为基于集约化开发注意力资源的商业目的，但在客观上实现了对权利主体注意力权的维护，产生了良性的道德影响。当前应当在行业自律和行业实践的基础上寻求建立有效而通行的注意力保护机制，并逐渐使之规则化，进入位阶较低的法律法规中，产生强制效力。

二、权力的失衡：数字平台把关与数字鸿沟

个性化算法可能造成"割据式"的社群区隔[2]和"圈地式"的寡头垄断[3]，从而对公共性产生危害。平台作为一种可编程的系统，通过设置算法规则调节着多边主体的关系，影响着新闻内容、意见气候和社会关系的生产，帕梅拉·休梅克（Pamela Shoemaker）将这些平台称作"超级把关人"。在这个意义上，网络

[1] Gergen K J. Saturated self [J]. The Blackwell Encyclopedia of Sociology, 2007: 116.
[2] 钟瑛，邵晓. 技术、平台、政府：新媒体行业社会责任实践的多维考察[J]. 现代传播（中国传媒大学学报），2020, 42（5）：149-154.
[3] 林爱珺，章梦天. 全球数据资源争夺与风险防范[J]. 新闻爱好者, 2022（6）：13-18.

平台的把关不仅是信息的过滤和议题的形成，还涉及行动者如何在一个过程中通过可对话的社会性实践进行协作，以确定信息的相关性。平台是互联网公众塑造自我可见性的重要场域，传播的自主性和人际化激发了人们表达自我、维系情感的需求，也创造了沟通交流的生活化情境。①然而随着算法应用的日益深入，平台信息的可见性逐渐转变为被算法选中、加权和赋予的合法性。②这一权力关系的重建一方面源于平台对数据资源的垄断③，另一方面源于"向平台付费能提升算法可见性"的价值逻辑在算法设计阶段的内嵌④。二者融合共生，促使数字平台向"生态型垄断"演化⑤，进而构建平台数据化界面，重塑人们对于世界的认知方式，有可能造成不平衡的平台文化经济⑥。

具体而言，平台和用户有关可见性的争夺和适应表现在两个方面。从发布信息的从业者角度，算法迫使其职业行为与文化发生调整，从传统的"把关人"角色转变为"策展人"角色⑦，但其个人价值观也在算法设计和分发阶段持续影响平台信息的选择，对信息可见性产生影响⑧；对于接受信息的普通用户来说，当前的算法暂无法确保信息、理念和程序意义上的全方位透明⑨，甚至可能威胁

① 王晓红. 论网络视频话语的日常化[J]. 现代传播（中国传媒大学学报），2013，35（2）：133-136.
② O'Meara V. Weapons of the chic: Instagram influencer engagement pods as practices of resistance to Instagram platform labor [J]. Social Media+Society, 2019, 5(4): 2056305119879671.
③ 吕新雨，赵月枝，吴畅畅，等. 生存，还是毁灭——"人工智能时代数字化生存与人类传播的未来"圆桌对话[J]. 新闻记者，2018（6）：28-42.
④ 王茜. 批判算法研究视角下微博"热搜"的把关标准考察[J]. 国际新闻界，2020，42（7）：26-48；林凡，林爱珺. 打开算法黑箱：建构"人—机协同"的新闻伦理机制——基于行动者网络理论的研究[J]. 当代传播，2022（1）：51-55.
⑤ 陈兵，林思宇."数据+算法"双轮驱动下互联网平台生态型垄断的规制[J]. 知识产权，2021（8）：43-64.
⑥ 支庭荣，王特. 当价值观来敲门——算法生产内容的现状与未来[J]. 南方传媒研究，2018（3）：102-108+2.
⑦ 宋素红，常何秋子. 作为智能传播基础逻辑的算法及其创新与偏向——基于半结构化深度访谈的扎根理论分析[J]. 当代传播，2021（5）：20-25；王斌，顾天成. 智媒时代新闻从业者的职业角色转型[J]. 新闻与写作，2019（4）：29-36.
⑧ Lischka J A. Logics in social media news making: How social media editors marry the Facebook logic with journalistic standards [J]. Journalism, 2021, 22(2): 430-447；严三九，袁帆. 局内的外人：新闻传播领域算法工程师的伦理责任考察[J]. 现代传播（中国传媒大学学报），2019，41（9）：1-5+12.
⑨ 陈昌凤，吕宇翔. 算法伦理研究：视角、框架和原则[J]. 内蒙古社会科学，2022，43（3）：163-170+213.

用户私人信息保护，在隐私主体不知情的情况下被留存和使用[①]。"剑桥分析"
（Cambridge Analytica）事件便是一个典型例证。在这一事件中，Facebook 允许
第三方应用擅自收集用户的私人数据，并在未征得用户同意的情况下，将这些
数据用于政治广告。此事不仅暴露了用户数据隐私保护的脆弱性，更凸显了社
交媒体平台在管理用户信息方面承担的重大责任。

　　学者们进一步指出，数字时代的公共领域构建往往被视为一种乌托邦式的
理想。但现实情况是，这一领域的形成与运作深受社会结构、资源配置及技术
逻辑的制约。在数字化浪潮中，个体持续面临着权力运作的不平等问题。其中，
最为突出的便是数字鸿沟的产生[②]。数字鸿沟不仅体现在信息获取的不均衡，更
深刻地影响着个体在数字世界中的发声权和参与权。随着媒介技术发展，数字
鸿沟的演进呈现出由接入鸿沟到素养鸿沟再到智能鸿沟的发展历程[③]。算法对于
这三条数字鸿沟都有一定程度的加剧作用。在接入沟层面，以老年人为代表的
"数字难民"被进一步隔离[④]；在素养鸿沟层面，算法型构的信息茧房和封闭社群
限制了信息的多元化使用，成为数字不平等的另一重要景象[⑤]。另外在社会算力
日益扩张，技术生态日益闭环的背景下，一条新的智能鸿沟正在形成，主要表
现在两个方面。首先，算法正在成为社会技术基础设置的重要组成部分，对于
大数据的有限访问、数据资源的"马太效应"可能导致数字文化的新鸿沟[⑥]。用

① 陈堂发.互联网与大数据环境下隐私保护困境与规则探讨[J].暨南学报（哲学社会科学版），
2015，37（10）：126-130；顾理平.无感伤害：大数据时代隐私侵权的新特点[J].新闻大学，
2019（2）：24-32+118.
② Beer D. Power through the algorithm? Participatory web cultures and the technological unconscious [J].
New Media & Society, 2009, 11(6): 985-1002；潘忠党，於红梅.互联网使用对传统媒体的冲击：
从使用与评价切入[J].新闻大学，2010（2）：4-13；刘子蔵，李本乾.大数据伦理研究的争议
源起、核心议题和未来方向[J].新媒体与社会，2021（1）：21-31.
③ 钟祥铭，方兴东.智能鸿沟：数字鸿沟范式转变[J].现代传播（中国传媒大学学报），2022，
44（4）：133-142.
④ 彭兰.网络社会的层级化：现实阶层与虚拟层级的交织[J].现代传播（中国传媒大学学报），
2020，42（3）：9-15；王娟，张劲松.数字鸿沟：人工智能嵌入社会生活对老年人的影响及其
治理[J].湖南社会科学，2021（5）：123-130.
⑤ 周裕琼，杨洸，许广梅.新冠疫情中的数字代沟与健康代沟——基于2018年与2020年中国
家庭祖孙三代的问卷调查[J].新闻与写作，2020（10）：21-29；卜卫.数字素养与可持续性发
展[J].新闻与写作，2020（8）：1.
⑥ Boyd D, Crawford K. Critical questions for big data: Provocations for a cultural, technological, and
scholarly phenomenon [J]. Information, Communication & Society, 2012, 15(5): 662-679；陈小燕，
陈龙.数据殖民：算法传播与人文精神的消弭[J].中国编辑，2020（6）：36-41.

户在数字系统中留下数据和进行输入并不总是意味着重构和创造技术环境的尝试，人们可能仅仅是在现有的服务框架下接受系统的"安排"，交出数据已经成为获得文化体验的一种日趋"必要"的条件。其次，算法对于人类公共生活的深度参与能够以干预信息可见性的方式产生结构性不平等[1]，也可能导致人们在算法意识和管理方面产生数字参与鸿沟，威胁数字参与的公平性[2]。

三、交往理性的弱化：后真相时代的传播偏向

程序员设计的算法往往不受传统新闻伦理约束，这就破坏了新闻专业主义的行业传统和价值基础。算法推荐可能导致新闻偏向与虚假新闻的传播。作为个体的记者对道德行为有很强的责任感，但算法作为内容发送者的制度化，会引发专业新闻的各种伦理挑战。作为传统新闻学的"元话语"（meta-discourse），"真实""客观"和"民主"在数字时代的概念内涵的变化表明新闻学所面临的不仅是简单的观念更迭问题，更是整个研究范式的革新问题，这是因为围绕这三个概念组织和建立起来的话语体系几乎构成了传统新闻学的全部理论资源，而这些理论资源如今显然面临着解释力匮乏、合法性动摇的危机。[3]这在有些情况下意味着某些在传统新闻学体系中不言自明的命题，在推荐算法介入下部分或全部失去了合法性。用户基于个人情感和立场形成对事件的认知偏见，导致情感和信念在公共舆论中占据主导地位，从而形成"后真相"现象。2016年美国总统大选和英国脱欧呈现出明显的"后真相"特征：客观事实在形塑舆论方面影响较小，而诉诸情感和个人信仰则会产生更大影响。牛津词典还将"后真相"一词评选为2016年度词汇。有学者指出，"后真相"长期以来是一种政治现象，但在新闻行业结构转变的背景下，新闻传播领域的"后真相"时代获得了更为广泛的关注。[4]

"后真相"概念的出现是人们缺少对过去的主流媒体的信任与依赖，他们通过社交媒体所接触到的，对于新闻事实的报道的反应，更多地带有其既有原则

[1] 雷刚，喻少如. 算法正当程序：算法决策程序对正当程序的冲击与回应[J]. 电子政务，2021（12）：17-32.

[2] Klawitter E, Hargittai E. "It's like learning a whole other language": The role of algorithmic skills in the curation of creative goods [J]. International Journal of Communication, 2018(12): 3490-3510.

[3] 常江，田浩. 数字新闻学的理念再造与范式革新——基于在三个国家展开的研究[J]. 东岳论丛，2021，42（6）：171-180+192.

[4] 彭兰. 更好的新闻业，还是更坏的新闻业？——人工智能时代传媒业的新挑战[J]. 中国出版，2017（24）：3-8.

立场、固有意识形态的观点的呈现，因此缺失了共同认知、判定事实的基础的状态描述[①]，其主要表征是情绪的影响力超过对事实真相的寻求，以及"新闻—事实"纽带的断裂。数字时代的新闻生产实践正逐渐转向对"积极情绪"的激发和追求。与传统新闻相比，数字时代的新闻更加注重观众的参与和互动，呈现出更强的"介入性"[②]。

后真相时代来临的原因十分复杂，其中媒体传播形态与技术的演进[③]是重要的影响因素。研究指出，从传播技术特性出发，建立在"抢占个体注意力"逻辑上的智能推荐系统容易带来情绪化传播，碎片化的传播内容可能导致还原真相很困难，实时化内容生产加剧了真相挖掘和把关的难度。[④]在社会情绪操纵下的信息生产和传播所产生的群体分化，比信息茧房更令人担忧。[⑤]聚合型新媒体平台对用户的抢占有可能导致传统新闻机构因利润下降而被迫牺牲新闻的准确性、真实性以迎合受众口味。[⑥]

关于新闻媒体行业该如何应对后真相，迈克尔·舒德森（Michael Schudson）指出，我们仍然需要"不可爱的新闻界"，并指出真新闻应总是把真相放在首位，它不会让诚实的报道屈从于意识形态、政治鼓动或商业利益，甚至也不会迎合读者的口味，并提出了三条新闻质量的判定标准。[⑦]潘忠党指出，我们需要将重新建构新闻专业定位在"以事实界定真相"为内容的公共生活上，新闻界需要做的是将寻求、核查、鉴定事实和真相的过程置于公共讨论之中，重构交往的伦理规范。[⑧]

① 潘忠党，陆晔.走向公共：新闻专业主义再出发[J].国际新闻界，2017，39（10）：91-124.
② 常江，田浩.介入与建设："情感转向"与数字新闻学话语革新[J].中国出版，2021（10）：9-16.
③ 支庭荣，罗敏."后真相"时代：话语的生成、传播与反思——基于西方政治传播的视角[J].新闻界，2018（1）：54-59.
④ 彭兰.更好的新闻业，还是更坏的新闻业？——人工智能时代传媒业的新挑战[J].中国出版，2017（24）：3-8.
⑤ 史安斌，王沛楠.作为社会抗争的假新闻——美国大选假新闻现象的阐释路径与生成机制[J].新闻记者，2017（6）：4-12.
⑥ 支庭荣，罗敏."后真相"时代：话语的生成、传播与反思——基于西方政治传播的视角[J].新闻界，2018（1）：54-59.
⑦ 舒德森，周岩.新闻的真实面孔——如何在"后真相"时代寻找"真新闻"[J].新闻记者，2017（5）：75-77.
⑧ 潘忠党.在"后真相"喧嚣下新闻业的坚持——一个以"副文本"为修辞的视角[J].新闻记者，2018（5）：4-16.

第六章　智能交互技术：人机情感交互

人机交互不是一个新问题，当下普及的计算机辅助系统（如操作系统、办公软件）对大部分工种来说都不陌生，但随着机器的自动化和智能化程度不断提升，人工智能深度嵌入日常生活从而对人类生活的方方面面带来潜在的伦理挑战，这是智能时代人类需要正视的重要问题。

21世纪初，社交机器人得到了长足的发展，以成熟的团队成员的身份提供更高级别的功能。与此同时，传统工业机器人的外延被迅速打开，在人工智能技术赋能下，各种没有实体形象的"机器人"对社会的介入能力进一步提高，具身对话智能体（embodied conversational agents，ECA）、个人智能助理（intelligent personal assistant）、虚拟代理人（virtual agent）等新型机器人持续涌现，使得人机互动日渐走出单向的信息服务，向双向的情感交流迈进。让机器具备共情能力，甚至取代碳基生命体成为人类情感交互的对象，其中所蕴含的伦理挑战亟须得到正面回应。

第一节　人机情感交互的研究框架

作为一个多学科交叉的研究领域，人机情感交互的主要研究问题包括智能系统如何对人类情感进行感知与理解，人与智能系统之间的交互与协同会受到情感怎样的影响，以及如何利用情感设计智能系统以提升其能力等[1]。本节将聚焦人机情感交互的三个阶段，即建立信任、形成同伴关系、建立亲密关系展开探讨。

---

① 孙效华，张义文，秦觉晓，等.人机智能协同研究综述[J].包装工程，2020，41（18）：1-11.

一、人机信任

何为信任？这一概念并未在学者间形成广泛共识。有学者认为信任是一种行为意图①或类似于选择、判断、偏好的内部行动②，也有学者认为信任是人格的一面，它在生命初期进行发展，并在成年后保持相对稳定的状态③。但无论从何种角度理解信任，作为人际关系研究中的关键变量，其所关注的焦点通常是情感交互中的"关系"。有关人机交互的研究延续了这一特点，不仅将"信任"区别于"依赖"，指出人机信任是"用户认为机器人能够正确地执行一项功能或社会任务，但却不一定要依靠机器人去完成某项任务"④，还区分了与"信任"有关的不同名词的含义，如trustworthiness侧重于对潜在伙伴关系的可信度评估⑤，而credibility则侧重于对信源可信度的测量。

在试图量化人机互动中的动态信任之前，至少需要解决以下两个问题。第一，到底在测量什么类型的信任？有学者依照复杂程度，将人机之间的自动化信任归纳为倾向信任（dispositional trust）、情境信任（situational trust）和习得信任（learned trust）三个层次⑥，还有一些研究对"倾向信任"和"基于历史的信任"进行了区分。第二，如何测量信任？Hancock等学者通过元分析提出人机信任的影响因素模型，将影响人机信任的因素分为与人（human-related）、机

① Schoorman F D, Mayer R C, Davis J H. An integrative model of organizational trust: Past, present, and future [J]. Academy of Management Review, 2007, 32(2): 344-354；McKnight D H, Cummings L L, Chervany N L. Initial trust formation in new organizational relationships [J]. Academy of Management Review, 1998, 23(3): 473-490；Rousseau D M, Sitkin S B, Burt R S, et al. Not so different after all: A cross-discipline view of trust [J]. Academy of Management Review, 1998, 23(3): 393-404.

② Lewis J D, Weigert A. Trust as a social reality [J]. Social Forces, 1985, 63(4): 967-985；Riker W H. The Nature of Trust [M]//Social Power and Political Influence. New Brunswick: Transaction Publishers, 1974: 63-81.

③ Rotter J B. A new scale for the measurement of interpersonal trust [J]. Journal of Personality, 1967, 35(4): 651-665；Webb W M, Worchel P. Trust and distrust [M]//Psychology of Intergroup Relations. Chicago: Nelson-Hall Publishers, 1986: 213-228.

④ Gaudiello I, Zibetti E, Lefort S, et al. Trust as indicator of robot functional and social acceptance. An experimental study on user conformation to iCub answers [J]. Computers in Human Behavior, 2016(61): 633-655.

⑤ Schoorman F D, Mayer R C, Davis J H. An integrative model of organizational trust: Past, present, and future [J]. Academy of Management Review, 2007, 32(2): 344-354.

⑥ Hoff K A, Bashir M. Trust in automation: Integrating empirical evidence on factors that influence trust [J]. Human Factors, 2015, 57(3): 407-434.

器人（robot-related）和环境（environmental）相关的三大类型[1]，目前有关人机信任的研究也大多围绕这个三因素模型展开。

（1）在探索与人相关的因素方面，Gillath等学者基于六种不同的AI技术使用场景发现用户的依恋焦虑感会降低对人工智能的信任，增强用户依恋安全感则可以增加对人工智能的信任。[2]也有学者发现，信任与社会互动环境中的说服力密切相关，即人际信任水平较高的用户更容易被机器人说服。[3]

（2）在探索与机器人相关的因素方面，有学者发现面部长宽比例越高的机器人的感知可信度越高[4]；机器人的拟人化因素，特别是在机器人具有交际功能的情况下会增加人们对机器人的信任程度[5]。另外，当一个机器人识别自身的错误并向人们传达它纠正这种错误的意图时，也会被认为比"只会为错误道歉"的机器人更有能力。

（3）在探索与环境相关的因素方面，有研究发现，相比竞争性的环境，人们在与机器人合作的场景下更加信任机器人，因而越来越多的学者开始从信任维度评估人机互动的质量。[6]

除此之外，研究者还需明确自己应在什么时候测量信任（例如，在互动之前、在互动期间、在互动之后）。解决这些问题是量化人机互动信任的重要

---

① Hancock P A, Billings D R, Schaefer K E, et al. A meta-analysis of factors affecting trust in human-robot interaction [J]. Human Factors, 2011, 53(5): 517-527.

② Gillath O, Ai T, Branicky M, et al. Attachment and trust in artificial intelligence [J]. Computers in Human Behavior, 2021(115): 106607.

③ Touré-Tillery M, McGill A L. Who or what to believe: Trust and the differential persuasiveness of human and anthropomorphized messengers [J]. Journal of Marketing, 2015, 79(4): 94-110.

④ Song Y, Luximon Y. The face of trust: The effect of robot face ratio on consumer preference [J]. Computers in Human Behavior, 2021(116): 106620.

⑤ Fong T, Nourbakhsh I, Dautenhahn K. A survey of socially interactive robots [J]. Robotics and Autonomous Systems, 2003, 42(3-4): 143-166.

⑥ van den Brule R, Dotsch R, Bijlstra G, et al. Do robot performance and behavioral style affect human trust? A multi-method approach [J]. International Journal of Social Robotics, 2014(6): 519-531; Schaefer K. The perception and measurement of human-robot trust [D]. Orlando: University of Central Florida, 2013; Yagoda R E, Gillan D J. You want me to trust a ROBOT? The development of a human–robot interaction trust scale [J]. International Journal of Social Robotics, 2012(4): 235-248; Lee J D, See K A. Trust in automation: Designing for appropriate reliance [J]. Human Factors, 2004, 46(1): 50-80.

步骤。①

二、人机同伴关系

同伴关系（companionship）指同龄人或心理水平相当的个体在交往过程中建立和发展的人际关系，同理，人机同伴关系指的是人与机器互动过程中产生的能够满足人类需要的平行关系，可以通过人机互动行为（包括亲社会行为、攻击行为、退缩行为）、喜爱程度、接纳程度衡量。

既有研究认为，人能够与非实体的智能系统建立虚拟的友谊，这一情感可能会对人类主体的社交需求产生影响。自我披露和社会支持被认为是准友谊建立的两个关键要素，前者指人们认为他们可以向机器人透露自己的真实情绪，后者指人们认为可以在需要时向机器人求助②，他们从机器人身上感知到的亲密度、理解度、愉悦感、参与度水平越高，越有可能将机器人当作真人，并在特定情况下通过与之交流缓解自己的社交需要③。一项有关AIBO（类狗的机器人）在线聊天论坛的研究指出，人们能够与AIBO建立情感依恋，"即便它们是由电池驱动的物体，但看上去是活着的"④；不管是学龄前儿童还是成年人，当他们与机器人互动时，都会采取与人类互动相似的社交习俗和互动模式⑤。这说明人们甚至会下意识地忽略机器人机械的一面，以类似于对待人类的方式来对待它。⑥

① Billings D R, Schaefer K E, Chen J Y C, et al. Human-robot interaction: Developing trust in robots [C]// Proceedings of the Seventh Annual ACM/IEEE International Conference on Human-Robot Interaction, 2012: 109-110.

② Ki C-W, Cho E, Lee J E. Can an intelligent personal assistant (IPA) be your friend? Para-friendship development mechanism between IPAs and their users [J]. Computers in Human Behavior, 2020(111): 106412.

③ Krämer N C, Lucas G, Schmitt L, et al. Social snacking with a virtual agent—On the interrelation of need to belong and effects of social responsiveness when interacting with artificial entities [J]. International Journal of Human-Computer Studies, 2018(109): 112-121.

④ Friedman B, Kahn Jr P H, Hagman J. Hardware companions? What online AIBO discussion forums reveal about the human-robotic relationship [C]//Proceedings of the SIGCHI Conference on Human Factors in Computing Systems, 2003: 273-280.

⑤ Bethel C L, Stevenson M R, Scassellati B. Secret-sharing: Interactions between a child, robot, and adult [C]//2011 IEEE International Conference on Systems, Man, and Cybernetics, 2011: 2489-2494；Looije R, Neerincx M A, Cnossen F. Persuasive robotic assistant for health self-management of older adults: Design and evaluation of social behaviors [J]. International Journal of Human-Computer Studies, 2010, 68(6): 386-397.

⑥ Turkle S. Authenticity in the age of digital companions [J]. Interaction Studies, 2007, 8(3): 501-517.

（一）人机同伴关系的影响因素

在个体特征方面，有学者认为西方文化背景下的人们认为人类是区别于机器人的独特个体，强调人类与非人类实体之间的区别；东亚文化背景下（以日本为代表）的人们认为所有事物都具有精神，对于机器人的接受度普遍较高。[1]个体使用机器人的自我效能正向预测个体对于社交机器人的接受度，而一般意义上的个体自我效能感与社交机器人的接受度无关。[2]个体以往的经验或者对于机器人本身的了解程度也会影响其对机器人的亲社会行为和共情程度，如相比不养狗的个体，养狗的个体会对类狗机器人实施更多的亲社会行为[3]；当研究者向被试提供更多关于类虫机器人的背景信息时，参与者用槌敲打它的犹豫感增加，这说明当他们对机器人的生命形式有了更多的了解时，同理心就会增加[4]。

在机器人特征层面，机器人的面部表情和自主动作触发用户将这些机器人视为人的机制。[5]比如当机器人运用人性化的手势时，用户会对机器人产生更多亲密感和兴趣[6]；当机器人的响应能力强时，人们对其吸引力特征的感知程度加深，在压力情况下将其看作伙伴的意愿增强[7]；有一定程度社会意识的机器人（例如能微笑、眨眼或直接与周围的人互动）比没有这种能力的机器人更能有效地促进人类的亲社会行为（如募捐）[8]。

① Kaplan F. Who is afraid of the humanoid? Investigating cultural differences in the acceptance of robots [J]. International Journal of Humanoid Robotics, 2004, 1(3): 465-480.

② Latikka R, Turja T, Oksanen A. Self-efficacy and acceptance of robots [J]. Computers in Human Behavior, 2019(93): 157-163.

③ Chernyak N, Gary H E. Children's cognitive and behavioral reactions to an autonomous versus controlled social robot dog [J]. Early Education and Development, 27(8): 1175-1189.

④ Darling K, Nandy P, Breazeal C. Empathic concern and the effect of stories in human-robot interaction [C]//Proceedings of the 24th IEEE International Symposium on Robot and Human Interactive Communication (RO-MAN). IEEE, 2015.

⑤ Lee K M, Peng W, Jin S A, et al. Can robots manifest personality?: An empirical test of personality recognition, social responses, and social presence in human-robot interaction [J]. Journal of Communication, 2006, 56(4): 754-772.

⑥ Xu K. First encounter with robot Alpha: How individual differences interact with vocal and kinetic cues in users' social responses [J]. New Media & Society, 2019, 21(11-12): 2522-2547.

⑦ Birnbaum G E, Mizrahi M, Hoffman G, et al. What robots can teach us about intimacy: The reassuring effects of robot responsiveness to human disclosure [J]. Computers in Human Behavior, 2016(63): 416-423.

⑧ Wills P, Baxter P, Kennedy J, et al. Socially contingent humanoid robot head behaviour results in increased charity donations [C]//2016 11th ACM/IEEE International Conference on Human-Robot Interaction (HRI), 2016: 533-534.

　　另外，和用户具有相似特征的机器人更容易被接纳。一项有关社交机器人刻板印象（stereotype）的研究验证了在人机交互中，人们会根据社交机器人的社会化线索（如外观特征，社会赋予的标签分类等）产生相应的刻板印象，进而采取相应的态度和反应[①]，这也在一定程度上解释了为何机器人的生产国家会通过影响内群体分类影响人们对机器人的亲密感和拟人化程度[②]。但也有研究提出了不同观点，认为与用户性格互补的机器人相比性格相似的机器人更有趣，在人机互动中更具有表现力。[③]

（二）人机同伴关系的影响后效

　　人机同伴关系对孤独感等负面情绪具有显著的调节作用。一项随机对照试验发现，与其他活动相比，在客厅或医院的团体环境中，竖琴海豹样式机器人帕罗（Paro）更容易减少被试的孤独感并增加其社交互动（即与机器人和其他人交谈）。[④]然而，老年群体对Paro的反应呈现多元化，一些老年人喜欢它并与之互动，而另一些则不与它互动[⑤]。对休养院居民与Paro进行的对话互动分析后发现，居民提起Paro时似乎把它当作知道发生了什么事、有情绪、偶尔身体状态不佳（例如Paro会感到寒冷）的生命体看待，但居民又会很自然地形容Paro是人造物体。一项随机分组试验表明，Paro可以减少痴呆症患者的躁动和抑郁感[⑥]。在一项准试验研究中，Paro还被证明有助于解决老年精神病患者的有问题

① 申琦，王璐瑜. 当"机器人"成为社会行动者：人机交互关系中的刻板印象[J]. 新闻与传播研究，2021, 28（2）：37-52+127.

② Eyssel F, Kuchenbrandt D. Social categorization of social robots: Anthropomorphism as a function of robot group membership [J]. British Journal of Social Psychology, 2012, 51(4): 724-731.

③ Lee K M, Peng W, Jin S A, et al. Can robots manifest personality? An empirical test of personality recognition, social responses, and social presence in human-robot interaction [J]. Journal of Communication, 2006, 56(4): 754-772.

④ Robinson H, MacDonald B, Kerse N, et al. The psychosocial effects of a companion robot: A randomized controlled trial [J]. Journal of the American Medical Directors Association, 2013, 14(9): 661-667.

⑤ Robinson H, MacDonald B, Broadbent E. Physiological effects of a companion robot on blood pressure of older people in residential care facility: A pilot study [J]. Australasian Journal on Ageing, 2015, 34(1): 27-32.

⑥ Jøranson N, Pedersen I, Rokstad A M M, et al. Effects on symptoms of agitation and depression in persons with dementia participating in robot-assisted activity: A cluster-randomized controlled trial [J]. Journal of the American Medical Directors Association, 2015, 16(10): 867-873.

的行为。①Paro 得到了痴呆症护理人员和痴呆症患者亲属的好评。②

在团队环境中，有研究表明，机器人可以调节情绪，并且有利于冲突的解决。③同样，也有研究发现，当机器人做出与冲突有关的提示时，可以提高孩子解决冲突的能力。④机器人还可以帮助减轻团队压力，促进团队协作和提高团队绩效。⑤

第二节　拟人化趋势下的虚拟主播实践

在人工智能时代，人与人、人与机、机与机的关系将持续并存于人类社会，"技术只是中介"的思维定式逐渐被颠覆，技术不仅是人们互动的渠道和中介，也可以是人们互动的对象、传播过程的参与者，乃至整个社会网络的积极行动者。与此同时，当下的机器人与智能系统或多或少都具有类人特征，人工智能的类人特征如何影响它们与用户的交互成了一个值得关注的问题。聚焦到传播领域，智能系统和虚拟分身（Avatar）正在发挥日益重要的作用。自 2018 年新华社推出全球第一个合成新闻主播开始，从 2D 到 3D、从单机位到多机位，主流媒体在全国两会等重要新闻场合推出了多款 AI 主播，主播的拟人化程度也日渐提高。行业偏爱拟人化表征的智能系统，这究竟是行业的偶然性选择还是根植于人机协同和交互的必然趋势，值得进行深入探讨。

① Bemelmans R, Gelderblom G J, Jonker P, et al. Effectiveness of robot Paro in intramural psychogeriatric care: A multicenter quasi-experimental study [J]. Journal of the American Medical Directors Association, 2015, 16(11): 946-950.

② Robinson H, Broadbent E, MacDonald B. Group sessions with Paro in a nursing home: Structure, observations and interviews [J]. Australasian Journal on Ageing, 2016, 35(2): 106-112.

③ Jung M F, Martelaro N, Hinds P J. Using robots to moderate team conflict: The case of repairing violations [C]//Proceedings of the Tenth Annual ACM/IEEE International Conference on Human-Robot Interaction, 2015: 229-236.

④ Shen S, Slovak P, Jung M F. "Stop. I See a Conflict Happening." A robot mediator for young children's interpersonal conflict resolution [C]//Proceedings of the 2018 ACM/IEEE International Conference on Human-Robot Interaction, 2018.

⑤ Shah J, Wiken J, Williams B, et al. Improved human-robot team performance using *Chaski*, a human-inspired plan execution system [C]//Proceedings of the 6th International Conference on Human-Robot Interaction, 2011: 29-36.

一、"拟人化"的定义及其成因

在人类与人工智能互动的研究领域，"拟人化"是被频繁提及的一个概念，即"将真实或想象的非人类行为赋予类似人类的特征、动机、意图或情感的倾向"[①]。"拟人化"通常被认为是一个不变的、自动的心理过程，是人类以自身为中心进行判断的一个习惯性特征（chronic feature）。[②]例如，在宗教领域中，人们倾向于将"上帝"进行拟人化的描述，以实现对世界更强的掌控力[③]；在文学领域中，尤其是儿童文学中，作家倾向于将作品里的非人物形象进行拟人化处理，从而获得读者对作品角色设定的认可[④]，拉近与读者的距离。而技术人工物能够与人进行有意义的社会互动，本质上也需要具有一定程度的拟人化或类人特性嵌入，无论是形态上还是行为上，抑或是二者兼而有之。[⑤]

人们倾向于认为非人类主体像人类一样行动，因为"人是万物的尺度"[⑥]，人类依赖以自己的心理状态作为起点来推断他人和他物的状态[⑦]。大卫·休谟（David Hume）提及的"同情心"与孟子所言的"恻隐之心"，都是通过情感的"拟人化"推己及"物"；而卡尔·谷鲁斯（Karl Groos）的内模仿说[⑧]、恩斯特·贡布里希（Ernst Gombrich）提出的"观念的拟人化"[⑨]，则是"由物及我"的共情机制。美国心理学家尼古拉斯·埃普利（Nicholas Epley）等学者进一步总结了影响"拟人化"的三因素模型，他们假设人们拟人化某个物体

---

① Epley N, Waytz A, Cacioppo J T. On seeing human: A three-factor theory of anthropomorphism [J]. Psychological Review, 2007, 114(4): 864.

② 转引自：Epley N, Waytz A, Cacioppo J T. On seeing human: A three-factor theory of anthropomorphism [J]. Psychological Review, 2007, 114(4): 864.

③ Barrett J L, Keil F C. Conceptualizing a nonnatural entity: Anthropomorphism in god concepts [J]. Cognitive Psychology, 1996, 31(3): 219-247.

④ Markowsky J K. Why anthropomorphism in children's literature? [J]. Elementary English, 1975, 52(4): 460-462+466.

⑤ Duffy B R. Anthropomorphism and the social robot [J]. Robotics and Autonomous Systems, 2003, 42(3-4): 177-190.

⑥ 北京大学哲学系外国哲学史教研室. 古希腊罗马哲学[M]. 北京：生活·读书·新知三联书店，1957：138.

⑦ Epley N, Waytz A, Cacioppo J T. On seeing human: A three-factor theory of anthropomorphism [J]. Psychological Review, 2007, 114(4): 864-865.

⑧ 赵瑜，沈心怡. 观察类真人秀的共情效应及其触发机制[J]. 现代传播（中国传媒大学学报），2020，42（12）：92-97.

⑨ 贡布里希. 象征的图像：贡布里希图像学文集[M]. 杨思梁，范景中，编选. 上海：上海书画出版社，1990：217.

或者非人类行动者是基于三个核心的心理因素：一是诱发主体知识（elicited agent knowledge），即以人类为中心的知识的可及性和适用性；二是效能动机（effectance motivation），即解释和理解行动者行为的动机；三是社会动机（sociality motivation），即对社会接触和从属关系的渴望。[①]根据该模型，人们对机器人、数字人等智能系统的外观和交互设计进行拟人化处理，可以帮助人们理解技术人工物的功能，并满足他们的社交动机。

从"拟像（simulacra）理论"来看，人工智能背景下的仿真变革，让真实在"超现实主义"中被解构，并在"拟像社会"中重新定义了虚拟与现实的界限。据此，拟人化的传播趋势也是"拟像社会"必然的美学追求。

基于上述内蕴在人类情感、社会交互和数字美学中的深刻动因，在智能化技术日益产生中介效应的当下社会，越来越多的拟人化虚拟主体被开发且运用于日常生活和工作中。在某种程度上，人们借助人工智能实现了"一个人内传播的闭环"[②]，将其"通过人性这面镜子投射出自己的模样"[③]。这种感知的拟人化以及背后社会规则的应用，似乎是一个"无意识"的过程[④]，使得人们自然认同机器人和其他AI系统最适合与人类联系起来[⑤]。

二、"拟人化"程度与人机情感交互

"拟人化"为理解和阐释人们如何与人工智能等非人类实体和虚拟系统互动提供了一个理论基础，并为阐明这种关系的心理机制提供了逻辑线索。[⑥]总体而言，人类对相似性的渴望影响了机器人和虚拟系统的设计，而拟人化的形式和行为有助于消除人与数字信息之间的障碍，丰富系统功能的解释，并创造人们对技术人工物的亲切感。但是这并不意味着机器人的拟人化程度越高，人们对

① Epley N, Waytz A, Cacioppo J T. On seeing human: A three-factor theory of anthropomorphism [J]. Psychological Review, 2007, 114(4): 864-865.

② 喻国明，程思琪. 认知神经传播学视域下的人工智能研究：技术路径与关键议题[J]. 南京社会科学，2020（5）：116-124.

③ 牟怡. 传播的进化：人工智能将如何重塑人类的交流[M]. 北京：清华大学出版社，2017：65.

④ 转引自：Westerman D, Edwards A P, Edwards C, et al. I-it, I-thou, I-robot: The perceived humanness of AI in human-machine communication [J]. Communication Studies, 2020, 71(3): 393-408.

⑤ Westerman D, Edwards A P, Edwards C, et al. I-it, I-thou, I-robot: The perceived humanness of AI in human-machine communication [J]. Communication Studies, 2020, 71(3): 393-408.

⑥ Duffy B R. Anthropomorphism and the social robot [J]. Robotics and Autonomous Systems, 2003, 42(3-4): 177-190.

其的喜好程度和亲密程度也越高。

1970 年日本机器人专家森政弘（Masahiro Mori）提出恐怖谷效应（Uncanny Valley Effect），他认为随着类人物体的拟人程度增加，人类对它的好感度亦随之改变，但改变的趋向并不呈现持续上升。起初，一个机器人的类人程度越高，观察者对于机器人的好感以及其亲和力会越强；但当类人程度到某个点时，观察者的情感反应会迅速向相反的方向发展，甚至由好感变为强烈的反感；当机器人的外表继续向更相似的类人程度偏移，甚至与真人无法轻易区分的时候，观察者的反应又会正向回归，接近于对真人的情感反应。所谓"恐怖谷"就是随着机器人到达"接近人类"程度的时候，人类好感度突然下降再到恢复正常的区间。森政弘认为，我们会产生这种怪诞感是出于自我保护的一种本能，"应该建立一个准确的恐怖谷示意图，这样通过对机器人技术的研究就可以开始理解是什么使我们成为人类"[1]。

然而，恐怖谷效应并未完全被量化研究验证。有学者发现类人机器人比机械机器人会更容易令人不安[2]，而并非恐怖谷理论所描述的在一定拟人程度范围内，机器人类人程度越高就越受欢迎。另一些学者的研究表明，当人们第一次与拟人化程度不同的机器人交流互动时，他们会认为类人程度更低的机器人的可信度更高。[3]也有学者认为，根据任务的不同细分运用场景，一个更像人类的机器人实际上可能不如普通类型的设计那么适用且受欢迎，例如，拟人化的医疗机器人会让病患在治疗过程中感觉自己隐私被侵犯，反而更易产生尴尬情绪。[4]儿童对机器人外观拟人化程度的接受也与恐怖谷效应并不完全吻合。有学者发现，机器人的拟人化特征可以促进儿童对其功能的理解，并促进有意义的人机交互。然而，儿童更喜欢机器人和人类之间有适度的相似性，而不是高度

---

[1] 转引自：Mori M. The uncanny valley from the field [J]. Trans. MacDorman K F, Kageki N. IEEE Robotics & Automation Magazine, 2012, 19(2): 98-100.

[2] Kätsyri J, Förger K, Mäkäräinen M, et al. A review of empirical evidence on different uncanny valley hypotheses: Support for perceptual mismatch as one road to the valley of eeriness [J]. Frontiers in Psychology, 2015(6): no.390.

[3] Zanatto D, Patacchiola M, Goslin J, et al. Priming anthropomorphism: Can the credibility of humanlike robots be transferred to non-humanlike robots? [C]//2016 11th ACM/IEEE International Conference on Human-Robot Interaction (HRI), 2016.

[4] Bartneck C, Bleeker T, Bun J, et al. The influence of robot anthropomorphism on the feelings of embarrassment when interacting with robots [J]. Paladyn, Journal of Behavioral Robotics, 2010(1): 109-115.

类似人类的外观。这至少反驳了恐怖谷效应的普适性，也对类人机器人的适用面提出了新的看法。

拟人化不仅涉及外观形态与功能行为，当机器人或智能系统的语言框架甚至口头描述（如给予一个人类的名字）更加具有人性特质时，人们与之互动也更具有同情心。在一项研究中，参与者被要求观看不同的视频片段，并对片段中的主角感到有多悲哀进行评价。演员在片中残酷对待主角，不同的视频片段有不同的主角，包括机器人和人类。结果表明，参与者对高度拟人化的主角感到更悲哀，并希望更多地帮助这些主角。[①]此外，人们对于拟人化程度高的机器人也表现出有更强的捐赠意愿。[②]这些研究表明，拟人化是一个综合性的结果，更多的"社会角色的植入"[③]，是人类具有同情心地面对技术人工物的一个重要因素。

三、拟人化背景下的虚拟主播类型及其应用

英国新闻协会通讯社于 2001 年推出的"阿娜诺娃"（Ananova）被认为是人类历史上第一个虚拟新闻主播，一头绿发的"阿娜诺娃"用一口标准的 BBC 播音腔（随后被微调为美音为主英音为辅）征服了科技行业和观众，甚至还收到了数百封求婚信。[④]此后，日本推出了"寺井有纪"（Yuki），中国推出了歌手、虚拟主持人"阿拉娜"（Alana），美国推出了"薇薇安"（Vivian），韩国推出了"露西雅"（Lusia）。[⑤]

2018 年 11 月，新华社与搜狗公司在第五届世界互联网大会发布全球首个合成新闻主播"新小浩"，随后发布了一位女性形象的智能主播"新小萌"。与

---

① Riek L D, Rabinowitch T-C, Chakrabarti B, et al. How anthropomorphism affects empathy toward robots [C]//Proceedings of the 4th ACM/IEEE International Conference on Human-Robot Interaction, 2009.

② Kim R H, Moon Y, Choi J J, et al. The effect of robot appearance types on motivating donation [C]//Proceedings of the 2014 ACM/IEEE International Conference on Human-Robot Interaction, 2014.

③ Goetz J, Kiesler S, Powers A. Matching robot appearance and behavior to tasks to improve human-robot cooperation [C]//The 12th IEEE International Workshop on Robot and Human Interactive Communication, 2003.

④ Wiederhold B K. Animated news anchors: Where to next? [J]. Cyberpsychology, Behavior and Social Networking, 2019, 22(11): 675-676.

⑤ 中华网. 相芯科技观察：AI 虚拟主播简史 [EB/OL]. (2019-05-29)[2023-06-17]. https://www.163.com/news/article/EGBP7KAF000189DG.html.

"阿娜诺娃"等主播不同，"新小浩""新小萌"都有自己的真人原型，采取的是真人形象和语料为基础、机器学习合成为辅的技术路径，这一路径使得智能虚拟主播的形象更加逼真自然，因而也更易获得观众信任。

当下，人工智能、全息投影、增强现实等技术的融合丰富了虚拟主播的技术路径和表现形式。从最直观的角度，也就是虚拟传播主体的拟人化程度，我们将其分为拟物、拟人、类人、拟真四个类型。

（一）拟物虚拟主播

"拟物虚拟主播"以动物卡通形象为主，但具备拟人的情绪表达和肢体动作。这一类型的虚拟主播常见于电商直播、儿童教育或企业定制等领域，卡通动物的形象与可爱的声线设置易于触发良好的心理互动，也符合某些年龄层次用户的偏好。

2020年9月，基于人工智能技术研发的天猫超市品牌IP形象"小镗家"正式上线官方直播间，成为"阿里动物园"的首位主播。它不仅能像真人主播一样介绍商品，还能实现24小时与用户的实时互动，并且及时回答直播间中用户的提问，比传统意义上的虚拟主播更具有生命力与陪伴感。但是，"小镗家"等虚拟主播肢体动作不够丰富，面部表情不够细腻，只能在有限的空间位置中阶段性地重复几个单一的动作和表情，机械地扮演一个讲解员的角色。因此，这一类虚拟主播的应用大多采取"虚拟主播+真人主播"的形式。例如，抖音平台短视频的卡通IP"我是不白吃"也以AI主播的形式出现在了直播间，和真人主播互相配合。"中国国际大数据产业博览会"的吉祥物"数小博"是一个应用于新闻信息传播的拟物型虚拟主播。从2019年推出至今，经历了静态卡通人物、动态表情包和虚拟主播三个阶段，依托智能表情算法等技术，只需输入一段文字，"数小博"就能以拟人化的表情播报数博会新闻。[①]拟物虚拟主播已经在多个场景中应用，即时性交流与持续性陪伴为用户提供了更加人性化和个性化的体验。有效降低人力成本、提升传播效率是机构和平台持续投入研发和应用的重要驱动力。

---

① 贵阳网.数博会AI主播上线！吉祥物数小博同步入驻会场[EB/OL]. (2021-05-24)[2023-06-17]. https://www.gywb.cn/system/2021/05/24/031284931.shtml?nat=0.

（二）拟人虚拟主播

"拟人虚拟主播"源自动漫和游戏中的人物形象，与拟物型的虚拟主播有明显的区别，但其明显的二次元风格又与高度仿真的虚拟分身系统大异其趣。自2019年11月到2022年7月，虚拟直播专区的注册主播数量已达到23万，同时2021—2022年度的虚拟UP主视频播放总量已达到603亿[①]，拟人虚拟主播已成为近期B站直播增长强劲的业务板块。按照技术实现路径，拟人虚拟主播可以被分为需要真人后台扮演的"伪虚拟主播"和基于语音合成的虚拟系统两大类[②]。

"伪虚拟主播"借助安置在头部与肢体上的传感器，通过光学动作捕捉真人动作和表情，再将数据同步到"二次元"的虚拟角色上，大部分主播还会使用软件调整修饰自己的声线，使其声音的表现效果符合屏幕上的虚拟形象。例如，2016年在YouTube上首次亮相的虚拟主播"绊爱"（Kizuna AI），由专业公司制定其3D模型，真人穿上动作捕捉设备在后台控制"绊爱"的面部动态表情及动作，且通过声优配音及对口型，进行直播或录制视频。[③]2020年7月，著名喜剧艺术家蔡明入驻B站，创造了虚拟主播"菜菜子"（Nanako）。在直播中，她的虚拟形象梳着银发丸子头，使用AI面部识别技术同步自己和虚拟形象的表情。"高龄知心奶奶"和"虚拟萝莉"的巨大形象反差和本身作为喜剧艺术家的幽默感，让"菜菜子"话题度迅速上升。这类由真人参与塑造的虚拟主播，真人的个性特质对虚拟形象影响较大。但大部分主播不愿意暴露自己的真实身份，使之更像是一种掺杂了角色扮演性质的直播表演。另一种拟人虚拟主播则更加自动化。例如，爱奇艺技术团队在2018年发布了全球首个AI手语主播"奈奈"，它可以通过语音识别新闻内容，自动转换成手语，探索帮助听障人士在不同场景中实现信息共享的途径。[④]

总体来说，拟人虚拟主播是一个建立在"萌文化"和"二次元文化"上的

---

① 艾瑞咨询.中国虚拟主播行业生态研究报告[R/OL]. (2022-10-14)[2023-12-01]. https://www.iresearch.com.cn/Detail/report?id=4078&isfree=0.

② 新浪电竞.数据透析B站虚拟主播现状　仅半年主播数量翻倍[EB/OL]. (2019-06-26)[2023-06-17]. https://dj.sina.com.cn/article/hytcerk9387053.shtml.

③ 中华网.相芯科技观察：AI虚拟主播简史[EB/OL]. (2019-05-29)[2023-06-17]. https://www.163.com/news/article/EGBP7KAF000189DG.html.

④ 爱奇艺.爱奇艺推出全球首个AI手语主播，让听障人士平等享受视频带来的乐趣[EB/OL]. (2018-11-28)[2023-06-17]. https://www.iqiyi.com/common/20181203/b47c90918d000779.html.

概念，真人主播和动漫 IP 的双重属性让它们深受年轻人的喜爱，但也因此具有形象同质化的问题。天津电视台的虚拟歌手"东方栀子"就因与"初音未来"较为相似，遭到粉丝的强烈抵制而下架，被迫停止了后续开发。

（三）类人虚拟主播

"类人虚拟主播"主要指 3D 卡通人物形象主播和 3D 数字人主播。从更加严格的意义上来说，3D 卡通人物形象主播介于拟人虚拟主播和类人虚拟主播之间，外形可塑性较大，可根据不同的形象设定应用于不同的场景中，但动漫感仍然较强。而 3D 数字人主播的拟人化程度更高，仿真的精度已经细化到发丝、瞳孔等细节的刻画上，语言表达和肢体动作的类人程度也有了进一步的提升，但此类高精度的仿真虚拟主播依旧可以被迅速识别出与真人主播的区别。当前，类人虚拟主播已逐渐应用于新闻报道与节目主持，如 3D 卡通人物形象主播"小甘"（甘肃新媒体集团）与"郑小牛"（郑州晚报社）等，3D 数字人主播"小C"（央视网 AI 小编）与"冀小蓝"（长城新媒体集团）等。

卡通人物形象主播与拟人主播一样存在形象同质化的问题，没有细致入微的五官、表情刻画，辨识度大多来自主播服饰的改变。数字人虚拟主播对技术要求更高，应用效果也更好。如央视网 2021 年和百度合作推出的 AI 小编"小C"使用了 4D 扫描技术来进行高精度面部数据采集，轻量深度神经网络模型能够实时生成数字人的口型、表情、动作，口型准确率接近 99%，支持数字人在人工智能驱动与人工接管之间无缝切换以满足实时互动的需求。"小C"在两会期间采访了多位全国两会人大代表，是媒体行业内首个直播连线采访人大代表的"3D 超写实数字人"。[1]这种 3D 超写实数字人的技术精度非常高，模型的面部面数至少有 1 万面且面部材质十分接近真实皮肤的质感，全身多边形面数至少达到 10 万面，头发面数也至少有 3 万，面部表情形变基（blendshapes/morphtargets）数至少有 240 个，身体骨骼节点数至少有 100 个。[2]2023 年，山东广电首位超写实数字主持人"海蓝"登上《山东新闻联播》，成为全国首个在省级卫视新闻联播节目中应用的超写实数字主持人。与其他类人虚拟主播身体

① 央视网. AI 赋能媒体！"数字小编"成为央视网两会报道的创新表达 [EB/OL]. (2021-03-10) [2023-06-17]. https://news.cctv.com/2021/03/10/ARTI3LBDUPcwVl3YiTmadp52210310.shtml.
② 韦世玮. 揭秘央视网新晋"虚拟小编"的诞生！集成大量 AI 技术，高精度 3D 人像建模 [EB/OL]. (2021-03-15)[2023-06-17]. https://mp.weixin.qq.com/s/pTKDMU6JjY67N10N4Chtng.

细节不完善、动作僵硬相比，超写实数字人的表情和姿态颇为逼真，访谈过程中的眨眼和微笑十分自然。

类人虚拟主播的应用极大地丰富了受众的科技体验，展现了新闻信息表达的多样态趋势。不过由于语义识别和情感分析的技术难度，类人虚拟主播的互动性相对较弱，这也限制了此类系统在新闻访谈、新闻直播等领域的进一步应用。

（四）拟真虚拟主播

"虚拟主播"主要包括真人虚拟主播和深度学习真人虚拟主播，二者的区别在于后者通过"生成式对抗网络技术"（GAN）对真人视频素材进行深度学习，在内容播报效果上更接近真人，也需要更久的定制生产周期。拟真虚拟主播可以真人主播为原型定制，也可以利用人工智能技术对几个不同的真人形象进行合成，拟人化程度很高，部分受众难以迅速识别拟真虚拟主播与真人主播的差别。

拟真虚拟主播需要语音合成、人脸识别、人脸建模、图像合成、机器翻译等多项人工智能技术支撑，训练时间长、成本高，因此这部分研发主要以中央级媒体和行业前沿科技公司为主。2018 年新华社与搜狗公司在第五届世界互联网大会发布全球首个合成新闻主播"新小浩"，随后又发布女性形象的虚拟主播"新小萌"。央视基于自身主持人形象先后推出"康晓辉""朱小迅""高小博""龙小洋"和"小小撒"。人民日报联合科大讯飞推出拟真虚拟主播"果果"。逼真的拟人化效果是中央级媒体虚拟主播的共同特征，其形象、声音基本来源于该媒体的真人主播或记者。在日常运用中虚拟主播并未真正替代真人，更多地显示了主流媒体在人工智能赛道的布局意识和研发能力积累，但随着虚拟主播技术的日益完善和成本下降，它们的应用场景将更加多元。

拟真虚拟主播目前在两个维度持续完善。首先是口型、表情、肢体动作的算法实时驱动效能。2020 年，全球首位 3D 版 AI 合成主播"新小微"正式亮相，与大多数 3D 合成形象不同的是，"新小微"不依靠真人驱动，而是以 AI 算法实时驱动，仅需要输入文本就能生成相应的语音、表情、唇动、肢体动作等，给予了虚拟主播更高的自由度。且"新小微"能够走动和转身，还能摆出各种复杂动作和姿态，空间移动灵活性大大提升。其次是跨场景报道能力和互动能力的提高。新华社新媒体中心与搜狗公司联合推出的虚拟主播"雅妮"可进行跨场景沉浸式报道，走出演播厅，实现场景多元化的新闻播报，还能与多地嘉宾同时连线、实时互动。

总体而言，拟真虚拟主播不仅拟人化程度越来越高，自动化程度和深度学习能力也在提升，这种新鲜感与科技感极大提升了年轻人对新闻的关注度。

四、受众与虚拟传播主体的情感交互

在人工智能技术产生广泛的行业影响之前，技术人工物就在信息传播和社会交往中发挥着巨大的作用，在不同的媒介渠道和内容形式之下，人类与媒介文本、媒介形象产生了不同类型的情感交互模式。虽然虚拟主播是传播图景中新的表现形式乃至行动者，但如果将它们理解为"媒介形象"（media personae），那无论是在实践意识层面还是社会话语层面，人类对此都并不陌生。

（一）受众与媒介形象的情感交互类型

媒介技术中介下的互动，并不总是发生在人与人之间，也不能总是被理解为双向且具有意义的交互行为，但这并不妨碍人类对媒介形象产生卷入感和共情。美国学者威廉姆·布朗（William Brown）梳理了相关研究，总结出受众对媒介形象卷入度的四种类型：迁移（transportation）、准社会交往（parasocial interaction）、认同（identification）、崇拜（worship）。[1]

"迁移"的英文原意是交通，用一种基于空间的旅行概念隐喻读者沉浸于叙事中的心理和情感状态[2]，而作者与文本之间互动的关键在于角色（character）卷入，这是迁移的强大驱动力。这一观点源自小说研究，却已经超越纸质文本，被广泛地运用于各种形式的媒介文本之中。

"准社会交往"源自广播研究。1946 年罗伯特·莫顿（Robert Merton）研究了二战期间广播主播 Kate Smith 的案例，她曾经在一个长达 18 小时的节目中向听众推销美国战争债券，最后取得了 3900 万美元的成绩。[3]听众与广播主播之间的互动产生了仿若熟人之间的情感卷入，从广播的单向传播转变为大众说服

---

[1] Brown W J. Examining four processes of audience involvement with media personae: Transportation, parasocial interaction, identification, and worship [J]. Communication Theory, 2015, 25(3): 259-283.

[2] Green M C, Brock T C, Kaufman G F. Understanding media enjoyment: The role of transportation into narrative worlds [J]. Communication Theory, 2004, 14(4): 311-327.

[3] 转引自：Brown W J. Examining four processes of audience involvement with media personae: Transportation, parasocial interaction, identification, and worship [J]. Communication Theory, 2015, 25(3): 259-283.

的双向互动模式。随后，心理学家唐纳德·霍顿（Donald Horton）和理查·沃荷（Richard Wohl）于 1956 年提出了"准社会交往"的定义，认为此类想象性的人际关系经由时间沉淀可能转变为自我定义的单向人际关系。[1] 这种情感是否具有负面效应是引起学者广泛关注的研究维度，有学者认为这是一种对亲密关系的错误感知，沉迷其中会对受众产生持续性的负面效应。[2] 在互联网时代，丰富的文本让受众更加容易与媒介形象产生强烈的准社会交往关系，"宅"文化群体也借此逃避对现实社会关系的不适应。

"认同"这一概念来源于西格蒙德·弗洛伊德（Sigmund Freud）和哈罗德·拉斯韦尔（Harold Lasswell），在传播学中有广泛的意涵。美国社会心理学家赫伯特·凯尔曼（Herbert Kelman）将认同视作在一种自我定义的关系中对态度、信念和价值的内化，特别是与认同对象同一化的过程。[3] 在他的理论体系中，认同是一种社会影响，而不仅仅是个体层面的认知与情感问题。他解释道："说他人说过的话，做他做的事，相信他所相信的，个体维持了这种关系以及这种关系提供给他的令人满意的自我定义。"[4] 随着媒介的演变，学者们尤为关注存在于媒介之中非面对面型互动所产生的情感依恋和认同，而电子游戏等产生的玩家对虚拟角色和场景的沉浸式体验让认同的内涵得到进一步扩展。

"崇拜"是受众对媒介形象卷入度最高的关系类型，有时也被认为是准社会交往关系的异常化。[5] 约翰·默尔特比（John Maltby）等学者致力于名人崇拜的研究，他们将崇拜分为三个层次：娱乐信息层面的关注、情感层面的关注和轻微病态。[6] 学者们通过量化研究认为名人崇拜广泛地存在于各种社会，但真正达到病态的程度还是少数。

传播学就受众与媒介形象之间的情感交互研究，为虚拟主播的实践提供了丰富的案例素材和理论框架。在虚拟主播出现之前，人类就已经与或基于真实

① Horton D, Wohl R R. Mass communication and para-social interaction: Observations on intimacy at a distance [J]. Psychiatry, 1956, 19(3): 215-229.

② Levy M R. Watching TV news as para-social interaction[J]. Journal of Broadcasting, 1979, 23(1): 69.

③ Kelman H C. Compliance, identification, and internalization: Three processes of attitude change [J]. Journal of Conflict Resolution, 1958, 2(1): 51-60.

④ Kelman H C. Processes of opinion change [J]. Public Opinion Quarterly, 1961(25):63.

⑤ Maltby J, Houran J, McCutcheon L E. A clinical interpretation of attitudes and behaviors associated with celebrity worship [J]. The Journal of Nervous and Mental Disease, 2003, 191(1): 25-29.

⑥ Maltby J, Giles D C, Barber L, et al. Intense-personal celebrity worship and body image: Evidence of a link among female adolescents [J]. British Journal of Health Psychology, 2005, 10(1): 17-32.

人类形象、或基于虚拟创造的媒介形象有了长期的交互经历，所产生的卷入类型和情感互动模式，对解释当下的人机交互同样具有预测力。

（二）受众与虚拟主播情感交互的可能性

如果说目前人工智能虚拟主播在信息传播中所扮演的角色并没有超越上文所提及的"媒介形象"，那它们与既往媒介形象的区别究竟在哪里？回答这一问题的起点，在于技术人工物的主体性地位的辨析。

在人机关系的建构上，很重要的一点是如何定义传播过程中的"人""自我""他人"。人类之间意义的创造是以如何将彼此解释为传播者为指导的，因此人机传播的关键在于理解人类如何将机器理解为交互主体并将其概念化。[①]

有学者提出，婴儿也不能算真正成熟意义上的"人"，因此与他们的交流不是"发生在成熟的人之间"的人际关系，而是照顾者和发育中的儿童之间的象征性互动。[②]那么同理，机器人或智能系统虽然是"机器"不是"人"，但是它们可以对人们的行为产生一定的社会反应，且人们也可以应用与人类相似的交流规则对这些软硬件作出反应，如表现出感激、互惠和尊重等各种不同程度的情感。[③]所以，在某种程度上，机器是否有可能作为交流主体出现，不仅仅是因为它们的内在本质或它们拥有的能力，还源自我们是如何将它们定位在我们共同的语言中，且如何为它们创造空间，使其成为身份话语中能被表达和接受的身份。[④]

在传播学领域，具有自然语言理解能力的虚拟系统成为传播者，既往媒介形象与受众交互的类型和情感互动模式进一步复杂化。纸质文本塑造的形象能够产生巨大的感召力，但受众对此的情感投射具有明显的单向性。广播、电视催生的主持人、明星，更加具有人性化传播的可能，也能在部分场景真正与受众进行面对面的人际互动。但总体而言，他们的传播模式没有真正改变大众媒体"一对不确定的大多数"的方式，与受众的互动效率并不高。

① Guzman A L. Voices *in* and *of* the machine: Source orientation toward mobile virtual assistants [J]. Computers in Human Behavior, 2019,(90): 343-350.

② Mead G H. Mind, Self, and Society [M]. Chicago & London: University of Chicago Press, 1934: 365.

③ Nass C, Moon Y. Machines and mindlessness: Social responses to computers [J]. Journal of Social Issues, 2000, 56(1): 81-103.

④ Fortunati L, Edwards A. Opening space for theoretical, methodological, and empirical issues in human-machine communication [J]. Human-Machine Communication, 2020(1): 7-18.

虚拟主播一方面拓展了"主播"的概念，其应用场景并不局限于新闻传播，另一方面也提供了更加高效、便捷甚至定制化的互动模式。随着这一技术的成本不断降低，虚拟主播与人互动的普遍化将成为未来内容传播的趋势，"甚至可能以拟人化的实体方式（如实体化机器人）出现在人们的生活中"①。据此，以往基于媒介形象研究所总结的迁移、准社会互动、认同和崇拜都可能存在于人类与虚拟主播的互动中，且影响更广泛、更深入。其中，准社会互动关系的发展与社会影响，在当下虚拟主播实践中更加普遍也更应该引起研究者、规制者的重视。

根据马克思·韦伯（Max Weber）的观点，社会关系是"被用来表示众多行动者的表现，就其意义来说，每个人的行动都考虑到了他人的行动并以此为取向"②。在交流过程中，参与沟通的两位对话者可能以同样的方式感知和体验对方的行动，据此分享或意识到在文化和社会层面上的人际差异，在某些情况下，互动双方也可以保持共同的记忆。人类大脑的可塑性和人类对其他类人机器的移情使他们能够产生信息和信息流动的循环性。但数字对话者不了解自己和世界，它们是无法移情的机器，人机交流未必是"有意义"的，尽管如此，数字对话者与人类的确可能存在互惠关系，它们的反应可被解释为是社会性的。③

人机交互对人类社会感知的影响及这种行为的社会性是显见的，但在虚拟主播还不具备通用人工智能的阶段，即人类无法将之视作完备的道德主体之前，人机情感交互的研究重点更多地停留在个人以及人类社会将如何看待和处理人机交互问题。目前虚拟主播的实践，正在和受众构建起信任、社交甚至准亲密关系等不同的互动关系和情感强度，这不仅将改写传播生态，也将对社会互动产生巨大影响。"以人为中心"的传播理论恐难以回应新的行业问题，因此，越来越多的学者力图"重新定义传播主体的范畴，以弥补新兴技术和传统传播理论之间的脱节"④。

① 彭兰. 智媒趋势下内容生产中的人机关系[J]. 上海交通大学学报（哲学社会科学版），2020，28（1）：31-40.

② 韦伯. 经济与社会：第一卷[M]. 阎克文，译. 上海：上海人民出版社，2009：116.

③ Höflich J R. Relationships to social robots: Towards a triadic analysis of media-oriented behavior [J]. Intervalla, 2013, 1(1): 35-48.

④ 师文，陈昌凤. 驯化、人机传播与算法善用：2019 年智能媒体研究[J]. 新闻界，2020（1）：19-24+45.

（三）拟人化对虚拟主播情感交互的影响

如前文所述，拟人化是某种源自人类内隐认知的倾向，人类总是对类人主体投射更多的社交和情感需求。在大多数情况下，"拟人化"实体普遍与人类产生更加积极的互动，如可以增加人类对此的信任、感知友好性，产生更多的互动乐趣。中国主流媒体偏好更加拟真的虚拟主播形式，不仅源自行业对传统新闻主播形象的认知路径依赖，也源自受众对媒介形象信任感的内隐偏好。在现有的社会条件下，人类还是会更加严肃地对待同类，在判定信息的准确性、权威性方面，人类也更容易信任具有人类特质的形象。

但如果我们将"主播"的概念进一步突破新闻主持人的场景，从而将虚拟偶像等也纳入研究视野，拟人化的作用就变得更加复杂。在二次元文化的影响下，人类也可能对类人程度更低，或者说与真人形象差异比较明显的形象产生友谊、亲密关系等情感投射。2018 年，日本有一名男性宣布与"初音未来"举办婚礼，且邀请许多亲友现场见证了这场跨次元的婚礼。目前在网络盛行的虚拟偶像及其团体，也拥有数量广大的粉丝，通过全息投影技术实现的演唱会反响热烈。粉丝清楚地知道情感投射的对象是代码与光影，但这并不阻碍他们与之互动并获得巨大的心理满足。目前国内知名的虚拟偶像基本属于拟人和类人虚拟主播，并未按照高仿真的类人标准设计和运营，因此吸引的人群也多为对二次元文化较有亲缘感的年轻人。

所以说，拟人化对人机情感交互的影响并不是恒定而线性的，其中存在一个重要的中介变量就是受众对人际关系和人机关系的感知与理解。基于目前行业的应用场景与效果，拟人化对信任关系的产生有更大的影响，而社交、友谊和亲密关系类型的人机交互并不必然受到拟人化的影响，社会角色的植入、个人对情感交互的需求和感知，在其中发挥了更大的影响力。

当然这一结论是在现有技术条件下虚拟主播仍然无法与人类建构起即时与自然的互动情况下的推论。但即便人类技术的拟真程度将不断突破瓶颈，有无必要模糊机器人和人类之间的界限，依然值得我们深入思考。有学者认为，人机互动的情感是单向的，基于机械特性机器本身无法产生情感，所谓的人机情感互动只是技术人工物对人类情感的欺骗。[①] 从这个角度来说，设计具备拟人化

---

① Coeckelbergh M. Are emotional robots deceptive? [J]. IEEE Transactions on Affective Computing, 2012, 3(4): 388-393.

属性的机器人可能被视为一种不道德的欺骗形式。^①正如麻省理工学院雪莉·特克尔（Sherry Turkle）教授在《群体性孤独：为什么我们对科技期待更多，对彼此却不能更亲密？》一书中所描述的那样，"当你和机器'生物'分享'情感'的时候，你已经习惯于把'情感'缩减到机器可以制造的范围内。当我们已经学会对机器人'倾诉'时，也许我们已经降低了对所有关系的期待，包括和人的关系。在这个过程中，我们背叛了我们自己"^②。根据上述观点，设计拟人化的社交机器人并大量投放于社会，其伦理性值得反思。

五、与技术人工物的意识性共在

阿兰·图灵（Alan Turing）于 1950 年提出"图灵测试"（Turing Test）的设想：一个与人类进行对话的机器人，如果能让测验者无法判定其真实身份的概率达到 30% 以上，该机器人便被视为通过图灵测试，且达到一定程度的人工智能。2014 年俄罗斯开发的聊天机器软件尤金·古斯特曼在 5 分钟的人机对话中成功通过了图灵测试。虽然不少科学家指出这一聊天软件机器人不过是利用了测试的规则以尽可能地"欺骗"人类评委，其智能水准远未达到通用人工智能的要求。但是从实践角度，未来具有自然语言理解能力的类人虚拟系统和实体，将日益深入人类的信息传播和情感交互领域，"技术具身与新闻生产者身体在空间上的共在已经延伸到意识层面的共在"^③。

技术人工物的拟人化被广泛应用于产品设计开发，满足了人类人机互动的需求，也在一定程度上给予人类情感交互体验。而值得注意的是，我们往往忽视虚拟传播主体及其高精度仿造技术的应用所带来的威胁，如换脸（faceswap）、唇形同步（lip sync）、面部复现（facial reenactment）、动作转移（motion transfer）等技术，给网络平台的治理带来了新的挑战。

虚拟主播以及各种拟人系统逐步获得传播主体的地位，将进一步挑战媒体从业者记录现实和保存图像证据的职业管辖权，并可能导致事实要素被滥用。

① Sharkey A, Sharkey N. Children, the elderly, and interactive robots [J]. IEEE Robotics & Automation Magazine, 2011, 18(1): 32-38.

② 特克尔. 群体性孤独：为什么我们对科技期待更多，对彼此却不能更亲密？ [M]. 周逵，刘菁荆，译. 杭州：浙江人民出版社，2014：136.

③ 高慧敏，殷乐. 智媒时代新闻场域身体"在场"与"离场"问题考——基于智能化新闻实践的考察[J]. 西安交通大学学报（社会科学版），2020，40（2）：131-138.

部分虚拟主播形象来源于真人，包括深度模仿技术也越来越容易对真实人物进行多重演绎，这就使得虚拟主体易于被操纵从而强化制作者控制公众观念和意识形态的能力，甚至是煽动暴力和冲突。"深度造假不仅是一种技术迷思和技术景观，而且是一个充满变动的权力场域"①。

据相关数据，忙于合成（"深伪"）视频的人数与检测核实的人数比例是100：1②检测与监管的力度比不上伪造信息传播的速度，这就给社会舆论生态系统的平衡稳定造成巨大风险。如果不对高度仿真性的虚拟传播主体进行规范和管控，不受控制的准人际信息互动可能导致社会信任危机。

目前，虚拟主播仅是智能媒体的一种前台展示方式，但它逐渐深入新闻生产流程，成为重塑编辑部工作流程和交互逻辑的后台要素的可能性值得深入思考。在为传播效能提升欢呼的同时，适度保持人类与类人系统的情感距离，让这些"物的布置和流行对人的主体性的塑造"③朝着正向行进，需要多学科力量的汇聚和推动。

第三节　虚拟偶像及其观众的情感实践

人机交互首先引发了技术伦理焦虑，诸多学者对技术人工物能否成为道德主体及其与人类连接过程可能面临的挑战展开探讨④。在伦理反思的同时，对人机交互的制度性力量把握，需要更多的经验研究以深入技术如何中介虚拟互动的社会过程。在此过程中，技术人工物并非研究的重点，人如何把虚拟世界理解为一种有意义的、社会性的现实⑤，才是研究的根本问题。为此，本节选取了

① 姬德强.深度造假：人工智能时代的视觉政治[J].新闻大学，2020（7）：1-16+121.
② 转引自：陈昌凤，徐芳依.智能时代的"深度伪造"信息及其治理方式[J].新闻与写作，2020（4）：66-71.
③ 王小伟.荷兰学派道德物化观点溯源[J].自然辩证法通讯，2020，42（6）：42-47.
④ 谭雪芳.图形化身、数字孪生与具身性在场：身体—技术关系模式下的传播新视野[J].现代传播（中国传媒大学学报），2019，41（8）：64-70+79；邹建中.身体、遮蔽与新中区：对AI合成主播技术具身的反思[J].现代传播（中国传媒大学学报），2022，44（1）：98-103+125；郝君怡，周勇.身体在场·形塑化身·共时展演：真人主播及其"数字孪生"的人—技关系[J].新闻与传播评论，2023，76（2）：17-25；程思琪，喻国明，杨嘉仪，等.虚拟数字人：一种体验性媒介——试析虚拟数字人的连接机制与媒介属性[J].新闻界，2022（7）：12-23.
⑤ 伯格，卢克曼.现实的社会建构：知识社会学论纲[M].吴肃然，译.北京：北京大学出版社，2019：162.

一种特殊的虚拟互动类型——虚拟主播（virtual uploader）为主要研究对象，从观众参与的角度阐释虚拟互动实践的过程与规范。

作为一个由前台虚拟形象和后台"中之人"[①]共同组成的虚实嵌套式结构[②]，虚拟主播泛指以原创性虚拟人设在社交媒体平台上开展信息传播和娱乐活动的艺人。他（她）们首先使用live2D等软件制作2D、3D模型，再通过电子设备捕捉中之人表情、神态和动作映射至模型上，从而在直播间内与观众开展实时交流。为保证形象的虚拟性和一致性，中之人一般隐身幕后。这类由真人"扮演"的虚拟主播及其观众群体代表着一个较为特殊的虚拟互动类型：他们在直播间内看似进行人机互动，实际上却是在媒介技术中介下的人际互动，观众并非不能发现技术在其中的作用，却并不期待技术完全替代中之人而转变为真正意义的人机交互。如此，中之人和中介技术同时横亘于互动实践中，却表现出一定程度的"人—技"关系张力。本节将从观众的视角出发，通过深描他们在虚拟直播间的参与模式及其在更为广泛的V圈[③]社群内的交往实践，阐明技术与本己身体的虚拟互动路径，厘清虚拟世界意义生产的共享情境和制度化相互依存的机制。

一、深度媒介化背景下的传播实践及其制度化

数字技术的发展带来了几个世纪以来的第三波媒介化浪潮[④]，不仅人们的日常生活实践与各类媒介交织在一起，社会世界的性质与动态也越来越依赖于媒介内容和媒介基础设置。一个全新的"媒介化世界"（mediatized world）正在形成[⑤]，它不只是一系列独立事物的集合，而是在海量层级和规模上相互连接的网络。传播在其中发挥着制度性的作用，不仅能够改变人们对于社会世界的认知，还从根本上影响着人们对于社会现实的直接经验。[⑥]为厘清二阶复杂性，学

---

① 来源于日语"中の人"，指操纵虚拟形象进行直播的真人。

② 燕道成，张佳明. 技术神话与虚实嵌套：消费文化视域下的网络虚拟主播[J]. 深圳社会科学，2022，5（6）：147-157.

③ "V"即"Virtual"的简称，"V圈"指虚拟主播观众（粉丝）群体。

④ 库尔德利，赫普. 现实的中介化建构[M]. 刘泱育，译. 上海：复旦大学出版社，2023：59.

⑤ Krotz F, Hepp A. A concretization of mediatization: How mediatization works and why "mediatized worlds" are a helpful concept for empirical mediatization research [J]. Empedocles: European Journal for the Philosophy of Communication, 2011, 3(2): 137-152.

⑥ 库尔德利，赫普. 现实的中介化建构[M]. 刘泱育，译. 上海：复旦大学出版社，2023：36.

界对于深度媒介化的探索日渐深入，形成制度传统与社会建构传统两种不同的研究路径。① 其中，以尼克·库尔德利（Nick Couldry）、赫普为代表的学者引入彼得·伯格（Peter Berger）和托马斯·卢克曼（Thomas Luckmann）的社会建构理论，将媒介化视作社会现实建构的动态过程。媒介不仅是实存的物体或传播的中介，还能为个体互动提供一种与社会文化相互渗透的交往情境（context）。② 这构成了我们从具体传播实践出发研究虚拟世界社会建构与意义生产的基础。

作为一种视频化的生存方式③，虚拟直播对于人们交往行为的重构本质上也是一种情境化（contextualized）的影响机制。直播媒介将互动行为惯例化（habitualization）为一套可重复的标准作业程序，为观众群体带来了新的需求指向和规律性惯习④。但正如伯格与卢克曼在《现实的社会建构：知识社会学论纲》一书中指出的那样，单纯依靠个体的记忆和惯例化无法持续维持制度的自明性，唯有借助"正当化"将实际的命令变成庄严的规范，制度秩序才能被整合进一个包罗万象的"象征世界"（symbolic universe）中，成为被普遍认可的制度性事实。⑤库尔德利使用改进后的"仪式"概念对这一想法进行了扩展和验证：作为一个高度集中的符号生产系统，媒介一方面与其他社会机构"共生"，成为社会的"中心"⑥，另一方面则通过形式化的"仪式操演"使得自身作为社会现实再现和共识制造的特权自然化、合法化、正当化⑦，渗透至现实社会的建构过程中。

事实上，随着深度媒介化不断强化社会行动者的自反性，具备实践意识的人们越来越能在媒介实践过程中直接经验到现实与虚拟、肉身与技术之间的界限，这可能引发人们对于自身身份不确定性的焦虑。因此，我们试图从个体参与媒介实践的直接经验出发，借用"阈限"（liminality）这一概念深描观众在日

---

① 王琛元. 欧洲传播研究的"媒介化"转向：概念、路径与启示[J]. 新闻与传播研究，2018，25（5）：5-26+126.

② Couldry N. Mediatization or mediation? Alternative understandings of the emergent space of digital storytelling [J]. New Media & Society, 2008, 10(3): 373-391.

③ 彭兰. 视频化生存：移动时代日常生活的媒介化[J]. 中国编辑，2020（4）：34-40+53.

④ 喻国明，杨嘉仪. 理解直播：按照传播逻辑的社会重构——试析媒介化视角下直播的价值与影响[J]. 新闻记者，2020（8）：12-19; Schulz W. Reconstructing mediatization as an analytical concept [J]. European Journal of Communication, 2004, 19(1): 87-101.

⑤ 伯格，卢克曼. 现实的社会建构：知识社会学论纲[M]. 吴肃然，译. 北京：北京大学出版社，2019：119.

⑥ 齐爱军. 尼克·库尔德里"媒介正义"观评析[J]. 新闻与传播研究，2021，28（3）：39-56+126.

⑦ 库尔德里. 媒介仪式：一种批判的视角[M]. 崔玺，译. 北京：中国人民大学出版社，2016：52.

常现实/虚拟现实中非此非彼、既此又彼的之间性状态（between states）①，在具体的实践场景中考量深度媒介化的复杂进程以及媒介技术与日常实践之间制度化依存的机制。

在此基础之上，我们还试图弥合学界对于虚拟主播"人—技"关系认识的裂缝。在过往研究中，部分学者将此类由中之人操控的二次元虚拟主播归类为更广泛意义上的"虚拟偶像"，从亚文化迷群的视角对观众的互动实践展开研究②，尤其关注观众如何在直播间建立与主播的准社会关系进而建构文化社群的认同机制③；还有部分学者将虚拟主播视作具身传播实践建构的新媒体景观和超现实拟像④，通过揭示虚拟主播生成过程中的商品化特质和隐藏在符码背后的平台经济和资本话语，对技术神话建构的虚拟幻象展开伦理批判⑤。可以发现，在上述两种研究情境，虚拟主播观众的情感体验与媒介技术中介总是以彼此为前提或结果出现，并未形成一体化的制度秩序，对二者之间关系张力及其机制的研究可进一步拓展。基于此，我们将虚拟主播受众的本己身体感知与技术共同置于媒介情境下展开深描，以期进一步推进学界对这类人技融合、虚实嵌套的虚拟主播的理解。

具体来说，本节主要关注以下三个研究问题：（1）观众为何以及如何观看一个由真人操纵的虚拟形象并持续与之互动？（2）这一互动过程构建了怎样的

① 潘忠党，於红梅. 阈限性与城市空间的潜能——一个重新想象传播的维度[J]. 开放时代，2015（3）：140-157+8-9.
② 王毅，黄文虎. 论"二次元虚拟偶像"的后人类呈现[J]. 未来传播，2021，28（4）：68-73+121；黄婷婷. 虚拟偶像：媒介化社会的他者想象与自我建构[J]. 青年记者，2019（30）：28-29；解迎春. 虚拟偶像的文化赋能及其文化想象[J]. 新闻与传播评论，2022，75（2）：91-102.
③ 刘胜枝，施丙容. 亲密关系的乌托邦试验——青年群体虚拟偶像崇拜的文化研究[J]. 中国青年研究，2022（11）：5-12+69；王文锋，姜宗德."V圈"粉丝跨文化社群的形成机理研究[J]. 青年研究，2023（4）：40-54+95；宋辰婷，邱相奎. 数实交互与赛博集群者：虚拟形象直播中的认同建构[J]. 新视野，2022（6）：54-61.
④ 喻国明，杨名宜. 虚拟偶像：一种自带关系属性的新型传播媒介[J]. 新闻与写作，2020（10）：68-73；孙金燕，金星. 数字亚文化的建构及其价值——对虚拟偶像景观的考察[J]. 武汉大学学报（哲学社会科学版），2022，75（5）：155-164；吕菁. 虚拟偶像：多主体建构的超能拟像与元宇宙时代的数字分身[J]. 电影新作，2022（5）：99-106.
⑤ 燕道成，张佳明. 技术神话与虚实嵌套：消费文化视域下的网络虚拟主播[J]. 深圳社会科学，2022，5（6）：147-157；Lee S, Lee J. "Ju T'aime" my idol, my streamer: A case study on fandom experience as audiences and creators of VTuber concert [J]. IEEE Access, 2023(11): 31125-31142；吴金花. 虚拟偶像传播伦理的失范及重塑[J]. 青年记者，2023（12）：110-112.

共享情境，又是如何维系制度化和正当化的群体仪式和共识？（3）如何理解主观真实与客观现实在虚拟互动中的辩证关系，以及其后媒介技术与日常实践之间的制度化依存？

为此，我们采用网络民族志的研究方法。在 2021 年 5 月至 2022 年 12 月，研究者同时深入了三类田野展开研究。其一为虚拟主播和观众的直接互动平台——Bilibili（以下简称"B 站"）虚拟直播间。作为国内二次元文化爱好者与虚拟主播观众集聚地，B 站具有浓厚的 V 圈文化氛围与较高的行业知名度，能为研究提供稳固的基础。其二为虚拟主播的观众社群。研究者以旁观者的身份进入某虚拟主播组合的录播组工作群，旁观了录播组辅助虚拟主播进行直播录制、切片、上传的过程，观察与记录了私密性较强的 V 圈社群交流内容。其三为 NGA 论坛、贴吧、豆瓣等聚集了较多虚拟主播观众的公共讨论平台，研究者重点关注了"珈乐休眠""张京华塌房"以及若干次中之人"开盒"事件中观众群体的争执。

在此期间，研究者还通过理论抽样的方法选择了 19 名虚拟主播观众进行半结构式的深度访谈（见表 6-1）。其中，有 2 位受访者是虚拟主播行业的从业人员，1 位受访者曾在虚拟主播字幕组工作，主要负责海外虚拟主播直播内容在 B 站的转播与翻译工作，还有 1 位受访者是某虚拟主播团体打轴组的成员，主要负责录屏直播并设置便捷导航以便观众准确定位到想看的内容，在他的帮助下研究者进入了该录播组进行线上田野调查。所有访谈均以微信通话的方式进行，时长从 35 分钟到 155 分钟不等，内容包括但不限于对于虚拟主播互动效果的认识，在观看直播过程中的情感体验以及反身性思考等。所有的深度访谈和田野中的非正式访谈均建立在受访者知情同意的基础之上，为了保护受访者隐私，所有受访者都经过了匿名化处理。

表 6-1 受访者信息

序号	性别	年龄	职业	地区	关注的虚拟主播
01	男	18 岁	高中在读	上海	A-SOUL、量子少年
02	男	28 岁	医生	河北	七海 Nana7mi、A-SOUL
03	男	23 岁	无业	上海	A-SOUL
04	男	20 岁	本科在读	上海	A-SOUL、星瞳
05	男	23 岁	自由职业	吉林	A-SOUL
06	男	20 岁	本科在读	嘉兴	真白花音、花城伊織
07	男	24 岁	影视行业	杭州	凑阿库娅、A-SOUL

续表

序号	性别	年龄	职业	地区	关注的虚拟主播
08	男	23岁	公司财务	宁波	A-SOUL、EOE
09	女	23岁	硕士在读	北京	Vox Akuma
10	女	23岁	硕士在读	海外	张京华、Luxiem
11	女	20岁	本科在读	杭州	Vox Akuma、Shoto
12	男	22岁	本科在读	济南	猫又小粥
13	男	21岁	本科在读	杭州	绊爱、A-SOUL
14	男	23岁	本科在读	济南	绯瑠mahiru喵
15	男	30岁	程序员	杭州	A-SOUL
16	男	24岁	数据分析师	深圳	战斗吧歌姬
17	男	30岁	程序员	成都	A-SOUL
18	男	24岁	从业人员	北京	/
19	女	23岁	从业人员	海外	/

二、建构共享情境：虚拟互动的制度化与正当化

观众在虚拟直播间中的观看与互动行为与真人直播间十分不同，这不仅体现在主播受真人操纵的虚拟形象（皮套）上，还体现在V圈社群内部一系列复杂的互动规则、"梗"与流行语中。"如果你从来没看过V，突然进入这个圈层，需要经过一两周的时间，不停地去查、去问、去看历史切片，才能慢慢地明白大家说的话是什么意思，然后你才有这个资格参与交流。"（田野笔记①）在资深V圈观众看来，这一外人很难理解的群体性互动，"其实是粉丝群体彼此心知肚明的狂欢"（05）。

（一）"虚拟优于真人"：二次元符号系统的征用与制度化

"虚拟主播"的概念由日本Kizuna AI株式会社旗下虚拟艺人"绊爱"于2016年11月开创。时至今日，活跃于互联网的虚拟主播们仍然具有与"绊爱"相似的皮套特点，并且大多基于经典日式动漫元素发展而来，如女性虚拟主播大多带有鲜明的"美萌"要素，具有声音甜美、五官可爱、长腿细腰等"幼态成熟"特征②，男性虚拟主播则形似动漫中的俊美男主角，"声音性感，并且有

---

① 老蒋巨靠谱. V圈已经一半是饭圈的形状了【老蒋V圈观察2.0上】[EB/OL]. (2022-09-22) [2023-02-02]. https://www.bilibili.com/video/BV1BV4y1K7C7/?spm_id_from=333.337.search-card.all.click&vd_source=cc0b42585c37231fc731bcf76bcc0581.
② 马中红，井常灿. 性别霸权的想象、展演与强化——以虚拟偶像组合A-SOUL的男性粉丝为例[J]. 新闻与写作，2022（11）：18-29.

绅士风范"（11）。许多虚拟主播的直播内容也与二次元文化高度相关，如常在"游戏回"直播中出现的《原神》《崩坏》等二次元风格游戏，在"歌回"直播中出现的二次元歌曲以及在"陪看"（reaction）直播中出现的日式动漫等。

通过访谈，我们发现绝大多数虚拟主播观众曾有二次元动漫观看经验，大量受访者首次接触虚拟主播就是通过二次元论坛或视频平台的"相关内容推荐"。因此虚拟直播作为一种媒介仪式，本身就是二次元符号资源集中呈现的结果，延续了二次元爱好者对于"虚拟优于真人"的认识。在特定的虚拟直播间中，观众与主播之间的互动模式经由重复实践不断类型化，最终形成独属于该直播间的制度性事实。这也是首次观看虚拟主播的观众在参与交流之前需要一段时间来习得V圈知识的原因。

有受访者认为，"虚拟主播的直播就是三次元真人用二次元皮套出演的综艺"（12）。在研究者看来，这实际上说明了虚拟主播的兴起与发展是对二次元符号系统的进一步征用。一方面，虚拟直播间内实时交互的弹幕技术缩短了主播与观众的交流延时，建构了二者在时间维度上的"同时性"和在空间维度上的共存关系，形成了一个"相比动漫作品更加真实"（12）的互动情境。另一方面，媒介技术的发展正在促使二次元文化的生产与消费群体摆脱对于单部作品宏大世界观的集体认同，转而对片段式的小叙事投射情感。①这一后现代的"数据库消费"特征使得人物角色前所未有地成为二次元受众的消费核心，创作者仅需从存储了二次元符号系统的数据库中选择若干"萌元素"排列组合，便能生成一个全新的人物。虚拟主播的形成也遵循了这一高效率的萌要素生产方程式。虚拟主播的角色故事和设定早在出道之初就已确定，他/她们出道后的直播活动都是既定角色的衍生内容。不仅如此，"白毛""红瞳""兽耳""仆娘"等常见于虚拟主播出道介绍中的"萌元素"还能准确定位该角色在庞大二次元数据库中的位置，以便观众发现契合自身审美的虚拟主播，进入"需求—满足"的封闭回路②。换言之，虚拟主播的兴起实际上也是二次元符号系统重复其所基于的资源与规范对自我进行再生产的过程③，这种深层次的递归式征用正在成为

① 东浩纪. 动物化的后现代：御宅族如何影响日本社会[M]. 褚炫初，译. 台北：大鸿艺术股份有限公司，2012：54.

② 刘金平. 数据库影像的三副面孔——叙事媒介、文化消费与批判实践[J]. 北京电影学院学报，2022（6）：60-68.

③ 库尔德利，赫普. 现实的中介化建构[M]. 刘泱育，译. 上海：复旦大学出版社，2023：266.

V圈的基本特征。

（二）"皮魂一体"：互动仪式的自然化与正当化

尼克·库尔德利认为，媒介本身并不能凝聚为中心化的神话，但能作为一种日常仪式使人们形成"习惯性的期待"（conventional expectation）[1]，建构起媒介作为社会"中心"的权威。观众与虚拟主播的互动实践也是如此：只有将直播间中的制度秩序进一步正当化，使其成为"客观上有效，主观上合理"的现实，观众和主播在虚拟情境中的互动实践才能被认为是有意义的。

"皮魂一体"是指直播过程中，作为"魂"的中之人与作为"皮"的二次元皮套浑然一体的形态，绝大多数受访者认为这一象征性一体化的真人皮套关系是虚拟主播的理想状态。但它并不是在虚拟主播诞生之初形成的，相反，在虚拟主播最初流入中国时，"RP（role play）感比较强的日本虚拟主播才是当时的版本答案"（20）。2020年9月日本hololive公司因旗下主播发表不当言论受到国内观众自发抵制，日本虚拟偶像的影响力在国内大幅下降。与此同时，B站虚拟主播渐成风潮，吸引许多其他领域的主播进入这一行列。据此，异国中之人引发争议的观点表达和国内媒介平台中日益丰富的符号资源，合力推动国内虚拟主播的直播方式转变：由原先隐匿中之人存在的"扮演式"转变为皮套人设与中之人人格并重的"皮魂一体式"。

看似偶然选择的行业发展趋向，实际内嵌着媒介技术与传播实践之间的持续对话，并经由参与主体的互动让共享的目标和相互勾连的行动序列逐渐在群体中透明。群体共享知识的制度化与独特的媒介仪式互为因果，在行为惯例化和认同类型化的过程中进一步推动制度性事实的正当化。在虚拟互动参与群体中，通过重复性仪式操演（ritual performance），人们构建起一套关于虚拟互动的知识体系，如皮魂一体的主播行为模式和流行梗之类的共享语言体系，原本相互分离的制度性事实被整合为一个总体，形成V圈的象征世界。孤立的个体不仅能在其中获得对于生命经验的主观理解，还将虚拟直播间乃至更大范围内的V圈社群确认为具有现实意义的虚拟部落。而美萌形象、流行人设、流行梗等符号资源也就成为虚拟部落的"结晶"，能够也需要被新入场的观众习得。

---

[1] 库尔德里.媒介仪式：一种批判的视角[M].崔玺，译.北京：中国人民大学出版社，2016：9.

除此之外，象征世界还能为虚拟互动中的矛盾意义提供最高层级的整合。①有受访者在访谈中指出："虚拟主播最开始的人设可以是任何东西，比如恶魔、公爵等，但真正重要的其实是他后来慢慢建立起来的那个和观众互动的真正人设。"（10）当主播最初的人设与其直播状态不符时，观众可以通过指涉皮魂一体的象征世界对矛盾区域进行识别和整合，如"有一个主播他本来的人设是一个黑手党的老大，但是他逐渐变成了一个笨蛋美人或者大金毛式的暖男，弹幕就会用嘲讽的语气说黑手党也这么惨吗？其实就是利用他原本的人设来反讽或者制造一些梗"（09）。由此，观众对于虚拟主播的情感投射并不完全来源于观众对技术图像的"超真实感知"，而是象征性共享情境的结成让人们在互动中产生对于彼此的责任感和依恋感，进而在V圈社群内部建立相对稳固的权力结构和归属感。②

三、经验阈限阶段：虚拟主播观众的反身性体验

阿诺尔德·范 热内普（Arnold van Gennep）在《过渡礼仪》中将个体从一个境地过渡到另一个境地的过程归纳为三个阶段：阈限前礼仪（分隔礼仪）、阈限礼仪（边缘礼仪）和阈限后礼仪（聚合礼仪）。③其中，阈限阶段指的是居于两个结构类别之间模棱两可的中间状态。这一特性不仅体现在时间单元上，还具有突出的空间性，人们在日常生活的特定时刻使用媒介的实践，就是在微观层面创造情境性阈限空间的过程。④作为虚拟互动仪式的发生地，虚拟直播间也可被视作一个情境性的阈限空间，于其中互动的人们自日常生活分离，进入介于肉身与图像、现实与虚拟之间的阈限阶段，一方面表现出卑微与神圣、异质和同质共存的混合体状态，另一方面也因无法分类而具有"失序的危险"⑤。

（一）肉身/图像：人与技术的矛盾

维克多·特纳（Victor Turner）认为，阈限阶段中的"交融"体验之所以具

---

① 伯格，卢克曼.现实的社会建构：知识社会学论纲[M].吴肃然，译.北京：北京大学出版社，2019：123.

② 库尔德利，赫普.现实的中介化建构[M].刘泱育，译.上海：复旦大学出版社，2023：83.

③ 范热内普.过渡礼仪[M].张举文，译.北京：商务印书馆，2017：32.

④ 潘忠党，於红梅.阈限性与城市空间的潜能——一个重新想象传播的维度[J].开放时代，2015（3）：140-157+8-9.

⑤ 道格拉斯.洁净与危险[M].黄剑波，柳博赟，卢忱，译.北京：民族出版社，2008：9.

有神圣的特性，是因为它能化解那些已被制度化了的关系规范，据此被虚拟皮套与匿名ID中介的虚拟交互亦在一定程度上脱离了情绪劳动的限制，能够引发更高强度的情感刺激①。不同的是，在特纳所言的社会仪式中，驱使人们进入阈限阶段的通常是内嵌于日常生活的社会文化力量，而在虚拟直播间中，这一"超乎人类之外的力量"②似乎是横亘于主播和观众之间的中介技术。

无论是虚拟主播行业的出现还是之后发展的方向，都印证着"技术崇拜"在V圈观众中的普遍性。历史上首位虚拟主播"绊爱"的爆火与其自称是一款全新的人工智能相关，"很多人都是因为被这个设定吸引，才去看的她的视频"（15）。与之类似，许多受访者在访谈中提及自己对于虚拟主播的兴趣最初源自对新兴媒介技术的好奇。

> 我第一次接触虚拟偶像应该是2018年初看"战斗吧歌姬"，当时就感觉被技术力震撼到了，那些动漫里面才存在的角色现在就站在屏幕后面和我们进行互动，感觉很神奇……（她们在）舞台、服装、镜头，甚至很多动作的表现上都更加有优势，比如说可以一秒换装、一秒换场景，这是真人偶像做不到的。（05）

许多学者对这一技术中介互动的形式进行了研究，认为观众基于对技术的具象化想象与虚拟主播互动③，可能具有消解本质真实、引发图像拜物教、导致个体丧失批判意识的风险④。在田野调查中，上述技术神话并不是群体共识，不过是初期新鲜感的来源。以近期广泛应用的3D直播皮套为例。相比只能捕捉面部表情的2D皮套，能实现全身动作捕捉的3D皮套不仅便利了实时信息传递，还在更大程度上使虚拟主播的技术身体具象化。这一技术进步被认为是V

---

① 王文锋，姜宗德."V圈"粉丝跨文化社群的形成机理研究[J]. 青年研究，2023（4）：40-54+95；Lu Z, Shen C, Li J, et al. More kawaii than a real-person live streamer: Understanding how the otaku community engages with and perceives virtual YouTubers [C]//Proceedings of the 2021 CHI Conference on Human Factors in Computing Systems, 2021.

② 特纳. 仪式过程：结构与反结构[M]. 黄剑波，柳博赟，译. 北京：中国人民大学出版社，2006：106.

③ 喻国明，耿晓梦. 试论人工智能时代虚拟偶像的技术赋能与拟象解构[J]. 上海交通大学学报（哲学社会科学版），2020，28（1）：23-30.

④ 孙金燕，金星. 数字亚文化的建构及其价值——对虚拟偶像景观的考察[J]. 武汉大学学报（哲学社会科学版），2022，75（5）：155-164；吴金花. 虚拟偶像传播伦理的失范及重塑[J]. 青年记者，2023（12）：110-112.

圈发展的下一个蓝海，但在观众看来，主播更换 3D 皮套"跟更换一套普通新皮（套）差不多，本质上是让形象发生改变来保持观众的新鲜感"（20），"很多主播的运营方式是将 3D 皮套当成对观众的一个奖励，在一些特殊的时间点，比如主播的周年庆的时候让主播用 3D 模型去直播"（乔）。甚至有受访者指出，在二次元的符号系统中"3D 就是原罪"（10），无论是动作呈现、建模精度还是艺术价值，都无法超越经典的 2D 皮套。可见在虚拟互动中，技术建构的皮套以仪式"面具"的形式存在，其作用仅仅表现为在场，至于这一面具或者说技术将以何种形式呈现，并不影响人们在仪式中的情感体验，也不是维持群体活力的根本性力量。

为进一步厘清这一复杂的"人—技"关系，我们对观众自发记录并以短视频形式发布在 B 站平台的直播"切片"展开研究，发现此类短视频除了提供纪念意义（如记录自己的 ID 被主播提及）之外，大多是本场直播最具节目效果的高光片段。这类短片主要包含两种呈现方式。一种聚焦中之人的声音，以 Vox 为例，作为一个以 2D 形象示人的虚拟主播，Vox 可操纵的形象范围极其有限，但这并不妨碍观众欣赏他低沉的嗓音和清晰的口语表达。另一种聚焦技术驱动下的皮套动作，令人惊讶的是，具有节目效果的技术驱动可以是成功的也可以是失败的。成功的案例如 A-SOUL 的歌舞表演，不仅需要中之人的表演，还需要精细的全景动作捕捉、镜头运动台本与音视频调度，中之人只是这个漫长技术链条里的一环。失败的案例往往是突如其来的动作卡顿或动捕系统崩溃，此时虚拟主播的"中之人—皮套"嵌套结构完全展露在观众面前，但虚拟互动仪式非但没有因此停止，反而使观众对于世俗与神圣相混杂的"交融"体验更加直观，产生独特的节目效果。

有一个梗叫"失去面捕"，比如说当他太生气了然后趴桌子上了，或者他笑得非常剧烈，然后发生了比较大的面部位移导致动作捕捉系统无法捕捉他的面部表情的时候，面部的模型就会停留在最后离开的这一刻，然后观众就会开始刷弹幕说他太激动以至于失去面捕。

总结来说，尽管近乎所有的 V 圈共识和互动惯例均是在人们调用或驯化技术的过程中形成的①，但只有当主播以身体动作为主要表现形式且技术链路没有中断时，特定技术对于虚拟直播的积极作用才会显现，更多时候，只是一个维持虚拟感的仪式道具，并不天然具备仪式发起者的神圣性。因此，虚拟互动中如果存在社会的神性，那是因为它建构了一个可供人与技术相互影响的复合环境，人们在集体体验阈限空间时暂时脱离形式理性世界的限制并共享着强烈的情感。

（二）虚拟/现实：人际互动的矛盾

从技术发展的趋向来看，全自动的 AI 主播比真人操纵的虚实嵌套结构更为先进，我们关注的这类"逆技术化发展"的虚拟主播昭示着一种独特的"情感真实主义"，即观众与主播之间的想象性亲密并不来自客体真实，而是来自情感真实。②

然而，无论"亲密想象"诞生于何种路径，都离不开对现实客观性的解构：正是因为虚拟主播不存在于现实世界，他/她才能成为观众的欲望根源。③一旦中之人的真实身份暴露且外貌、身份、性格与在直播间中的完美表现不匹配，观众在过往互动中形成的"亲密想象"都将被颠覆，人们将骤然意识到自己并非身处美好的虚拟巴别塔，而是在权力中心主义的全景敞视监狱中接受关系幻觉的欺骗。④

察觉了这一现实的观众在贴吧等公众平台开展了大量关于"看 V 应该在多大程度上投入感情"的讨论，并逐渐形成一种独特的情感规则——"取乐为先，抵制入脑"，即不对主播产生强烈的情感依赖，仅将虚拟互动看成是一种享乐。"如果你能对一切人事都抱着看乐子的心态，那你在 V 圈就是无敌的，因为一旦入脑就相当于有了软肋。"（08）纵览 V 圈公共论坛可以发现，观众总是热衷于用各式各样的标准来判断自己是否入脑，如"我是否觉得我关注的虚拟主播百

---

① 喻国明，杨嘉仪. 理解直播：按照传播逻辑的社会重构——试析媒介化视角下直播的价值与影响[J]. 新闻记者，2020（8）：12-19；Hepp A. The communicative figurations of mediatized worlds: Mediatization research in times of the "mediation of everything" [J]. European Journal of Communication, 2013, 28(6): 615-629.

② 薛静. "我爱故我在"：虚拟偶像与"情感真实主义"[J]. 文艺理论与批评，2022（6）：115-126.

③ 胡彦彦. 爱欲拟象、能指反抗与资本同一——虚拟偶像塌房的逻辑机制反思[J]. 天府新论，2023（4）：132-140.

④ 吴金花. 虚拟偶像传播伦理的失范及重塑[J]. 青年记者，2023（12）：110-112.

分之一百好""我是否觉得我关注的虚拟主播百分之一百真""我脑中的他/她是否无异于现实中的人"（田野笔记）。与之相对的是被称为"乐子人"的群体，对他们而言，观看虚拟直播无异于观看电影，只是闲暇时取乐的方法。为了获得更强烈的情感刺激，一些乐子人还致力于破坏入脑观众的"交融"体验。他们一边挖掘、传播中之人的真实信息，一边在直播间和公共论坛发布无底线的评论、虚空索敌、引发骂战，试图通过揭露虚拟直播间作为情境性阈限空间的"失序危险"瓦解这一仪式空间，摧毁入脑观众对V圈的乌托邦幻想。

在研究者看来，观众"抵制入脑"意识的兴起究其本源是V圈观众对"中之人—中介技术"动态平衡关系的打破。当"亲密"成为"想象亲密"，"感动"变成"自我感动"，原本诚服于虚拟互动仪式的观众开始反思自身的主体性，进而自媒介与社会生活相互型构的多个维度中发现现实与虚拟之间的界限。媒介技术的发展非但无法阻挠观众自反性的强化，反而加速了这一过程，例如近年来持续发展的基于协同过滤的推荐算法，不仅丰富了V圈乐子人挖掘中之人信息的方法，还使入脑观众失去了对所看内容的控制：即便他们不想获取与中之人相关的信息，平台算法也会根据群体偏好向其推送相关内容。在访谈中，几乎每一位受访者都提到自己并非从来不曾看过与中之人相关的内容，即便自己不主动搜索，也会有信息流将相关帖子、文章或视频"直接怼到面前"（16），可见尽管通过重复的仪式实践，参与虚拟互动的人们完成了符号系统的制度化和正当化，但这一经媒介中介的"象征世界"无法在虚拟和现实之间构建起一个自洽的客观现实，观众的沉浸总是受到自反性和日常生活秩序的干扰，形成一种独特的阈限体验。

四、日常世界的人机交互

科技加速、社会变迁加速和生活步调加速，让社会世界不再以符号的形式固定坐落在地图上，而是变成液晶屏幕上闪烁的文化流。[①] 媒介技术扩展了人类的"周遭世界"，最广泛意义上的交流采取了最多样化的路径，共同形成了"我们参与、我们连接"的共有精神气质。与此同时，媒介技术所中介的人际和人机交流也侵入常识性知识对现实的定义，并极大改变了社会赖以维系的意义之

---

① 罗萨. 新异化的诞生：社会加速批判理论大纲[M]. 郑作彧，译. 上海：上海人民出版社，2018：16.

网。①在现实和虚拟世界穿梭游牧之间，人们如何进行主观现实和客观世界的持续互译，并在共享的情境下获得认知和情感的自洽？

我们通过对虚拟主播受众群体的在线观察和深度访谈，发现虚拟直播间中的观看与互动行为更多地展现为一种媒介仪式，在仪式的形成与维系过程中观众可能超越个体原子化的存在，创造出一种独特的群体气氛。伴随着仪式的重复，虚拟互动渗透本雅明所说的"最极端的具体"即日常生活，世俗直接经验的各种元素以一种有机的方式与虚拟群体相互渗透，并丰盈着虚拟互动的意义网络，从而产生群体活力。

受二次元文化的影响，这一虚拟互动仪式在兴起之时便构筑了一种"虚拟优于真人"的共识，无论是虚拟皮套的制作、直播内容的安排还是观众群体的触达，都是对二次元符号资源的集中征用。青年文化圈层的习惯用语、共享秘密，形成社会本能的基本黏合剂，贯穿虚拟互动的交流模式让参与者"走出自我"从而创造出一种部落的特殊气氛和象征性母体。

除了对二次元符号体系的承袭，虚拟社群也给捍卫现实中被同一性所抑制的非同一性②提供了制度性空间。虚拟部落类似于网络时代的"地方主义"，以媒介技术为中介和过滤器，行动、情境和情感交互交织形成整体，构筑起参与者对邻近存在的主权。因此这些社群虽无组织但坚固，一部分社会存在得以从工具理性的秩序中暂时逃逸，既不允许自己被目的化，也不允许自己沦为一种化约后的简单支配逻辑。③人类复数社会本能在这些社群中欢腾，新的生活方式和社会风格于此兴起。这些可能被称为V圈的网络微观群体，从构成基质、维系模式和技术特性上带有三个明显的特质。

其一，部落的形成是群体感受性的聚合。网络空间归属和情感黏合紧密相连，虚拟主播的受众群体基于对主播形象和人格特质认同，以及对虚拟共时性体验的共享，形成了一个兼具异质性和一致性的情感星云。晚近现代性的政治—经济宏观结构变迁，媒介技术的可供性，让个体化成为社会存在的显著现象。但网络部落的生成及活力仍然显现了人类相互依存的情感性需求与本能。

---

① 伯格，卢克曼.现实的社会建构：知识社会学论纲[M].吴肃然，译.北京：北京大学出版社，2019：20.
② 阿尔多诺.否定辩证法[M].王凤才，译.北京：商务印书馆，2019：175.
③ 马费索利.部落时代：个体主义在后现代社会的衰落[M].许轶冰，译.上海：上海人民出版社，2022：57.

流动的现代性下，在线和线下的圈子灵活交织，有机联结构成了社会本能的各种形象。网络空间在某种程度上更加重视人在情感上共通的东西，而非每个人自愿遵守的东西。共享的情感与开放的自洽之间相连产生看似松散却具有牢固社会纽带的多样性群体，群体的黏合基质——情感表达连接着永久性和不稳定性的两极，让这些群体在聚合的活力和离散的张力间做钟摆运动，因而新"部落"也更具有流变性、点状聚集和分散性的特点。①

其二，部落化的维系有赖于仪式的操演。仪式如同埃米尔·涂尔干（Émile Durkheim）所言的"集体欢腾"，其功能在于强化特定群体对自身的感知，确保群体的延续性。作为集体感受性的一种表达，重复性的仪式使日常的"出神"成为可能②，而虚拟空间给狂欢的气氛增添了灵活的装置。如虚拟互动中的"面具化"交流就是其间仪式的必要装备，虽然在面对面的社会关系结成中个体也会基于互动规则扮演角色并戴上人格"面具"，但在虚拟主播与其受众的交流中这一面具打破了它的隐喻性质，成为传播仪式和群体神性的结构要素。又如对曝光中之人真实身份的抗拒，也是忠实粉丝和主播之间的共享认知，并由此形成群体惯习。在这些仪式的中介和增强之下，人们有机地向他者开放，群体被如其所是地接受了。

其三，部落构建以虚拟现实技术为中介，但技术并不是决定性的力量。作为具象化的技术，虚拟皮套位于直播的中心地位，并提供了虚线式连接遥远现实的可能性。"皮魂一体"的象征性一体化形式，进一步模糊了媒介仪式的虚实边界，使媒介仪式成为持续化、日常化的运行机制。对于观众而言，虽然平台交互界面与技术装置是虚拟互动的必备要素，但他们却并未对具体的技术产生崇拜心理，而是将其看作能给人际互动带来新鲜感的介质，这说明在虚拟直播间中，技术这一看似"超乎人类之外的力量"并不具有神圣的内涵，而是作为仪式的驱动因素打造了一个复合环境。进一步从技术的演进和采纳路径分析，每个时代的思想都会体现在那个时代的技术中③，在芒福德的研究脉络之下，技

---

① 马费索利.部落时代：个体主义在后现代社会的衰落[M].许轶冰，译.上海：上海人民出版社，2022：103.
② 马费索利.部落时代：个体主义在后现代社会的衰落[M].许轶冰，译.上海：上海人民出版社，2022：26.
③ 维纳.控制论：或关于在动物和机器中的控制和通信的科学[M].郝季仁，译.北京：北京大学出版社，2007：38.

术更多的是人类理想社会结构的投射①，曾经深刻写入人类集体想象物的情境、时刻、空间和无属性的人交织②，仍然是虚拟技术的原型也是虚拟世界的建构元素。因此虽然自动化的技术具有很强的能动性，但到目前为止它仍不是自在与自为的社会结构因素。

作为一种新型传播形态，虚拟互动的流行并非因为技术本身具有神圣性，而是因为观看虚拟直播的仪式活动融入了观众的日常生活，他们于虚拟直播间中获得的情感体验也并非如部分虚拟主播营销文章所言是高于世俗的纯粹体验，而是在仪式的阈限阶段获得的世俗与神圣相互混杂的"无结构"状态。换言之，虚拟直播并非重塑了一种全新的社会结构，而是在现实与虚拟之间建立了一个人与技术相互影响的仪式空间，于其中互动的人们既不在现实世界中，也不在虚拟世界里，却受技术中介在彼此之间形成共享交融的情感体验。

虽然人们在虚拟世界进行持续的认知积累和情感投入，但直到目前仍未打破本己身体所在的客观日常生活所构建的可信结构，这并不完全由技术的缺陷所致，更可能根植于初级社会化的稳定性。从伯格和卢克曼的知识社会学理论体系分析，制度世界在虚拟现实的构建中尚处于人类活动的外化凝结阶段，甚至未必获得共享经验在社会范围内被重复客体化的地位。所以目前的数字生活不是对主观世界的更替，重要局外人（如"乐子人"对群体仪式的干扰）和先验的身体体验，都在顽固地维持既有的自我认知。只有当虚拟生活开始物理性地脱离我们栖居的世界或者在精神上将我们生活其间的世界定义为虚无，人类的生活模式和社会结构才会发生颠覆性的变化。

虽然目前虚拟世界的内化没有自深邃处系统颠覆社会日常生活，但基于情感维系的共同体具有开放和不稳定性，这可能使它在许多方面违反既有的道德秩序。媒介渠道和界面的多样性提供了丰富的主体性征候，产生涵盖媒介环境的多维秩序③，数字时代人类的困境是在复杂条件下持续维护人类的能动作用和某种程度令人满意的秩序④。但是这一伦理困境并不根植于数字技术和虚拟空间，

---

① 芒福德. 技术与文明[M].陈允明，王克仁，李华山，译. 北京：中国建筑工业出版社，2009：330.
② 马费索利. 部落时代：个体主义在后现代社会的衰落[M]. 许轶冰，译. 上海：上海人民出版社，2022：21.
③ 库尔德利，赫普. 现实的中介化建构[M]. 刘泱育，译. 上海：复旦大学出版社，2023：15.
④ 库尔德利，赫普. 现实的中介化建构[M]. 刘泱育，译. 上海：复旦大学出版社，2023：12.

而是源自人类社会中具有时空延展性的共同体和社会的对峙。陌生性的入侵提醒我们社会机体在结构上是异质的[①]，社会正在目睹启蒙价值饱和之下价值多神论时代的到来。如果人类社会的稳定在于维持一个稳定的象征性苍穹[②]，这种多元视角自然会对社会的形式统一化发起当代性的挑战。但是从社会构成基质和动力学机制考虑，失范和典范间的往复运动也是群众创造力的表达，只要这种表达不是空白的投射，我们应该对数智时代去功能化的有机秩序以及文化杂合的情境性阈限空间保持审慎的乐观。

① 马费索利. 部落时代：个体主义在后现代社会的衰落[M]. 许轶冰，译. 上海：上海人民出版社，2022：152.
② 伯格，卢克曼. 现实的社会建构：知识社会学论纲[M]. 吴肃然，译. 北京：北京大学出版社，2019：108.

第七章　人工智能的治理框架

对于人工智能的研究，自始至终都展现出多学科交叉融合的特性。随着共享理论框架的逐步建立，以及数据积累和数据处理能力的不断提升，人工智能在智能内容采集、生成、分发和情感交互等多个环节中的重要性日益凸显。然而，其"技术黑箱"的特性也给现有的社会治理体系带来了持续的挑战。在数字化、智能化转型的大背景下，如何寻求适当的治理形式已成为国际社会共同面临的重要问题。

第一节　全球人工智能治理的核心议题与规制趋势

近年来，世界各地的监管机构持续致力于人工智能系统的规范使用，起草、讨论、通过、发布和生效了大量法律法规、原则性文件与行政命令。它们试图以一种"准立法"的方式推进相关领域的规制。这些原则往往重观点表达而轻规制程序，因此也被称为"软法"。相较于缺乏弹性的"硬法"，"软法"治理具有更好的敏捷性，能够灵活地支持技术治理、协调社会行动，也为"硬法"的出台做准备。

一、重点议题的治理现状

治理原则通常起源于伦理争议。细观文本内容可以发现，在人工智能的发展进程中，平台算法规制、个人信息保护和劳动用工规范已然成为三个不可忽视的重要议题。虽然不同文本的监管范围和措施方法不同，但足以凸显人工智能近年的监管重点。

（一）平台责任和算法规制

算法是网络平台个性化推送服务的核心，也是人工智能应用场景的基础，但长期以来，网络平台的责任视野始终局限于事故发生后的问责与赔偿，未能建立涵盖人工智能全信息周期的责任框架与算法规制。这一负面现象在近期得到改善，在全球范围内出现了许多有关平台责任和算法规制的规范性文本，它们以"向善"和"以人为本"为出发点，表现出两大特点。首先，平台在算法规制中的主体权责得以明确。《欧盟人工智能法案》从"风险等级划分"的角度明确企业在使用各类算法时应承担的不同权责①，我国市场监督管理总局组织起草的《互联网平台分类分级指南（征求意见稿）》和《互联网平台落实主体责任指南（征求意见稿）》也于2021年末开始向社会征求意见②，有望通过合理划分平台等级，推动超大型平台承担更多责任与义务，形成更为细致合理的平台责任规范。其次，政府监管算法治理的力度逐渐加大，不再仅做原则性的指导，而是通过出台和生效标准性文件促使算法治理在全球范围内落地实施。如英国中央数字办公室等机构在2021年11月发布算法透明度标准，涵盖了数据要求、透明度模板和行动指南等内容，为政府部门和公共机构利用算法进行决策提供支持。③我国政府对于算法安全的监管也不再局限于文本规制，而是启用行政监管的力量打击违规行为。这一趋势在中央网信办牵头开展的"清朗·2022年算法综合治理"专项行动中得以凸显。从2022年4月开始，我国相关部门对各大网站、平台与产品的算法安全能力展开评估，以期推动算法治理的规范化发展。

（二）信息保护与数据使用

在我国，有关信息保护与数据使用的法律于2021年落地实施。9月起生效

---

① European Commission. Proposal for a regulation of the European Parliament and of the Council laying down harmonised rules on Artificial Intelligence（Artificial Intelligence Act）and amending certain union legislative acts [EB/OL]. (2021-04-21)[2022-04-23]. https://eur-lex.europa.eu/legal-content/EN/TXT/?uri=celex%3A52021PC0206.

② 国家市场监督管理总局. 关于对《互联网平台分类分级指南（征求意见稿）》《互联网平台落实主体责任指南（征求意见稿）》公开征求意见的公告[EB/OL]. (2021-10-29)[2022-04-23]. https://www.samr.gov.cn/hd/zjdc/art/2023/art_c0086d02fcc544ea9506c997b3ac93c1.html.

③ Cabinet Office, Central Digital and Data Office, Centre for Data Ethics and Innovation. UK government publishes pioneering standard for algorithmic transparency [EB/OL]. (2021-11-29)[2022-04-23]. https://www.gov.uk/government/news/uk-government-publishes-pioneering-standard-for-algorithmic-transparency-2.

的《中华人民共和国数据安全法》（以下简称《数据安全法》）明确了主管机构的监管职责，要求建立数据安全协同治理体系，切实提高数据安全保障能力，促进数据出境安全和开发使用。11 月起投入实施的《中华人民共和国个人信息保护法》（以下简称《个人信息保护法》）为个人信息的合法使用确立了"是否匿名"的边界，相比欧盟和美国加州的数据隐私法律，《个人信息保护法》仅对个人信息用于人力监管的正当性予以认可，具有最为严格的合法性基础。① 而在西方国家，规制数据信息的安全使用已有较长的历史，近年来更多关注特定技术的伦理隐忧，尤其是具有高度侵入性（invasive）的生物识别技术对于个人隐私的侵犯。欧洲数据保护委员会和数据保护监督局于 2021 年 6 月发布联合声明，呼吁全面禁止人工智能自动识别技术在公共空间中的使用。② 美国国会中也有议员于 2021 年提出法案，要求在政府资助的公共住房中禁止人脸识别技术的使用。③ 但弗吉尼亚州摇摆的行政命令却凸显了这一严格监管背后的博弈。该州曾发布"禁止执法部门使用人脸识别技术"的命令，但在禁令生效 8 个月后，立法者又重新允许人脸识别技术用于识别犯人和获取证据。相比之下，我国并未对人脸识别采取一刀切的治理方式，而是将其归类为敏感信息获取，要求在征得个人同意的基础上，以最小化原则进行信息的获取和使用。④ 2021 年 8 月起正式实施的《最高人民法院关于审理使用人脸识别技术处理个人信息相关民事案件适用法律若干问题的规定》也对涉及侵犯信息主体权利的情形、场景和救济方式进行了详细规定，有利于人脸识别技术持续发挥良性作用。⑤

---

① 腾讯研究院. 中美欧个人信息保护法比较——中国《个人信息保护法》、欧盟 GDPR、美国加州隐私保护法（CCPA&CPRA）[EB/OL]. (2021-12-24)[2022-04-23]. https://www.waitang.com/report/42240.html.

② European Data Protection Board. EDPB & EDPS call for ban on use of AI for automated recognition of human features in publicly accessible spaces, and some other uses of AI that can lead to unfair discrimination [EB/OL]. (2021-06-21)[2022-04-23]. https://edpb.europa.eu/news/news/2021/edpb-edps-call-ban-use-ai-automated-recognition-human-features-publicly-accessible_en.

③ Yvette Clarke. H.R.4360-No Biometric Barriers to Housing Act of 2021 [EB/OL]. (2021-07-06)[2022-04-23]. https://www.congress.gov/bill/117th-congress/house-bill/4360?q=%7B.

④ 洪延青. 人脸识别技术的法律规制研究初探[J]. 中国信息安全，2019（8）：85-87.

⑤ 中华人民共和国最高人民法院. 最高人民法院关于审理使用人脸识别技术处理个人信息相关民事案件适用法律若干问题的规定[EB/OL]. (2021-07-27)[2022-04-23]. https://gongbao.court.gov.cn/Details/118ff4e615bc74154664ceaef3bf39.html.

（三）智能技术与人类劳动

人工智能技术应用于劳动用工领域产生的伦理问题近年来也受到了社会的广泛关注。继"困在算法中的外卖骑手"、被AI监工的亚马逊物流人员后，俄罗斯在线支付服务公司Xsolla的150名员工也在算法的介入下因"不敬业且效率低下"被公司解雇。在智能技术的协助下，公司对劳动者的控制更为全面精确，在资源调度和利益分配中占据绝对优势地位，甚至无需雇用管理团队即可构建稳定的组织形态，而受雇用的劳动者不仅将与劳动产品、劳动过程和自身的劳动本质相异化，还将成为原子化的个体，失去与雇用者抗衡的能力。因此人工智能在提高工作效率的同时，也使人们逐步陷入了劳动内卷的局面，主体价值贬损、劳动目标异化的问题也日益浮现。

这一现象引发了国内外监管机构的关注。美国对外关系委员会发文直指机器人时代的"幽灵工作"问题。当前人工智能系统的运行仍依赖大量数据标注、训练算法的工作者，由此催生出的隐形临时劳工市场尚未得到关注和规范。[1]文章呼唤建立一种适用于人工智能时代的社会契约，规范劳工市场，保护劳动者权利，确保人工智能应用的公平性与透明性。[2]我国人力资源社会保障部等八个部委也印发《关于新就业形态劳动者劳动保障权益的指导意见》，督促企业修订涉及劳工权益的平台算法，落实公平就业、科学劳动和合理薪资，为"十四五"时期人工智能产业的稳定、和谐、向善发展提供了政策层面的保障。[3]

二、重要主体的治理实践

从发布主体层面观察人工智能治理文本可以发现，欧盟国家、中国和美国作为世界三大经济体在GDP领跑世界的同时，也在人工智能治理方面形成了特色鲜明的规范制度，是在不同地域文化、社会制度背景下施行人工智能治理实

---

[1] 格雷，苏里.销声匿迹：数字化工作的真正未来[M].左安浦，译.上海：上海人民出版社，2020：11-17.

[2] Powell C, Welch H. The robots are coming, but we'll still have a global digital underclass [EB/OL]. (2021-08-12)[2022-04-23]. https://www.cfr.org/blog/robots-are-coming-well-still-have-global-digital-underclass.

[3] 中华人民共和国中央人民政府.人力资源社会保障部　国家发展改革委　交通运输部　应急部　市场监管总局　国家医保局　最高人民法院　全国总工会关于维护新就业形态劳动者劳动保障权益的指导意见[EB/OL]. (2021-07-16)[2022-04-23]. http://www.gov.cn/zhengce/zhengceku/2021/07/23/content_5626761.htm.

践的典型样本。

（一）中国：立法落地，部委协作推动治理实践

有学者根据治理方式的收紧程度（封闭控制法或刺激法）以及国家干预的强度大小（强国家干预和弱国家干预），对比分析了截至 2020 年底欧盟和 22 个国家发布的 1829 份人工智能治理政策，归纳出四类典型的治理体制：创业型（强国家干预＋刺激法）；市场导向型（弱国家干预＋刺激法）；监管型（强国家干预＋封闭控制法）；自律型（弱国家干预＋封闭控制法）。[①]该研究显示，在欧盟和 22 个国家中，中国政府的活跃度最高，发布了 219 项治理政策，属于创业和监管并重的强国家干预类型。

近年来，我国在人工智能治理方面法律规制与监管措施并重。一方面积极出台《数据安全法》《个人信息保护法》《网络安全法》等多部法律措施，另一方面加强几大部委之间的协作，推进人工智能治理在全国范围内形成由网信办主导信息领域的人工智能监管，工信部发布人工智能国家战略，科技部侧重伦理规制制定的治理模式。其中，国家网信办发布的《互联网信息服务算法推荐管理规定》作为全世界首部以算法为调整对象的系统全面的法律性文件，对各类算法技术的适用场景和企业使用算法时需恪守的强制性义务及违反后的惩罚措施做了详细规定；工信部发布的《"十四五"信息化和工业化深度融合发展规划》对智能产品在工业、交通、医疗、教育等重点行业的应用推广进行了系统性的部署[②]；科技部发布的《新一代人工智能伦理规范》则围绕管理、研发、供应和使用 4 个环节提出了 18 项具体规范，将抽象的伦理原则以具体规范的形式融入人工智能全生命周期[③]。其他部委如央行、人社部、市监局、卫健委等也在具体领域积极出台政策文件，共同促进人工智能治理在我国落地生根。

随着 ChatGPT 等大语言模型成为行业热潮，我国在积极发展生成式人工智能的同时，在生成式人工智能治理方面也走在了世界前列。2023 年 1 月 10 日开

---

① Djeffal C, Siewert M B, Wurster S. Role of the state and responsibility in governing artificial intelligence: A comparative analysis of AI strategies [J]. Journal of European Public Policy, 2022, 29(11): 1799-1821.

② 中华人民共和国中央人民政府. 工业和信息化部关于印发 "十四五" 信息化和工业化深度融合发展规划的通知 [EB/OL]. (2021-11-17)[2022-04-23]. http://www.gov.cn/zhengce/zhengceku/2021-12/01/content_5655208.htm.

③ 中华人民共和国科学技术部.《新一代人工智能伦理规范》发布 [EB/OL]. (2021-09-26)[2022-04-23]. http://www.most.gov.cn/kjbgz/202109/t20210926_177063.html.

始施行的《互联网信息服务深度合成管理规定》标志着高风险深度合成技术率先得到了人工智能制度监管的有效回应。生成式人工智能作为深度合成技术的充分非必要条件，涌现出革命性的新的现实挑战，网信办等七部门在《管理规定》及其他现行相关法律规范的基础上，于 2023 年 7 月联合发布《生成式人工智能服务管理暂行办法》（以下简称《暂行办法》）并于 2023 年 8 月 15 日起开始施行，成为全球首部对生成式人工智能进行规范的单行法规。

此外，我国还将"算法备案"和"生成式人工智能服务备案"作为人工智能治理的事前审查制度，要求人工智能应用按照《互联网信息服务算法推荐管理规定》和《暂行办法》的要求进行安全评估后履行备案和变更、注销备案程序。截至 2025 年 7 月，国信办发布了 12 批深度合成服务算法备案名单，累计有 439 款生成式人工智能服务完成备案。这一举措有效促进了服务提供者与用户之间的沟通，提高了人工智能的可解释性和可问责性，但对于运行机制复杂、风险模式多变、潜在影响未知的生成性人工智能，形成与之完全匹配的"明确的审查范围"的可能性和必要性较低，备案制度可能难以达到传统算法治理中预期的防范效果。

（二）欧盟：发布世界首部人工智能法案

作为人工智能监管在全球范围内的"第一推动者"[1]，欧盟继续采用全面立法的方式规范人工智能在各行业的应用，在经历长达 3 年的马拉松式谈判后，于 2024 年 7 月发布《人工智能法案》，这是世界范围内首部对人工智能进行综合性立法的法案。该法案将人工智能应用划分为不可接受的风险（unacceptable risk）、高风险（high-risk）、有限风险（limited risk）和极低风险（minimal risk）四类。其中，涉及操纵人类行为的"潜意识技术"、利用儿童和残疾人脆弱性或可能影响社会信用评分的人工智能应用被认为具有不可接受的风险，法案禁止该类应用上市；涉及公共基础设施、社会福利、医疗服务、教育培训等领域的人工智能应用被认为具有高风险，法案提出应在其上市前进行充分的风险评估，确保算法偏见最小化、活动记录可追溯，并引入合适的人力监管措施以最大限度地减少风险；聊天机器人等对人类生存安全与基本权利具有有限风险的人工智能应用，法案仅明确了其向用户公开透明的义务；电子游戏和垃圾邮件识别软件

---

[1]　Benaich N, Hogarth I. State of AI Report 2021 [R/OL]. (2021-10-12)[2022-04-23]. https://www.stateof.ai/2021.

等对人类安全与权利不产生影响或者影响甚微的极低风险的人工智能应用，法案并未进行干预。目前，法案中针对"不可接受风险"AI系统的禁令虽已生效，但法案主体内容尚未全面落地。其构建的严格风险识别与分级体系能否有效应对复杂多风险场景，并像《通用数据保护条例》（GDPR）那样在全球数字治理领域引发"布鲁塞尔效应"，仍有待观察。无论如何，作为一套监管严厉的公法规范体系，《人工智能法案》以保障AI安全可信为价值导向，明确了"人类中心主义"的原则，强调人工智能应用需服从社会基本价值观，为人工智能治理从原则性指导走向可审核可执行的程序提供了必要的法律明确性、普遍性和强制性。

（三）美国：渐进式推进人工智能治理立法实践

在美国，与各州持续出台人工智能相关法律不同，联邦层面的立法进展始终较为缓慢，但该国第117届国会无疑是历史上最关注人工智能监管的国会会议。据斯坦福大学发布的《2022年人工智能指数报告》显示，仅2021年一年就有130项与人工智能有关的法案被提出，而自2015年以来，相关提案的通过率仅为2%。[1]可见相比欧盟统一、严格的治理标准和立法实践，美国对于人工智能治理的立法较为谨慎，更多通过各部门规制的方式陆续推出，渐进式地在各行业内纳入人工智能监管措施。具体而言，在治理方式方面，美国政府问责局发布的实践报告算法治理、系统性能、数据记录、持续监测四个关键领域开发了一个人工智能问责框架，帮助联邦机构规范使用智能技术[2]；在治理原则方面，联邦贸易委员会发布的备忘录要求各公司在人工智能的使用中确保透明、公平、可解释性和稳健性[3]。在国土安全方面，美国国防部发布的《负责任的人工智能备忘录》从规划、开发和部署阶段为第三方开发者构建军用AI提供了清晰高效

---

[1] Clark J, Perrault R, Brynjolfsson E, et al. Artificial Intelligence Index Report 2022 [R/OL]. (2022-03)[2022-04-23]. https://aiindex.stanford.edu/wp-content/uploads/2022/03/2022-AI-Index-Report_Master.pdf.

[2] The U.S. Government Accountability Office. Artificial intelligence: An accountability framework for federal agencies and other entities [EB/OL]. (2021-06-30)[2022-04-23]. https://www.gao.gov/products/gao-21-519sp.

[3] Jillson E. Aiming for truth, fairness, and equity in your company's use of AI [EB/OL]. (2021-04-19)[2022-04-23]. https://www.ftc.gov/business-guidance/blog/2021/04/aiming-truth-fairness-equity-your-companys-use-ai.

的评估和查询流程[①]；在平等就业方面，美国平等就业机会委员会也发起一项消解就业领域算法偏见的倡议，致力于确保人工智能和其他用于招聘和就业决策的新兴工具使用符合民权法律[②]。

三、治理规范与发展趋势

尽管不同国家和地区的发布主体对于人工智能的治理重点和治理方式不同，但是总体而言，全球范围内的人工智能治理正在从文本走向实践，从倡议走向监管，实现了将抽象伦理规则转化为具体措施的突破性进展。在向更为平衡包容的治理体系发展的过程中，现有治理规范在垂直领域不断细化，向硬法程序逐步过渡和向全球协同持续推进的发展趋势。

（一）文本专业性加强，垂直领域治理规范不断清晰

随着人工智能在各领域应用的不断深入，各国家和地区已不再局限于制定宏观层面的指导战略，而是细化至垂直领域，出台专业性的规制文本。这一趋势首先表现在与人类生命安全和生存环境密切相关的卫生健康领域。世界卫生组织于 2021 年 6 月发布的全球报告明确了人工智能应用于卫生领域的六大原则，要求技术始终以人类自主权和共同利益为出发点，确保使用透明与过程公平，完善解释和问责机制。且由于卫生领域的人工智能应用需要较长时间的临床试验和对医护人员进行特殊培训，报告特别提及智能技术在该领域的使用需具有可持续性和可响应性，在充分满足患者需求的同时，不至于过度影响现有医疗产业的劳动力市场与资源使用。[③]与此同时，许多国家监管机构发布规则文本，促进治理原则落地实施。以美国食品和药品管理局发布的《基于人工智能/机器学习的医疗设备行动计划》为例，该计划明确了人工智能医疗器械和软件在治疗、诊断、预防等多个过程中的开发与使用要求，有望发展成贯穿产品生

---

① Dunnmon J, Goodman B, Kirechu P, et al. Responsible AI guidelines in practice [R/OL]. [2022-04-23]. https://assets.ctfassets.net/3nanhbfkr0pc/acoo1Fj5uungnGNPJ3QWy/f40ba81e03c110266aec8391735e8c5c/2021_RAI_Report_Final_2.pdf.

② The U.S. Equal Employment Opportunity Commission. EEOC launches initiative on artificial intelligence and algorithmic fairness [EB/OL]. (2021-10-28)[2022-04-23]. https://www.eeoc.gov/newsroom/eeoc-launches-initiative-artificial-intelligence-and-algorithmic-fairness.

③ World Health Organization. Ethics and governance of artificial intelligence for health [EB/OL]. (2021-06-28)[2022-04-23]. https://www.who.int/publications-detail-redirect/9789240029200.

命周期的整体监管框架。①

　　除卫生领域外，在许多涉及社会福利与公共基础建设的行业中也有针对性的原则发布。如在社会保障领域，欧洲保险和职业养老金管理局发布的报告对保险市场中的人工智能使用提出了六条具体原则。②在教育科技领域，联合国教科文组织2021年出版的图书《人工智能和教育：政策制定者指南》详细解读了人工智能新兴趋势对教学的影响，为政策制定者因地制宜地规划教育政策和项目提供建议。在文本的基础上，教科文组织还致力于开发一项人工智能应用于教育行业的知识库，号召成员国共同推进新型教育社会契约的形成。③

　　（二）软法可审核性加强，向硬法逐步过渡

　　尽管之前就有大量利益相关者通过发布声明、准则、最佳实践、行业标准等一系列规范性"软法"④遏制算法偏见、促进个人信息保护与社会公平，但由于缺乏体制框架和可执行程序，大多数软法无法切实约束人工智能治理实践，因此近年来针对完善过往已经发布的文本可审核性（auditability）的规范性文件也持续涌现。作为一种执行透明的方式，审核提供了权宜之计和强制规则之间的协调机制，因此也是确保问责制发挥作用的重要方法。⑤我国《新一代人工智能伦理规范》将2019年提出的治理原则规范化为具体的条例，美国《负责任的人工智能备忘录》也在重申公平、问责和透明等原则的基础上更加注重具体的实践框架，西班牙数据保护局发布的《涉及人工智能的个人数据处理活动的审核性要求》、德国联邦信息安全办公室发布的《人工智能系统可审核性白皮书》

---

① The U.S. Food and Drug Administration. Artificial intelligence and machine learning in software as a medical device [EB/OL]. (2021-01-12)[2022-04-23]. https://www.fda.gov/medical-devices/software-medical-device-samd/artificial-intelligence-and-machine-learning-software-medical-device.

② European Insurance and Occupational Pension Authority. Artificial intelligence governance principles: Towards ethical and trustworthy artificial intelligence in the European insurance sector: A report from EIOPA's Consultative Expert Group [EB/OL]. (2021-06-17)[2022-04-23]. http://www.eiopa.europa.eu/document-library/report/artificial-intelligence-governance-principles-towards-ethical-and_en.

③ UNESCO. Artificial intelligence in education [EB/OL]. [2022-04-23]. https://en.unesco.org/artificial-intelligence/education.

④ Wallach W, Marchant G. Toward the agile and comprehensive international governance of AI and robotics [J]. Proceedings of the IEEE, 2019, 107(3): 505-508.

⑤ Emmerich, N. Between the accountable and the auditable: Ethics and ethical governance in the social sciences [J]. Research Ethics, 2013, 9(4): 175-186.

也都明确表达了对于人工智能系统可审核目标的关切。[①]

虽然增加软法的可审核性条款为宏观人工智能战略的落地提供了具体的监管办法，但在必要时由程序性薄弱的软法向由国家强制力保障实施的硬法过渡，有利于原则文本取得切实的实践效益和治理成果。[②]这一趋势也在全球主要国家和地区发布的治理文本中得到了体现，无论是欧盟的全面统一监管，中国的重点领域监管，抑或是美国由政府规章驱动、地方立法推动的渐进式监管，都是人工智能治理文本从仅关注社会共识的敏捷软法向边界更为清晰、规则更为确定，程序更加可执行的硬法过渡的方式。我们可以期待，随着已在立法流程内的法案陆续落地，更为细致和明确的人工智能治理硬法框架将持续完善，促进人工智能治理体系在最大限度上保障人类基本权利、维护社会公平体系。

（三）规制标准化加强，全球治理竞赛与协同发展并举

随着治理文本数量的不断增加，治理辐射范围的不断扩大，在现有文本的基础上设定国际通用的标准已经成为近年来人工智能治理的焦点。因此，在原则文本方面，许多针对人工智能安全的标准被提出，如国际标准组织和国际电工委员会联合成立的技术委员会近年来持续就人工智能国际标准的制定发布技术报告，提出各类风险缓解策略和安全性测试方法。[③]在治理工具方面，欧洲创新与技术研究所发布的人工智能成熟度工具等旨在提供可解释的标准程序以评估人工智能应用的工具箱也在全球范围内陆续出现[④]，在一定程度上弥补了过往文本缺乏概念明晰性和多元协调性的缺点。

除此之外，各国也持续强化人工智能赛道的战略部署。英国发布了首个《国家人工智能战略》，美国也在报告中明确了"在人工智能时代保卫美国"和

---

① The Spanish Data Protection Agency. Audit requirements for personal data processing activities involving AI [EB/OL]. (2021-01-12)[2022-04-23]. https://www.aepd.es/sites/default/files/2021-01/requisitos-auditorias-tratamientos-incluyan-ia-en.pdf; The German Federal Office for Information Security. Towards auditable AI systems [EB/OL]. (2021-04-15)[2022-04-23]. https://s41721.pcdn.co/wp-content/uploads/2020/12/20210415-ITU-Talk-Towards-Auditable-AI-Systems-pub-2.pdf.

② 罗豪才，宋功德. 认真对待软法——公域软法的一般理论及其中国实践[J]. 中国法学，2006（2）：3-24.

③ Standards by ISO/IEC JTC 1/SC 42: Artificial intelligence [EB/OL]. [2022-04-23]. https://www.iso.org/committee/6794475/x/catalogue/p/1/u/0/w/0/d/0.

④ European Institute of Innovation & Technology. AI Maturity tool [EB/OL]. (2022-02-23)[2022-04-23]. https://ai.eitcommunity.eu/ai-maturity-tool/.

"赢得人工智能技术竞赛"两大目标。① 与此同时，各国也试图通过国际合作与区域间协同发展形成人工智能治理的国际规范。这一方面表现为主权国家之间相互协调，形成人工智能治理共识文件，如联合国教科文组织发布的《人工智能伦理建议书草案》于 2021 年 11 月 24 日获成员国一致通过，美欧贸易和技术委员会发表的第一份联合声明中承诺将开发和实施创新、值得信赖、尊重普遍人权和共同民主价值观的人工智能系统。② 另一方面也表现为国家、国际组织、从业者、学术界共同形成行业宣言文件，如在全球数字经济大会人工智能产业治理论坛上发布的《人工智能产业担当宣言》，便是在核心骨干企业和学术研究机构的共同商讨下形成的倡议性文件。

但就当下人工智能治理的实践情况而言，标准化的工具和文本，国际协同的共识和宣言仍然停留于自愿使用和原则指导层面，并未形成普适性的原则框架，而由于数据流动造成的国家安全威胁却已成为各国法律政策的首要关切。具体来说，我国对赴美上市的"滴滴出行"实施网络安全审查，《美国创新与竞争法》也将人工智能与机器学习列为需要提高投资以应对中国竞争的关键技术范畴③ 均反映了人工智能治理原则政治化的现象。在波谲云诡的国际局势下，人工智能治理原则中对人类福祉的增进要求已然染上浓厚的政治色彩，并将在很长一段时间内与政治博弈相互渗透。因此，虽然全球范围内的协同发展目标依旧值得期待，但在人工智能治理竞赛中夺得先机、提升国际话语权也是当下治理实践的重中之重。

第二节 人工智能治理的伦理基础

由上节可知，目前权威机构发布的人工智能治理原则往往通过提取"最大

---

① The U.S. National Security Commission on Artificial Intelligence. Final Report: The National Security Commission on Artificial Intelligence [EB/OL]. [2022-04-23]. https://www.nscai.gov/wp-content/uploads/2021/03/Full-Report-Digital-1.pdf.

② European Commission. EU-US trade and technology council inaugural joint statement [EB/OL]. (2021-09-29)[2022-04-23]. https://ec.europa.eu/commission/presscorner/detail/en/STATEMENT_21_4951.

③ Senate-Commerce, Science, and Transportation. S.1260-United States Innovation and Competition Act of 2021 [EB/OL]. (2021-04-20)[2022-04-23]. https://www.congress.gov/bill/117th-congress/senate-bill/1260.

公约数"的方法对伦理共识进行清单式列举，以回避高层理论的逻辑演绎和由此产生的观点冲突，这被认为是原则主义方法在该领域的体现。原则主义（principlism）是一种源起于生命伦理学的中层方法，它搁置哲学理论争议，以社会成员所共有的道德常识来构建基本框架，从而更高效地应对现实伦理困境。具体而言，原则主义对不同社会文化和思想脉络中的道德观点进行归纳，经过通约、简化和列举而形成伦理框架。这种方法试图为社会成员提供识别并概念化伦理挑战的共同话语，帮助缺少系统伦理学知识的从业者和相关机构做出道德判断并形成实践方案。

然而这种回避哲学传统而诉诸道德常识和社会共识的方法正日益受到实践挑战和理论批评。首先，抽象原则缺乏明晰性和具体性。在通约和求取共识的过程中，伦理原则变得过度抽象或模糊，不仅遮蔽了隐含在同一议题下的观念差异，也无法提供适应情境的实践指南。其次，原则清单重枚举而轻协调。同一份原则清单往往源自多个伦理传统和理论脉络，并列式的语言策略无法处理竞争价值排序的深层疑惑，也无法构建起不同伦理学脉络之间的对话空间。此外，数量激增的原则文本之间也缺乏必要的协调性。生物医疗领域最早可追溯到古希腊希波克拉底誓言的伦理叙述和专业文化，相较而言人工智能行业缺少长期积累的历史传统和专业规范。而原则主义所依托的道德常识和社会共识具有历史主义的色彩，相关原则的权威是在人类跨越时空的共同实践和共享文化中被确立的。传统积累的不足使原则主义的方法难以在人工智能领域取得同样的成果。

面对原则文本在明确性和协调性上的不足，有政策建议者向G20组织提交了政策建议，要求建立人工智能治理协调委员会（CCGAI），协调人工智能的治理方案和行动。[①]学术界尝试借助多种方法对原则文本进行内容分析，以提供更为整体和清晰的描述。但基于文献计量方法的分析依然不能有效解决关键概念的语境依赖问题，整合的结果自然也无法超越原则主义的"清单式"叙述。

对此，我们尝试建立一个可供比较和对话的整体框架，并在此基础上整合和澄清现有人工智能治理原则的伦理基础。首先，我们尝试尽可能全面地搜集原则文本。文献检索主要通过三种方式进行：第一，通过在线数据库或汇总

① Jelinek T, Wallach W, Kerimi D. Policy brief: the creation of a G20 coordinating committee for the governance of artificial intelligence [J]. AI and Ethics, 2020, 1(2): 141-150.

清单进行文献检索，共查找到三个在线数据库和两个汇总清单，分别是："AI Governance Database""AI Ethics Guidelines Global Inventory""Linking Artificial Intelligence Principles"。第二，将检索范围设定在 2010 年后，通过对数据库中收录的文本进行逐一查阅。第三，根据过往研究对于"联结人工智能原则"[①]范围的描述，我们将具有以下特征的文本列入研究范围：（1）以如何对人工智能的部署和应用进行治理为主题，有时针对特定的应用领域（如劳动、司法、金融等）或核心要素（如数据、机器人、算法等）；（2）通常以清单的方式逐项列出建议和主张，这意味着它们通常是多条原则的集合而不是对单一事项的陈述；（3）在形式和性质上区别于正式的、具有强制约束力的法律、法规和政策，通常是发布者对自身态度的公开表达和对特定事项的公共倡议；（4）内容具有较高概括性和一定的抽象水平，通常以短句、短语或关键词表达核心意旨并随附一段内容阐释。其次，我们发现了三篇有关人工智能治理原则的元分析文献[②③④]，将研究文本根据它们给出的文本清单进行了整合、对比和补充。最后，根据从主题数据库和元分析文献中获得的文本名称，确定了一个检索关键词清单，在谷歌搜索进行补充检索。这个关键词清单主要由两类构成，其一是主题性的关键词，包括"人工智能"（Artificial Intelligence，AI）、"机器智能"（Machine Intelligence，MI）、"算法"（Algorithm）、"机器学习"（Machine Learning）等；其二是描述文本性质的关键词，包括"原则"（Principle）、"准则"（Code）、"指南"（Guideline）、"宣言"（Manifesto）等。在检索过程中，分别组合使用两类关键词，在输入搜索指令时，通过"OR"联结同类关键词，"+"联结两类关键词，以实现组合检索的目标。其中，检索以英文和中文分别进行。检索前清除浏览器cookie文件，并采用无痕模式确保此前的使用记录不会影响检索结果；检索时间也设定在 2010 年之后，检索的结果选项为"所有结

---

① Zeng Y, Lu E, Huangfu C. Linking artificial intelligence principles [J]. arXiv preprint arXiv, 2018: 1812.04814.

② Hagendorff T. The ethics of AI ethics: An evaluation of guidelines [J]. Minds and Machines, 2020, 30(1): 99-120.

③ Jobin A, Ienca M, Vayena E. The global landscape of AI ethics guidelines [J]. Nature Machine Intelligence, 2019, 1(9): 389-399.

④ Floridi L, Cowls J. A unified framework of five principles for AI in society [M]//Machine Learning and the City: Applications in Architecture and Urban Design. Hoboken: John Wiley & Sons, Inc., 2022: 535-545.

果"（模糊匹配）；对检索结果的前 15 页链接进行人工访问和筛选。此外，前述数据库中存在一些无法访问的链接时，研究也相应地根据其文件名称和关键词进行了补充检索。在检索完成后，我们对结果进行比对，在去除无关项和重复项后，获得了 88 份原则文本（见表 7-1）。

在分析的过程中，我们引入了阐释主义的研究传统：更加注重语境信息，以应对概念的多义性和灵活性；更加重视伦理理论脉络梳理，使整体框架既从原则文本中浮现，又从理论命题中延展而来。

表 7-1　研究涉及的人工智能治理原则文本

序号	文件名	发布者
01	机器人原则	英国工程和自然科学研究委员会
02	韩国机器人宪章 2012	韩国产业通商资源部
03	人机交互专业的道德规范	圣母大学
04	伦理政策	冰岛智能机器研究所
05	大数据分析统一伦理框架	信息问责基金会
06	人工智能伙伴的信条	人工智能伙伴
07	可问责的算法原则及算法的社会影响声明	机器学习 FAT 组织
08	数据伦理通用原则	埃森哲
09	人工智能公共政策的机遇	因特尔
10	关于算法透明度和问责制的声明	美国计算机协会
11	蒙特利尔宣言：负责任地发展人工智能	蒙特利尔大学
12	阿希洛马人工智能原则	生命未来研究院
13	人工智能和大数据领域的人类伦理建议性声明	加拿大国家研究委员会
14	伦理人工智能的十大原则	全球工会联盟
15	COMEST 机器人伦理学报告	世界科学知识和技术伦理协会
16	伦理原则：为商业开发的 AI 五条核心原则	塞吉
17	日本人工智能协会伦理指南	日本人工智能学会
18	为国际讨论起草人工智能研发指南	日本内务省和通信部人工智能网络社会协商会
19	人工智能政策原则	信息技术产业委员会
20	符合伦理的设计	电气电子工程师学会
21	公司数字化的 10 条伦理指南	斯图加特传媒学院
22	人类如何保持上风：算法和人工智能引发的伦理问题	法国国家信息和自由委员会
23	数据管理和使用：21 世纪的治理—英国学会和皇家学会的联合报告	英国国家学术院和皇家学会
24	数据伦理：面向公司,决策者和组织的原则和指南	数据伦理智库
25	Tieto 的人工智能道德准则	Tietoevry 公司
26	Unity 伦理人工智能指导性原则	UNITY 公司

续表

序号	文件名	发布者
27	北欧波罗的海地区的人工智能	北欧部长理事会
28	SAP人工智能指导原则	思爱普公司
29	OpenAI纲领	OpenAI组织
30	霍尔伯顿–图灵誓言	奥雷利·让、斯蒂芬·达迪安和格雷戈里·雷纳德发起
31	专业数据科学家行为守则	意昂集团与牛津大学
32	通用人工智能指南	公共之声联盟
33	安全有效数据使用和分析的原则	加拿大隐私专员公署
34	索尼集团人工智能伦理指南	索尼
35	负责任的机器人：会话人工智能开发者的10条指南	微软
36	在新加坡金融业使用人工智能和数据分析时，促进公平、道德、问责和透明度（FEAT）的原则	新加坡金融管理局
37	人工智能的未来共同愿景	七国集团
38	人工智能伦理与数据保护宣言	国际数据保护和隐私专员会议
39	商业伦理和人工智能	商业道德研究所
40	IBM信任和透明原则	IBM
41	谷歌人工智能：我们的原则	谷歌
42	关于人工智能、机器人和自主系统的声明	IBM科学和新技术伦理欧洲小组
43	为人民造福的数据：丹麦数据伦理专家组的建议	丹麦数据伦理专家组
44	关于在司法系统及其环境中使用人工智能的欧洲道德宪章	欧洲司法效率委员会
45	德国电信人工智能准则	德国电信
46	工作场所人工智能G20框架	国际治理创新中心
47	AI4people良善人工智能社会框架	AI4people
48	全球数据伦理承诺	数据民主
49	NITI Aayog讨论文件：迈向印度人工智能政策的雄心一步	印度国家改革研究院
50	数据实践宣言	数据世界
51	Telefonia：我们的人工智能原则	西班牙电信
52	数据道德委员会的意见	数据伦理协会
53	人工智能国家战略	丹麦政府
54	以人为本的人工智能的社会原则	人类中心人工智能社会原则委员会
55	立陶宛人工智能战略	立陶宛经济部和专家组
56	人工智能的日常伦理	IBM
57	人工智能治理原则	未来社会智库法律和社会倡议
58	OP金融集团的人工智能伦理指南	波赫尤拉银行集团
59	哈姆巴赫人工智能宣言	独立数据保护机构会议

序号	文件名	发布者
60	沃达丰集团的人工智能框架	沃达丰
61	人工智能伦理	特利亚电信
62	理解人工智能伦理与安全	阿兰图灵研究所
63	乌苏皮斯可信任人工智能原则	乌苏皮斯共和国
64	负责任的人工智能实用指南	普华永道
65	负责任的人工智能政策框架	国际技术法律协会
66	可信任人工智能	IBM
67	拉丁美洲关于人工智能的设计，开发和使用的道德声明	拉丁美洲人工智能共同体
68	负责任的人工智能应用	加拿大政府
69	G20贸易与数字经济部长声明	20国集团
70	可信赖的人工智能应用	弗劳恩霍夫智能分析和信息系统研究所
71	维也纳数字人文主义宣言	数字人文倡议
72	智慧迪拜人工智能伦理原则和指导	智慧迪拜
73	人工智能行业自律公约	中国人工智能产业发展联盟
74	新一代人工智能行业自律公约	深圳市人工智能行业协会
75	人工智能澳大利亚伦理框架	澳大利亚产业、科学、能源和资源部
76	可信赖人工智能伦理指南	欧盟AI高级专家组（AI HLEG）
77	人工智能北京共识	北京智源人工智能研究院等
78	新一代人工智能治理原则——发展负责任的人工智能	中国科技部
79	将数据作为战略资产利用的原则	美国联邦政府
80	在人类服务中应用预测工具的伦理指南	MetroLab
81	新加坡的人工智能管理方法	个人数据保护协会
82	伦理框架：负责任的人工智能	数字崛起机器智能伦理协会
83	人工智能应用监管指南	白宫管理和预算办公室
84	DeepMind道德与社会原则	DeepMind
85	负责任的机器学习原则	人工智能和机器学习伦理研究所
86	负责任的人工智能：微软人工智能原则	微软
87	数据科学家的希波克拉底誓言	数据向善
88	数字决策	民主和技术中心

一、人工智能治理的价值立场：人类、生态和技术物

应当珍视谁的价值，是一切伦理观首先要面对的问题。东西方的伦理传统都体现了深厚的人类中心主义立场。中国有"天道遐，人道迩"的古语，体现了古人在人道与天道之间进行的价值衡量，并主张在天人协调的基础上把注意

力放在力所能及的"人事"之上。在西方，自古希腊哲学家普罗塔格拉提出"人是万物的尺度"以来，人类就被置于价值体系的中心。在人类中心主义的价值立场下，人类被赋予了某种固有价值或价值的优先性，而人类之外的其他事物则仅具有服务于人的工具价值。

绝大多数的人工智能治理原则文本都体现了人类中心主义立场。其中有 14 份原则文本对此做出了直接声明。这些声明在表述上略有差异，但总体可以归纳为三类："人类中心""聚焦人类"和"人类优先"。另一些文本则聚焦于人类与人工智能技术物的关系，尝试在人类中心的立场下定位二者在价值谱系中的相对位置。具体而言，一方面是直接声明人类相比于机器所具有的优先地位，如"我们把人类放在第一位，但也看到了人机交互的优势"（45）；另一方面则是在人机关系中界定机器的从属性和次要性，要求在人机协同的关系中始终把人工智能视作实现人类目标的工具（01、46），其任务是协助而不是取代人类（19、22、30、40、71、72），更不能操纵和支配人类以使人类异化为工具。当人工智能被设想成为具有一定自主行动能力的行动者时，对其从属地位的声明就转变为一种行动规范，要求人工智能尊重人类社会的价值、规范和法律。这种规范性要求已经逐渐在政府、科研机构和产业界构成的多元治理网络中成为共识。2019 年中国科技部（78）、北京人工智能研究院（77）和中国人工智能产业发展联盟（73）先后发布了人工智能治理原则，符合人类的价值观和伦理规范是三者对"以人为本"理念的共同阐释。

价值立场差异也往往体现在对社会制度的主张中。国际技术法协会等非政府组织积极主张在法律上确认人工智能的工具地位，并明确地拒绝为其赋予法人资格（46、65）。关于机器人法律地位的讨论往往也与具体的问责实践相关联。在问责过程中，首先要面对的问题是谁具有承担责任的能力与资格。尽管有学者将道德视为一种后天养成的能力，肯定了技术物具有道德行动能力的可能性[1]，但这种能力在维贝克看来仅仅是引发道德影响的能力[2]，而不是承担责任的能力。正如马克·博文斯（Mark Bovens）所指出的，问责制是基于行动

---

[1]　刘宪权.人工智能时代机器人行为道德伦理与刑法规制[J].比较法研究，2018（4）：40-54.

[2]　维贝克.将技术道德化：理解与设计物的道德[M].闫宏秀，杨庆峰，译.上海：上海交通大学出版社，2016：62.

者（actor）和问责者（forum）之间的社会关系①，在这个意义上技术物是否被接纳为我们的社会成员构成了其是否能够成为责任主体的必要条件。在大多数的原则文本中，人工智能依然被视为一种工具，而并非具有构成社会关系能力的同伴。

人类中心主义并不忽视其他事物的价值，例如由于生态环境关系到人类的福祉，具有某种不可忽视的工具价值，人类中心主义也关注人工智能对自然环境的影响，主张保护环境并促进其可持续发展。部分原则明确阐述了这种立场，如"人工智能系统应该造福全人类，包括子孙后代。因此，必须确保它们是可持续且环保的。此外，它们应该考虑到环境和其他生物"（76）。保护其他事物的主张也在另一种价值路径中成立，即应当避免对其他事物的残忍行为，从而防止人类对虐待同伴的举动变得不敏感，正如康德所说的"对动物和精神的责任"。这种扩展的价值视野在中国科技部发布的《新一代人工智能治理原则》中被纳入"包容共享"意涵之中，被阐释为对环境所持有的一种友好态度（78）。

随着伦理学视野的扩展，人类中心主义的观点也逐渐面临着来自两个方面的挑战。其一是环境伦理的兴起和发展，这质疑了人类对其自身价值优于其他物种的假设，并探讨了赋予自然环境和其他非人类事物以内在价值的可能性。其二是将内在价值扩展到技术物的讨论。一方面，有观点试图否认人类的特殊性。法国哲学家朱利安·奥弗雷·德拉·梅特里（Julien Offray de La Mettrie）就曾将人的身体类比为"一架巨大的、极其精细、极其巧妙的钟表"②，并由此否认人类之于技术物的特殊性，主张将人类享有的权利和尊严扩展到技术物上。另一方面则是对于超级人工智能的想象，使人们开始考虑如何面对人类以外的拥有理性和情感的事物，以及是否应将其纳入"目的王国"中。

部分原则文本呼应了以上两种思潮。就有关生态环境的声明来说，这些原则的制定者对人类中心主义的立场保有谨慎态度，将人类福祉、动物福祉或生态福祉并列叙述，却没有明确地表达它们之间的关系，更没有将其置于一个等级序列中进行比较，这在一定程度上体现了一种广泛存在的立场犹豫。但也有个别原则试图在人类利益和其他生物或生态环境利益之间进行平衡，如"AIS必须允许个人追求自己的喜好，只要他们不伤害其他有情生物"（12）。就有关技

---

① Bovens M. Analysing and assessing accountability: A conceptual framework [J]. European Law Journal, 2007, 13(4): 447-468.

② 梅特里. 人是机器[M]. 顾寿观，译. 北京：商务印书馆，2009：68.

术物的声明而言,《韩国机器人宪章2012》做出了具有争议性的声明,主张超越人类中心主义的立场,赋予机器人类似于人类的基本权利,例如免于担忧受伤或死亡的生存权利和不受虐待的权利。据此,该宪章将故意损坏或摧毁机器人、由于重大过失使机器人受伤、以故意和过分侮辱性的方式对待机器人的行为视为犯罪(02)。

生命未来研究院立足于一个更长远也更具超越性的视野,在其颁布的《阿西洛马人工智能原则》中,认为"超级人工智能可代表地球生命历程中一个深远的变化"(12)。这显示了更为彻底的非人类中心主义,不仅承认了地球生命形态的多样性,更将内在价值从具体的生命形式中抽离出来予以独立的尊重。

尽管也有原则关注了人类之外的价值主体,甚至主张它们与人类共享内在价值,但这些声明往往被一笔带过,缺少更详细的分析与阐述。在搜索到的88份原则中,72份持有人类中心立场,16份因关注了自然环境、其他生物或人工智能等非人类的固有价值而持有非人类中心主义立场。整体而言,人类依然是议题的中心,现有原则大多未将人工物纳入"目的王国",这也构成了人工智能治理的价值目标和正义原则的逻辑起点。

二、人工智能治理的价值目标: 福祉与尊严

福祉(well-being),有时候也被称作"审慎价值"(prudential value),用以区别于审美价值和道德价值。关于福祉的讨论始终围绕着"be good for"(造福于/对……好)的议题展开[1],正如谢利·卡根(Shelly Kagan)所指出的,对任何一种试图阐释有关人类福祉的本质和来源的理论,都必须满足"有益的条件"(the benefit condition)[2]。在人类中心主义的立场下,福祉所面对的核心问题是一般意义上非工具性的、好的生活是怎样的,什么样的事物有益于人类实现这种生活。

一般而言,尊严(dignity)指受到尊重的权利。西塞罗是最早讨论人类尊严的哲学家之一,他将尊严与特定地位相关联。他认为,政治领域的尊严来自官职、等级等身份地位,而当尊严被推及到普遍化的人时,尊严便来自人类在宇宙中相较于其他自然事物所具有的更高地位。正如莫提默·艾德勒(Mortimer

---

[1] Fletcher G. The Philosophy of Well-being: An Introduction [M]. New York: Routledge, 2016: 5.

[2] Kagan S. The limits of well-being [J]. Social Philosophy & Policy, 1992, 9(2): 169-189.

Adler）所指出的"人的尊严在于人之为人的尊严，是一种摆脱他物所有而具有的尊严"①。这些被视为人类天性（human nature）的特征在近现代社会转型过程中被制度和法律加以确认和保护，维持和发展这些天性被认为是人类与生俱来的、不可侵犯的权利。

虽然福祉和尊严的议题各有侧重，但它们共同回答了应当珍视何种人类价值的问题。这两个概念也并非彼此孤立或相互排斥，在不同的理论源流中它们的意义边界常常相互交叠，有时甚至可以彼此通约。例如，对亚里士多德来说，福祉的实现有赖于作为最终目标的"至善"的达成。而这种"至善"对于人类而言，便是使人成为人的条件。在"至善论"福祉观的基本形式里，"人类的美好生活是由人性决定的，人性包含一套特定的能力，这些能力的锻炼和发展对人类有好处"②，而这也意味着福祉与尊严的概念被统一了起来。

（一）集体层面和个体层面的人类福祉声明

在人工智能原则文本中，有关人类福祉的声明在两个层面展开。其一是人类集体层面的福祉，它指向了人们共同确认的社会目标，而人工智能技术则被期望用于促进这些目标的实现。这些目标在许多原则文本中被概述为一种关于更好社会生活的总体期待，如"服务文明进步"（78）、"取得社会重大进步"（46）、"创造更好的社会……塑造共同美好的未来"（34）等。这种有关总体愿景的表述，在中国主流语境里与儒家和谐社会的价值观念相结合。在《新一代人工智能治理原则》中，"增进人类共同福祉"的目标被纳入"和谐友好"的原则中，并成为其首要内涵。也有原则文本指向较为具体的社会目标，诸如经济效益、公共卫生、精神文化和公共安全等，它们共同构成了有关人类集体福祉的目标列表。公共部门往往通过这种方式来声明和推进人工智能发展的优先事项，如美国白宫在《人工智能应用监管指南》中所指出的"人工智能预计将对社会和经济生活的各个部门产生积极影响，包括就业、交通、教育、金融、医疗保健、个人安全和制造业"（83）。

其二是人类个体层面的福祉，它关注一般意义上的、抽象的人类个体。在搜集到的文本中，基本所有关于福祉的主张都在个体层面上回避了经典的"快

---

① Adler M J. The dignity of man and the 21st century [EB/OL]. (1952-10-10)[2022-04-23]. https://cooperative-individualism.org/adler-mortimer_dignity-of-man-and-the-21st-century-1952.htm.

② Fletcher G. The Philosophy of Well-being: An Introduction [M]. New York: Routledge, 2016: 78.

乐主义"①和"欲望主义"的福祉观念，其背后原因与人工智能技术的持续发展使"体验机器"的隐喻逐渐可能成为现实有关。"体验机器"的隐喻假设如果人的经验可以借由机器模拟产生，那么这种虚拟的愉悦感或欲望满足的体验是否在实际上增进了人的福祉？人工智能的快速发展，直接地强化了相关争议。一些未来学家甚至认为超级人工智能所带来的潜在后果之一就是"后代模拟"，即当人工智能技术达到"技术奇点"②时便可以模拟人类的历史和现实，而当下的人类便有可能身处后代对于历史的模拟中。尽管这种预期具有一定的空想性，却进一步凸显了"快乐主义"和"欲望主义"的潜在困境。目前仅有少量原则以慎重的方式讨论了人工智能在创造快乐和满足欲望上的价值，但也同样延续着对"体验机器"的道德忧虑。比如有原则认为机器宠物玩具等人工智能应用，可以为不能照顾宠物的人带来"快乐、舒适或陪伴"，但这却使人类面临被操纵的可能性，因而在原则正文中强调了"情绪和意向的幻觉不应该被用于剥削脆弱的用户"（01）。

正是如此，许多原则在个体层面的福祉声明中，要么抽象笼统地主张"造福"（good for）的价值要求，要么便持有一种"至善论/完美主义"（Perfectionism）的福祉观念，强调对某些人类能力的锻炼、补充和扩增。这种能力的扩张往往与个体化的、多元的幸福目标的相兼容，正如日本《以人为本的人工智能社会原则》中所指出的"人工智能应该在社会中被开发、利用和实施，以扩大人们的能力，让不同的人追求自己的幸福"（54）。

共有 28 个原则文本涉及赋能人类的主题，具体指向了生理、认知、实践和社会交往等多个方面。其中，人工智能在认知增强领域的潜力受到了最广泛的关注。相关主张不仅涉及在主观上增强人类的认知能力（76、75），使人类能够面对更加复杂的认知对象（84），还要求在客观上扩展和补充人类的经验（26），促进知识获取机会的增长（42），从而在结果上能够提升人类对世界的理解（04），以求更快、更准确地处理和评估事实（66），做出更加明智的选择和决策（76、66），提出有前景的新想法和新策略，解决人类面对的问题（84）。基于"至善论"的福祉主张往往也聚焦于特定的社会群体，特别是在生理上失能或在社会结构中处于弱势地位的群体，如女性（37）、老年人（47）、残障人士（16）

① Nozick R. Anarchy, State, and Utopia [M]. Oxford & Cambridge: Blackwell, 1974: 28.

② Bostrom N. Are we living in a computer simulation? [J]. The Philosophical Quarterly, 2003, 53(211): 243-255.

等。人工智能技术在赋能弱势群体并改善他们的不利处境上被寄予厚望。

（二）维持人类特性和尊重人类基本权利的声明

人类的尊严依系于自身的固有特性，在启蒙主义的传统下，理性被视为人之为人的关键。正如康德所说的"如若它们是无理性的东西，就叫作物件（sachen）。与此相反，有理性的东西，叫作人身（personen）"①。而理性的特质又使得人类能够自己选择并决定着自己的行动。正如皮科·米兰多拉（Pico Mirandola）在《论人的尊严》中，借助造物主之口所说的"亚当，我没有给你固定的位置和专属的形式，也没有给你独有的禀赋，我已把你交给你的自由抉择"②。这种凭借自身的行动来进行选择的能力，便是康德所谓的"自由意志"，他进一步指出，这种根源于理性的自由意志要求人必须被视为自在的目的。由此理性、自由和自治被内在地统一起来，构成了启蒙主义者眼中人类最根本的天性。

然而随着人工智能技术的发展，机器智能作为另一种可能的理性行动者，引发了关于理性是否为人类所独有的争论。尽管多数文本尝试回避争议，但仍有原则对此做出直接的回应。世界科学知识和技术伦理协会在其《机器人伦理报告》中就明确重申理性作为人类独有天性的观点，认为尽管机器人可能拥有超越人类个体的认知能力和学习能力，但它们仅仅是人类创造力的结果，并不能为自己设定目的，不能将机器人与人类混淆（15）。

人工智能的发展在某种意义上也在促使人类重新审视自身的特性，随着自动化技术的日渐成熟，机器智能实现的功能越来越多，寻找人类的不可替代性并使人类从事更有意义、更符合自身特性的工作，也是治理原则中频频出现的议题。许多原则文本强调了人类在情感和社会关系上的不可替代性。有原则就认为机器人所展现的情感是虚假的（76），情感作为人类独有的特性应当受到尊重（03）。除了否认人工智能发展出情感的可能，人们还看到了相关技术在促进人类情感天性上的优势。随着自动化技术的出现，可能使人类得以专注于从事自己更为擅长的，需要同理性和同情心的事情，比如建立社会关系和关心他人，这些特性将在执法、护理和复杂决策中发挥更重要的作用（15、11）。除此之外，直觉、创造力等通常无法由机械推理实现的特征也被看作人类所特有的（24）。

---

① 康德. 道德形而上学原理[M]. 苗力田，译. 上海：上海人民出版社，1986：80.
② 米兰多拉. 论人的尊严[M]. 顾超一，樊虹谷，译. 北京：北京大学出版社，2010：25.

一些原则超越了传统的尊严观念，认为人类的尊严不仅指独有的优越性，还包括独特的弱点和缺陷，主张无论是生理还是心理上的人类弱点都应该得到尊重（03）。

然而维持人类特性的要求与赋能人类增进福祉的主张之间存在着张力。虽然使用技术矫正和恢复人类功能的传统长期存在，但是随着技术想象的延展，人类不再仅仅寻求修复，而是试图增强自身以获得超过人类能力边界的生理和心理特征，这种思潮被称作"超人类主义"或"后人类主义"。欧盟议会法律事务委员会认为，在美国，超人类主义有着更深厚的社会土壤，它根植于美国社会一种普遍的主张，即个人可以自由地寻求自我提升，特别是为了更好的或更长久的生活。但欧洲社会则对此表示出了忧虑。《欧洲机器人民事法规则》纳入了一条特别的原则，要求"限制人类使用增强技术"，以避免现有形态的人类被遗忘或因被迫采用增强技术而消失。

在维护和尊重人类基本权利层面，相关议题主要围绕着身心健康的权利和自由、自治的权利展开。人工智能的发展引发了关于人身安全和生理健康的忧虑，如何避免人工智能直接或间接地对人类生理造成损害成为核心议题。其中，限制和规范人工智能技术在自动化武器上的应用受到高度关注和密切讨论。一些原则明确拒绝将自动化技术用于武器制造（41）以及其他暴力与战争行为（04）。人工智能在心理健康方面的影响也日益受到关注，如何避免人工智能技术给人类带来精神困扰往往是讨论的焦点，例如避免人工智能刻意模仿或展示残忍行为以造成精神创伤（11），或是增加压力、焦虑，使人类感到被数字环境骚扰（12）等。此外，鉴于人工智能系统日益介入并调节着人类的社会交往，有原则也主张人工智能不应该损害人类情感关系的维系，避免造成或加剧人的脆弱性和孤立性（11）。

就自由和自治的权利而言，有关保障人类自主决策和自由选择的主张是最主要的共识，特别是要求人工智能技术在应用过程中避免使人类受到欺骗、胁迫或操纵（01、11、42、54、52、76），而人类也应获得足够的信息、知识和行动能力来做出自主决定（38、42、70）。除此之外，个别原则还关注到了表达自由（26、38、62）和发展自由（62）。

关于隐私权的保护是最受关注的议题之一，超过半数的原则文件涉及该议题。现有原则体现了隐私权内容从私生活自治向个人信息自决的扩展，要求在包括收集、存储、处理、使用等各环节的信息生命周期内，个人都对其信息拥有主要的控制权。也有原则指出，人工智能可能是隐私保护的支持工具（65），合理的隐私设计不仅仅是为了降低或消除智能技术系统自身带来的隐私风险，还可以被用于解决人类长期以来遇到的隐私保护难题。此外，隐私议题也因为有着深厚的法律传统，成为人工智能治理原则立法落地的热点和焦点。2021年中国颁布并实施《数据安全法》《个人信息保护法》与《网络安全法》，在信息权利保护领域构建了较为完备的制度体系，走在了世界人工智能治理实践的前沿。

三、人工智能治理的正义原则：效益与分配

上述讨论关注"什么是有价值的"，而正义原则所面对的问题则是"如何正确地对待这些价值"。通常，从普遍的道德直觉出发，维护和促进有价值的事物本身就具有正当性。效益因此被看作是正当性的重要面向，大量原则围绕着"有益""非伤害"和"收益损失衡量"展开论述。这些原则主张发展和应用人工智能所带来的收益应当大于损失，并在合理范围内使收益最大化，将风险和损失维持在"社会可接受的范围内"（23）或使之最小化。这种功利主义的考量也牵涉到风险管理与创新之间的张力，有原则认为我们同时也要考虑不使用人工智能技术所产生的潜在损失和风险（83），主张合理的风险能够促进技术发展（65），在适当的情况下，应该避免过度的风险管控对技术创新和效益增长的阻碍（83）。

尽管效益之于正义是不可回避的议题，但在更多的情况下，有关正义的讨论侧重于"有价值的东西如何被正确分配"。查士丁尼学会在6世纪编纂罗马法时将正义定义为"使每个人得其应得的永恒意志"，其中"得其应得"就是一种分配原则。对分配问题的考量在任何社会都不可回避，特别是当难以避免的利益冲突发生时，如何做出协调和衡量，如何在社会范围内分配收益和损失，往往会成为正义问题的核心关切。总体而言，人工智能治理原则体现了两种分配观念。

其一是效益优先的分配观。这种观念往往建立在功利主义的基础上。尽管在一些批评者看来，功利主义是只考虑了总体福利如何最大化，而不关心这些福利如何在社会中进行分配。但实际上，功利主义至少在两个层面处理了有关"分配"的问题。首先，总体福利原则内含个体利益和总体利益、少数人利益和多数人利益之间的衡量与分配。其次，在个体之间如何分配利益的问题上，由于

功利主义主张的正当与否不完全取决于个人的福利水平的高低而最终取决于整体的福利水平的高低，它要求我们在自我利益和他人利益之间进行衡量和累加。正如塞缪尔·舍夫勒（Samuel Scheffler）所指出的，功利主义允许（甚至要求）一个行动者为了追求行为的非个人价值，而牺牲个人规划与承诺的道德重要性。[1]近年来活跃于公共领域的"有效利他主义"（effective altruism）也是功利主义的一个变体。[2]

功利主义也并不必然期待一个多数人利益压倒少数人利益的社会现实，而是将希望寄托于一个理想化的情境，在那里个体和整体间共享一致的利益，当总体利益最大化时，个体的利益也得到了最大化。一些原则表达了类似的理想期望，它们既希望让尽可能多的人受益，又期待每一个人都是受益者，通过创设这样的理想情境来消解功利主义视域下局部和整体之间的张力。另外一些原则直接回避了这一问题，仅主张在整体上衡量收益与成本、损失与风险，以求人工智能带来的益处最大化或风险与伤害最小化（41、60、77）。

不过也有原则直面了利益衡量的困境，并给出了基于功利主义的方案。这些原则承认人工智能的部署会给某些群体带来风险或负面影响，但能够为其他群体创造收益（64），并以此要求分析和确定各方在技术中获得的收益，确保大多数人从中受益。至于在局部产生的损失和风险，则可以通过为个人、组织、政治实体和整个社会创造的利益来抵消（05），从而保证人工智能对世界产生"净积极影响"。

其二是公平优先的分配观。这种分配观在根本上挑战了功利主义，将对差异和平等的安排置于正义问题的核心。功利主义或者一般目的论的基本假设是将"正当"的概念依附于"善"，并以后者定义前者，从而将正当问题转变为如何确定某种善并将其最大化。以约翰·罗尔斯和罗伯特·诺齐克（Robert Nozick）为代表的当代学者在不同的理论路径上主张将"正当"独立于"善"，进而将合理的分配形式和待分配的内容分离开来。罗尔斯在康德式的"先验主体"的论证中，拒斥了具有经验内容的"善"的绝对优先性。他认为，某种"善"作为目的被选择之前，必然已经存在一个具备选择能力的自我，自我优先于目的，而目的则由自我加以确认。作为被选择内容的"善"具有从属性，"正当"与

---

[1] Scheffler S. The Rejection of Consequentialism: A Philosophical Investivagtion of the Considerations Underlying Rival Moral Conceptions [M]. New York: Oxford University Press, 1994: 61.

[2] MacAskill W. Effective altruism: Introduction [J]. Essays in Philosophy, 2017, 18(1): 1-5.

"善"的关系乃是评判标准与所要评价事物之间的关系。诺齐克则沿袭了洛克的自然权利理论，认为奠基于人类尊严的自然权利及人们的合法所得具有一种先验的正当性，不可以为了实现某种"善"而受到侵犯。[①]

确立一种独立并优先于任何具体"善"的正义原则，使得围绕"善"的不同取向而产生的社会差异不可避免。如何对待差异，以及在何种意义上主张平等，就构成了公平问题的两个主要方面。最简单而极端的平等形式是"平均主义"，该形式要求每个人都受到同样的对待，特别是在分配结果上的平等。正如有原则主张广泛而平等地分配人工智能技术所带来的收益（14），或发挥技术潜力来克服当前社会的不平等（77、88）。这些带有技术乌托邦色彩的平均主义主张通常被认为过于严格而难以实现。批评者一方面认为分配的平等并不必然带来满足的平等，另一方面也认为平均分配消除了社会经济领域的有效激励，再分配的成本也催生了浪费性低效[②]，因此有必要在平等和效率之间做出平衡。即便是主张消除阶级差异的共产主义思想，也并不支持"平均主义"的观点。卡尔·马克思（Karl Marx）在《哥达纲领批判》中阐述了拒绝"平均主义"的原因，他认为"平均主义"对平等的绝对主张会忽视其他道德观点，最终会导致实质的不平等，更关键的问题在于如何消除社会中的冲突和支配关系，促进人的自由发展。在这个意义上消除阶级差异的目的在于解放而非平等。这种解放的观念也体现在现有原则中，如"人工智能的发展必须有助于消除群体和个人之间基于权力、财富或知识差异的支配关系"（11）。

与"平均主义"不同，亚里士多德主张一种合乎比例的安排，即"相同者予以相同对待，不相同者予以不同对待"。他承认了人与人之不可消弭的差异，进而认为平等就是根据这种差异按比例分配与之相称的事物，从而认可了合理的差异。但由于没有对如何安排差异做出任何实质性的规定，这通常被认为是一种形式上的规范。就此而言，亚里士多德留给我们的问题是，比例平等所参照的差别体系是依据什么产生的？在什么情况下差异是可接受的？

古典自由主义者对此做出的回应涉及"机会平等"和"基本权利和自由的平等"两个维度。他们主张人具有"自我拥有"（self-ownership）的自然权利，

---

① Nozick R. Anarchy, State, and Utopia [M]. London & New York: John Wiley & Sons, Inc., 1974: 45-51.

② Okun A M. Equality and Efficiency: The Big Tradeoff [M]. Washington, DC: Brookings Institution Press, 2015: 117-148.

人们能够平等地运用自己的天赋获得收益。因此只要保障人们享有平等的自由和权利，在一切机会向所有人开放的情况下，个人发展所致的差异便应当被接受并被视为"道德上的应得"。许多原则也体现了这种观念，比如，将人工智能作为一种社会资源，使包括代码、训练数据和其他相关信息在内的资源向所有人开放（68），就契合了自由主义所主张的"机会平等"原则。

由于正义长期以来被认为是随意性的对立面，对自然和社会的"偶然因素"或者个体层面的"运气"的忽视，使古典自由主义的主张受到了挑战。正如罗尔斯指出，"自然的自由体系最明显的不正义之处，就是它允许分配的份额受到这些从道德观点看是非常任性专横的因素的不恰当影响"[1]。古典自由主义的修正者试图通过补偿那些偶然所致的社会差异来实现"起点的平等"，使同样有才能和抱负的人有同样的机会实现其个人成就，以维护人们依靠其天赋和努力获取应得收益的正当性。在现有原则中这种观点体现在两个方面，一是通过人工智能技术填补人类的起点差异，比如通过技术赋能弱势群体，创造一个更公平的竞争环境（16）；二是在人工智能技术红利的获取上的"起点平等"，比如通过转移支付或社会援助等方式使经济弱势群体也能够享有获得技术设备的机会（76）。但这种修正依然无法应对人们自然天赋的偶然差异，这也意味着"应得的正义"中始终包含着某种随意因素。

以罗纳德·德沃金（Ronald Dworkin）为代表的运气均等主义者试图区别对待不同的"运气"，并划定不平等后果的责任范围。由"原生运气"产生的不平等结果应由社会补偿，而由个人自愿选择所招致的不平等结果则由个人承担。[2]但个人自愿选择所导致的结果往往受到人们所处社会结构的影响，社会以特定结构运转对罗尔斯而言也是一种"巧合"。因此他并不试图区分不同的运气，而是将天赋和好运视为"共同资产"，在保障基本自由平等和机会平等的基础上，遵从"差别原则"，使社会制度的安排能够充分利用这些资产来促进公共利益，并使最不利者在这种整体利益的增长中获益。[3]对"最不利者的利益"的关注广泛出现于现有治理原则中，这些"最不利者"被同样抽象地描述为"应

---

[1] 罗尔斯. 正义论（修订版）[M]. 何怀宏，何包钢，廖申白，译. 北京：中国社会科学出版社，2009：56.

[2] 高景柱. 德沃金与运气均等主义理论[J]. 西南大学学报（社会科学版），2021，47（2）：35-43+227.

[3] 罗尔斯. 正义论（修订版）[M]. 何怀宏，何包钢，廖申白，译. 北京：中国社会科学出版社，2009：77-78.

该特别考虑保护的人""弱势群体""代表性不足的人口",或者被包含在"所有人""每个人"之中,而如何具体定位人工智能技术部署之下的"最不利者"却鲜见于原则论述中。相对具体的讨论则聚焦于人工智能可能带来的社会劳动力结构转型,关注那些因缺乏数字素养而面临失业的人群,主张他们应该受到社会的特别关照并受惠于人工智能技术。其中,最核心的主张是开展教育培训。在"起点平等"的视角里,教育被认为可以清除个人发展的阻碍,使这些人能够在新的就业环境中取得成就,但在罗尔斯的观点里,教育的目的不限于减弱甚至抹平障碍,而是使人适应新的技术—社会环境并重新发现自我价值。

上述讨论更多着眼于何为正义或如何实现正义,但正义问题还要求我们考虑不正义发生后如何应对,这就指向了正义的纠错维度。有 8 份原则文件涉及了纠错的议题,其中多数原则在较为抽象的层面呼吁救济或纠错,而具体指向则主要包括经济补偿(15)、司法救济(42)等方面。还有原则以历史视野要求使用人工智能技术纠正我们过去的错误(47)。

四、本节小结

原则主义试图回避争议,通过清单式的整合为伦理实践和社会行动提供基本指南。但借助通约和列举形成的伦理框架,在概念的明晰性和原则间的协调性上存在问题。而随着治理主体日益多元化,激增的人工智能治理原则文本间也日益难以协调。本节在众多版本的原则主义"清单"之上,通过寻找整合框架而不是寻求最大公约数的方式来促进原则文本间的对话。如果将清单中的原则视为对特定伦理问题的回答,那么寻找整合框架就是澄清这些问题和回应方式的思想基础。

通过梳理 88 份人工智能原则文本,我们发现这些原则回应了三个彼此关联的伦理问题:价值立场(珍视谁的价值)——价值目标(珍视何种价值)——正义原则(如何正确地对待这些价值)。三个核心议题在不同的理论脉络和现实情境中又派生出更具体的问题,构成了一个丰富而系统的问题域。问题的澄清使涵盖在某些关键概念中的丰富内涵和不同回应之间的张力得以显现。例如在流行的原则主义版本中,有益和非伤害的主张本身就需要对谁的价值及何种价值做出声明,而利益衡量则又往往与公平原则共同回应着如何对待这些价值的问题。

绝大多数的规范性文件都赞同人工智能的有益、非伤害、公平分配原则,但字面上的共识并不意味着伦理考量起点的一致性,更不代表技术部署和规制实践措施的统一性。厘清原则文本的理论脉络差异和观点张力，能让我们更清楚地意识到为什么激增的文本并未有效回应不断涌现的技术后果，遑论形成人工智能规制合力。

整合原则文本的目的并不在于为人工智能治理提供统一的伦理基础。随着人工智能治理所面对的现实情境日益复杂，参与到治理实践中的主体日益多元。而治理这一概念本身也包含着权力下放、多方参与和去中心化的意涵。因而在一个多元的治理网络中，寻求单一的治理方案本身就有悖其出发点，而且也不具有现实性。寻求整合框架在某种意义上是一种"元治理"的尝试。元治理被认为是对治理的治理，即对不同治理主体进行协调，理性选择并将不同治理形式有机组合①，在弥补单一治理不足的同时，减少碎片化和重叠性②。

在世界范围内，多主体参与人工智能治理既是基本共识也是当下现实。我们所搜集的原则文本中来自公共部门及其智库机构的文本仅占不到四成，企业与其他社会组织正在积极参与相关话语的建构，各国政府也积极通过引导行业自律和向社会购买服务等形式将多元主体纳入治理网络。中国政府就在《新一代人工智能治理原则》中将"开放协作"作为指导性原则之一，要求"推动国际组织、政府部门、科研机构、教育机构、企业、社会组织、公众在人工智能发展与治理中的协调互动"。

在一定程度上，良好的对话框架是元治理得以开展的基础，特别是当治理网络中的行动主体之间发生分歧和冲突时，促进彼此间的对话和协商能够降低治理失灵的程度，形成更灵活的治理组合。而元治理往往涉及在价值和规范层面形成治理秩序，用以推进和评估治理实践。在这个意义上，面对不同的治理方案和伦理主张，积极建构对话框架，促进多治理元主体的协商与协同，毫无疑问地成为元治理的应有之义。构建对话框架的主张也作为中国政府开展人工智能治理的核心议程之一，体现在上文所述"开放协作"的原则里。而本节的目标也正是为这一框架的建构提供学理层面的参考，并在经验层面引导对话与讨论，以澄清并组织既有治理观念的伦理基础。

此外，在具体的现实情境中，如何将抽象的伦理主张转变为具体的治理实

---

① 于水，查荣林，帖明. 元治理视域下政府治道逻辑与治理能力提升[J]. 江苏社会科学，2014（4）：139-145.

② Kooiman J, Jentoft S. Meta-governance: Values, norms and principles, and the making of hard choices [J]. Public Administration, 2009, 87(4): 818-836.

践，在多元的价值取向之间进行选择和行动也是元治理的重要议题。推动人工智能的治理实践，需要在静态的对话框架之上进一步构建动态的程序规则，以应对复杂现实情境中的道德选择和行动需求。部分学者批评现有人工智能治理原则是"道德粉饰"，旨在掩盖和回避真正的现实问题并成为相关行动者的道德"避风港"。其实，尽管原则主义方法不能很好地解决理论和观念的争议，但它引入的"反思平衡"程序体现了对实践价值的重视，而这也是经典的伦理理论的薄弱环节。

对人工智能原则核心议题的梳理，就是在承认多元主体参与治理的合理性基础上，探寻他们的治理目标、行动场域和对话机制，让人工智能领域的元治理成为可能。总体而言，全球范围内数量繁多的人工智能治理原则文件，虽规制主体、规制重点和规制路径不同，但它们都在价值立场、价值目标、正义原则这三个维度进行了澄清和细化，厘清其间的理论脉络和争议焦点，为抽象原则的落地实施提供了更为翔实的学理积淀和行动共识。

第三节　人工智能治理的实践导向

随着人工智能技术的迅速发展与应用，如何实现对人工智能的有效治理成为国际社会面临的共同问题。技术变革与制度调适之间存在的步调差异[①]造成了不可忽视的治理鸿沟，对现有的监管体系和治理结构提出了严峻的挑战。制度调适有着明显的滞后性。现有的立法、监管和司法框架往往基于一种静态的社会和技术观点[②]，对于可能出现的变革缺乏预见性和灵活性。即便公共部门能够以某种方式迅速响应，及时为新兴技术制定和调整法规，也可能因为无法充分预测技术的发展趋向而产生阻滞创新或强化风险的负面影响，或是在"墨水没干的时候"就已经失去现实效力。不过正如美国前最高法院首席大法官沃伦·伯格（Warren Burger）所说，"完全跟上科学的步伐并不是法律的作用和功能"[③]，

[①] Wallach W, Marchant G. Toward the agile and comprehensive international governance of AI and robotics [J]. Proceedings of the IEEE, 2019, 107(3): 505-508.

[②] Marchant G E. The growing gap between emerging technologies and the law [M]//The Growing Gap Between Emerging Technologies and Legal-Ethical Oversight: The Pacing Problem. Dordrecht: Springer Netherlands, 2011: 19-33.

[③] Katz J. Reflections on law and experimental medicine [J]. Hous. L. Rev., 1988: 475-493.

法律系统在设计上被赋予了保守性，其关键功能之一就是在快速变革中维系社会稳定并提供制动能力。①

为了填补持续存在且难以避免的治理缺口，大量被冠以"原则""指南""战略"之称的文件由不同的行动者撰写并发布，在极短的时间内井喷式地出现在公共领域。由于这些文本在发布时通常将伦理声明内容置于首位，学术界的讨论也表现出对伦理问题的关注倾向。但是，仅仅建立有关技术的伦理期望或评估技术的道德后果还不足以帮助我们实现期望或应对后果。伦理学反思的中心目标不是"从外部"评价技术的发展，而是"从内部"伴随技术发展。②一味地进行伦理承诺可能使原则文本成为"道德的遮羞布"和利益相关方的"避风港"，用其回避真正的问题。

为了在伦理声明和治理实践之间搭建桥梁，使原则成为具有操作性的治理工具，本节将聚焦前述88份原则文本中的实践准则。研究采用了以下分析步骤。第一，在各个学科和专业领域的文献中定位文本中的关键概念，厘清领域内与之相关的基本共识和分歧，理解不同范畴间的关系，并由此建立初步的编码框架。第二，对原则文本进行逐条录入和编目，将每个原则作为一个分析单位，分析的内容包括原文中对该原则的概述和相应阐释。第三，在完成数据整理后，进行逐条人工编码。首先分离伦理声明和实践准则的内容（二者常常交织在单一原则中），随后对实践准则进行编码，主要分为两个方面：一是提炼主题，二是提炼有关该主题的关键陈述并加以概括。这些主题由上述的文献研究过程初步得出。由于编码过程中会不断涌现出无法被涵盖的新内容，研究者也会根据实际文本内容动态调整编码框架。因此编码的过程更像是修补结构，在先验的结构和现实的材料之间往复，而不是单向"按图索骥"。这样的动态编码过程也意味着，分析的结果和用于分析的框架往往会在最后同时浮现出来。因而在某种意义上，这个研究的核心就在于建立这样一个用于分析与整合的编码框架，促进不同原则文本之间的有效对话，并把握其中的共识与分歧。

通过对原则文本的分析，研究发现对人工智能进行治理的实践准则可以归纳为三项：可靠性原则、问责制原则、社会协同原则。它们分别回应了三个有关治理实践的问题：一是能够胜任伦理期望的技术系统应该具备怎样的品质；二是

---

① van Alstine M P. The costs of legal change [J]. UCLA Law Review, 2002, 49(789): 789-870.
② 弗洛里迪. 在线生活宣言：超连接时代的人类 [M]. 成素梅，孙越，蒋益，等译. 上海：上海译文出版社，2018：224.

如何应对技术的社会后果，特别是那些非预期的后果；三是应该以怎样的社会组织形式开展治理实践。

一、可靠性原则：构建符合预期的技术系统

（一）作为术语集的可靠性

在科学和工程领域，可靠性（reliability）是一个复杂、多义的概念，在宽泛意义上指技术系统按照其设计目标持续运行的能力。可靠性作为一个术语集（70）通常是对各类技术系统的总体性要求，囊括了一系列评价指标。我们对原则文本中与可靠性相关的术语进行了梳理，形成一个相对完整的概念框架，它包括有效性、稳健性和优化性三个维度（见表7-2）。

表 7-2　可靠性原则构成及内容示例

维度	具体内涵	内容示例	原则文本数
有效性	实现预期目标	在公开的目的和真实行动之间保持一致。（75） 提供关于人工智能系统的目的和效果的充分信息，以验证其与个人预期的持续一致。（38）	16
	避免非预期后果	尽可能确保第三方对人工智能解决方案的使用仅限于预期目的。（39）	4
稳健性	稳定性	可重复操作，以便在机器学习系统的各种操作中实现合理的可重复性。（85）	3
	安全性	人工智能系统需要具有弹性和安全性。它们必须是安全的，确保在出现问题时有后备计划。（76） 数据和网络安全是人工智能取得成功的不可或缺的因素。（19）	44
	狭义稳健性	确保人工智能系统的可控性，以适应特定系统运行的特别环境。（19） 在整个生命周期中，维持人工智能的稳健运行，不论是正常使用还是误用或处于其他不利条件下，都能够使其适当地发挥作用。（69）	19
优化性	自主优化	下一代人工智能系统可能会变得越来越具有"自我意识"，具有发现和纠正错误、不准确或不道德决策的内置能力。（66）	4
	调整优化	我们检查和评估数据输入，以开发和改进AI。（45） 通过用户和利益相关者的持续投入，改进数据收集、分析……反馈过程是循环的……并不断改善。（79）	16

有效性指系统实现其既定目标的能力，它通常指向难以割裂的两个方面，一是可验证性（verification），即是否可以证明系统满足了预期目标，二是准确性（validity），即确保系统在满足既定目标的同时不会产生意料之外的行为与后

果。①在现有原则中有效性的两个维度均有所体现。一些原则主张应该建立用于持续监测和检验的系统，在充分了解系统运行情况的基础上，验证它们是否与设计者预期保持一致（38）。而那些偏离设计者期望的运行过程也应该受到持续的监控和处理，确保系统不会以意想不到的方式运转（46）。人工智能的两大支柱是算法和大数据②，系统的有效性不仅依赖于算法设计，往往还受到数据质量的影响。因而也有原则也认为有效性的前提是高质量的数据输入（21），而抽样过程所造成的偏差，往往是数据质量不足的首要原因（39）。

稳健性（robustness）通常被翻译为"鲁棒性"，最早是统计学概念，用于表示计算方法中关于误差的灵敏性。③随着控制论的兴起和发展，稳健性的概念被迁移到各类系统的设计中，用于表示系统受到外部扰动或内部参数摄动等不确定因素干扰时，保持其结构和功能稳定的特性。在人工智能领域，特别是对机器学习算法而言，稳健性通常会被理解为算法对数据变化的容忍度的高低。但人工智能系统也往往涉及传感器和执行器等实体设施，因此稳健性也意味着它们在物理环境的变化中保持稳定的特性。

相较于稳定性，稳健性被认为是一个更宽泛的概念，前者通常指系统随时间流逝或在微小扰动下自我维持的特性，而稳健性还意味着系统在多种功能之间切换以适应环境的能力，因此也被称为"复杂自适应性"④。正如约翰·霍兰（John Holland）所说："我们通常不担心石头的鲁棒性。"因为石头仅仅具有一种在时间和环境的扰动中维持自身原有状态的能力（稳定性），而不具备在多个应对策略之间做出适应性选择的能力（稳健性）。广义上看，稳定性可以被视为稳健性的一个方面。

安全性（security）描述了特定情况下的稳健性，即一个系统在面对恶意攻击或对抗性干扰时，能否有效抵御攻击、维持系统正常运转的能力。技术系统的稳健性水平往往在恶意攻击和恶劣环境下才能得到充分评估，例如通过精

① Russell S, Dewey D, Tegmark M. Research priorities for robust and beneficial artificial intelligence [J]. AI Magazine, 2015, 36(4): 105-114.
② 赵瑜. 人工智能时代新闻伦理研究重点及其趋向[J]. 浙江大学学报（人文社会科学版），2019，49（2）：100-114.
③ Saleh J H, Marais K. Highlights from the early (and pre-) history of reliability engineering [J]. Reliability Engineering & System Safety, 2006, 91(2): 249-256.
④ Jen E. Stable or robust? What's the difference? [EB/OL]. (2002-12-17)[2023-04-23]. https://sites.santafe.edu/~erica/stable.

心设计的样本来"毒害"训练模型，通过研究输出来窃取模型，或是借助对抗性扰动来愚弄算法。因此，有时候自行创建攻击也是提高稳健性的重要手段（66）。

稳健性常常也被认为与有效性相关，但二者通常被区分使用。有效性的关键在于实现既定目标，而稳健性的关键在于持续运行和对抗干扰，因此一个系统可能是有效的，但却不是稳健的，甚至一些研究指出，稳健性和有效性（准确性）在神经网络中不可兼得。[①]有学者在概念范围上对二者进行了区分，认为有效性通常指在规约范围内的系统活动，而稳健性则关注规约之外的系统活动。[②]但不可否认，这两个概念也常常彼此混用。有原则指出算法随着环境改变而具有的"有效性半衰期"（05），如在证券交易的应用场景下，算法在变化的市场环境中预测行情的有效性会随着时间而减弱。该原则所描述的特征更多侧重于稳健性而非有效性。

系统面对内部和外部的变化，稳健性并不是唯一的要求，在维持自身状态和选择适应策略之外，系统还应该被持续优化，特别是递归式的自我优化。但这种自我优化往往依赖于大量数据输入和人类的反馈与训练。在现在看来，系统独立的自我优化，仍然是一种面向未来的想象，正如有原则表示，"下一代人工智能系统可能会变得越来越具有'自我意识'，具有发现和纠正错误、不准确或不道德决策的内置能力"（64）。人类主要通过两种方式促进系统优化，一是要求人类通过评估输入和输出来改进系统（45），这同时还涉及将用户及利益相关者纳入沟通和反馈的信息传播过程（79）；二是要求人类动态地确定行业最佳实践（01、23、41），并通过设立行业标准将其制度化，以更广泛地促进系统迭代升级。

（二）人类处于循环中

可靠性原则并不单一地指向技术物，它更根本地着眼于人和技术互动模式。随着人工智能的自主性和可靠性日益增长，我们已经看到许多自动系统在没有人为干预的情况下实现正常工作，甚至在一定程度上，人类的介入正在被视为多余，比如在安全系统领域的一些研究者通常将人类视为"链条中最薄弱的环

① Yang Y, Rashtchian C, Zhang H, et al. A closer look at accuracy vs. robustness [C]//Advances in Neural Information Processing Systems 33, 2020.
② 接婧. 国际学术界对鲁棒性的研究[J]. 系统工程学报, 2005, 20（2）: 153-159.

节"①。而过多的干预也被认为会阻碍人工智能的应用效率，正如有原则指出"对每一个决策进行人工审核和干预，意味着限制或阻止某些人工智能或算法的应用"（22）。但在现有的技术水平下，完全脱离人类的人工智能系统尚未实现，人类参与人工智能的训练、监督和调试依然是必要环节。而根据保障人类自治的伦理要求，被置于工具地位的人工智能系统也必须受到人类的控制。

出于不同原因，人类处于循环（human in the loop）的设计思路正在成为主流模式。这种设计思路提供了对人工智能系统的另一种理解方式，主张不把自动化视为从任务中去除人类参与，而是将其想象为选择性地包含人类参与②，在利用自动化技术提升效率的同时，保持它对人类的反馈和服从，这在一定程度上还减轻了构建"完美算法"的压力。但是将人类置于循环必须保障人类的知情同意，人类需要了解自己正处在与机器的互动中（51），而这种告知必须清晰且明确（02）。

从某种意义上来说，这种设计思路在两个层面保障了人类控制。其一是在系统运行过程中人类的有限控制，通常是持续的监督，并在必要时予以反馈、调整和干预。这意味着超越单个决策范围进行干预并考察其效用，从而将审核与干预的焦点从单一决策扩展到系列决策（22），这也被认为是一种"适当的人类控制"模式（41）。其二是人类对于系统所拥有的最终的控制权以及人类对相关事务的最终决策权和处置权。这要求人类能够从根本上为系统设置目标，并保持干预和终止系统的能力，同时要求人类能够挑战和质疑系统给出的结果，并有权从人工智能系统中退出，转交人类决策（35）。而保障这种人类控制的前提是人类对人工智能系统的持续监督，以及对其运行状态、决策和行动结果的知情。

人类处于循环的设计思路往往也体现在可靠性的其他原则中，成为实现它们的路径，比如人类需要持续地检验系统运行和自身期望之间的一致性，根据检测和评估的结果给予系统反馈或调整算法和数据集，从而实现对人工智能系统的持续优化。而可靠性的技术指标也应该充分考虑置入其中的人类行动者。正如有原则提到的，人工智能应用程序的可靠性都应该根据使用它的人的能力

① Schneier B. Secrets and Lies: Digital Security in a Networked World [M]. Indianapolis: John Wiley & Sons, Inc., 2015: 255.

② Wang G. Humans in the loop: The design of interactive AI systems [EB/OL]. (2019-10-20)[2023-05-10]. https://hai.stanford.edu/news/humans-loop-design-interactive-ai-systems.

进行配置（70）。特别是当人类不再有能力对人工智能施加控制的时候，系统便应该自己终止运行（32）。

二、问责制原则：对技术的后果负责

可靠性要求技术以符合期望的方式发挥作用，而问责制则着眼于这些效用的社会后果，关注与之相关的责任问题。如今，问责制已然成为人工智能治理领域的重要工具。在搜集到的 88 份原则文本中，有 37 份明确将问责制列为一项原则，另有 33 份提及了责任分配、追溯和承担等与问责制相关的内容。

（一）问责概念的最简范式

问责（accountability）在历史语义上和会计（account）密切相关，核算账目就是问责最早的意义。根据杜布尼克的说法，问责的概念最早可以追溯到英王威廉一世统治时期，他要求领地内所有的财产持有者对他们的财产进行计算并上报，经过皇室评估后将其列在所谓的末日审判书中。① 随着现代国家的形成，问责逐渐在语义上脱离了账目核算的意义，演变为提高公共治理有效性和效率的工具。再后来，问责成为一种治理目标，表达出对公正治理的强烈承诺，被奉为"善治"的标志。随着问责的概念不断拓展，有学者也认为它变成一个"概念伞"，涵盖诸如透明、公平、民主、效率、负责和诚信等多个方面。②

为了防止概念过度拓展而致使其实际意义失效，有学者主张采取最简概念范式来理解和构建问责制，如图 7-1。问责的最基本意义是对其他人负责，有义务解释和论证作为或不作为的正当性。③ 博文斯对此做了更具结构化的说明，将狭义的问责制理解为存在于行动者（actor）和问责者组成的公共论坛（forum）之间社会关系。其中，行动者有义务对其行为进行解释和辩护，问责者则需要提出问题并做出判断，行动者最终可能面临某种后果。④

问责制至少包含了以下方面：责任的分配，包括由谁负责，对谁负责，负有

① Dubnick M J. Seeking salvation for accountability [EB/OL]. (2002-09-16)[2023-04-19]. https://dubnick.com/mjdubnick/papersrw/2002/salv2002.pdf.

② Behn R D. Rethinking Democratic Accountability [M]. Washington, DC: Brookings Institution Press, 2001: 3-6.

③ Olsen J P. Accountability and ambiguity [M]//The Oxford Handbook of Public Accountability. Oxford: Oxford University Press, 2014: 106-124.

④ Bovens M. Analysing and assessing accountability: A conceptual framework [J]. European Law Journal, 2007, 13(4): 447-468.

何种责任；问责的必要过程，包括提供信息、影响评估、开展讨论和做出判断；问责的结果，包括惩罚、纠错和补偿等。

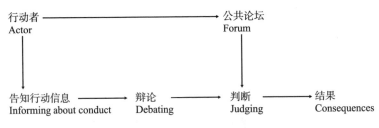

图 7-1　问责概念的最简范式

（二）责任分配

大多数原则主张在责任分配时采用分布式的责任结构，使责任在参与人工智能设计、开发、制造、部署、运营、操作等各环节的行动者之间进行分配。而分配的结果，特别是责任和主体之间的匹配关系，应该是明确并可识别的（76），换言之是一种"大声说出来的责任"（58）。现有原则就具体的行动者所负有的责任进行了不同程度的规约，但治理的焦点落在了技术专家或专业群体上。他们被要求明确自身的资质、专业知识和局限性（08），告知利益相关方技术目的和潜在影响（87），降低风险和预防不当后果（82），向社会发出通知和警告（17），并在损害发生时能够有效减轻其程度，共享和发展行业标准和最佳实践（38）等。但这种责任声明显得十分宽适，几乎是对通用原则的重申。

规范的模糊性同样存在于有关问责主体及问责对象的表述里。最常见的问责主体是"利益相关方"和"受不利影响者"，在企业发布的原则中，问责主体也被表述为"用户"或"客户"，而在公共部门的主张中则往往是"公众"。但在这些宽泛的主张中，鲜有与上述社会角色相匹配的权利和义务声明。另一些原则主张通过代理机构进行问责，包括独立的外部审计机构、公共部门或是多方组建的伦理委员会等（38、08、28、49）。当利益相关方和受不利影响者不具备问责能力时，通过这些代理机构，他们可以更有效地参与问责过程，维护自身的权益。而在科技和工程领域，专业同行成为一类重要的问责主体，作为共享特定实践标准和伦理规范的共同体能够对其成员的行为产生实际约束力，特别是在复杂技术的情境里，往往只有专业同行才具备问责所需的各种知识和能力。

（三）问责过程

问责的程序首先涉及信息的披露和获取，特别是与行动者行为及其后果相关的信息。只有改变问责者和行动者之间的信息不对称的处境，问责流程才能有效运转。一方面，这构成了被问责者的义务。被问责方需要记录过程数据并保证结果的可追溯性（10），以便向问责方提供及时、准确和完整的信息（75），同时这些信息还必须易于访问和理解（44），因此解释也成为必要环节（72），这些信息披露的方式往往被要求以制度化的方式确定下来，以构成问责制链条的一环（82）。另一方面则是对问责方的能力提出要求。对于个体而言，提高对人工智能技术的理解是有效参与问责过程的基础，一些原则甚至将之视为智能时代的新型"公民素养"（55）。对于公共部门而言，为了持续地评估和审查行动者，应该扩展政策工具箱，组合利用监管和非监管方法实现敏捷和灵活的问责行动（83）。

在信息充分披露的基础上，问责有赖于对行动的实际或潜在影响进行评估。现有的原则中，既有基于功利主义的利弊衡量或风险与收益评估，也涉及对人权影响与社会公平的评估，关注人工智能的技术后果在多元群体间的分配。基于影响的评估和特定的评判标准，问责者往往会在充分辩论后做出判断。但问责评估所依据的标准并不总是明确的，问责实践涉及对相互竞争的目标、主张和规范标准以及内部和外部期望之间的复杂权衡。[1]在现有的原则中出现的问责依据也各不相同，但大体可以分为四类：一是科学技术自身的规律，如"依据科学和信息技术的流程"（83）和"最佳技术实践"（87）；二是现有的法律框架，如"法律应当明确责任和设计问责制"（20）和"遵守法律（如《通用技术条例》）是对数据和隐私进行道德评估的良好起点"（82）；三是各类规范，如"国际社会、国家、行业和团体制定的标准规范"（73）；四是社会的道德原则，如"符合道德责任……使这些原则具有可操作性"（64）。尽管现有的原则注意到了当前问责依据的多样性，但却并没有进一步讨论如何化解这些相互竞争的问责依据间的内在张力。这些问责依据似乎和不断扩张的问责制一样成为治理合法性的话语资源，在一个结构完整的治理框架中承担着象征性功能。

---

① Busuioc M, Lodge M. Reputation and accountability relationships: Managing accountability expectations through reputation [J]. Public Administration Review, 2017, 77(1): 91-100.

（四）问责结果

问责的最终目的是要构成一种治理实践，基于判断结果对责任方和受影响者采取行动，或者在预防意义上避免特定行为及其影响的产生。就事后处置的角度而言，通常包括对责任方做出惩戒、对受不利影响者予以补偿，或在非个体层面对损害进行修复或补救，并对既有的行动策略和技术系统进行调整与修正。基于"设计出的问责制"思路，将诉讼和纠纷解决机制嵌入智能系统也体现在现有原则中，成为问责结果兑现的一种路径，如"机器人的决策路径必须以诉讼和纠纷解决为目的进行重构"（03）。另一种兑现路径则是通过创新保险机制来在社会范围内分摊行动成本（73），保证救济和补偿的同时，防止行动的责任成本过高以限制智能技术的发展和应用。就事前预防的角度而言，问责制本身就对行动者构成了一种常规的约束，促使他们为了避免惩罚而预先防范。不仅如此，防范不良后果和向社会预警等事前预防行为本身就是问责制框架下相关行动者应该承担的责任和义务。

三、社会协同原则：治理的行动结构

不论是建构符合期望的人工智能系统，还是对技术的社会后果负责，这些治理行动都有赖于特定社会行动结构的支持。我们应该以怎样的社会组织模式来促进技术的发展和应用，应对技术造成的一系列后果？社会协同成为具有共识基础的答案。在我们搜集的原则文本中，有53份主张在人工智能治理中促进社会协同。而在具体的语境中，社会协同原则指向了以下两个方面。

（一）社会协同作为信任基石

技术发明和进步不仅是人类智力运用的结果，还同时是一种社会现象，受制于复杂的社会因素，技术进展的出现往往有赖于一个社会的文化准备和需求结构。对技术失控的畏惧构成了一种"现代性"的恐慌。安东尼·吉登斯（Anthony Giddens）认为，现代社会通过"脱域"机制得以急剧延伸，我们不可避免地被卷入一系列赖以生活的专家系统。[①]由于个体无法详尽地验证这些专家系统背后的专业知识的可靠性，于是出现了普遍的安全感缺失。大卫·科林格里奇（David Collingridge）则从另一个角度做了阐述，他提出了"技术控制困

---

① 吉登斯. 现代性的后果[M]. 田禾，译. 南京：译林出版社，2000：24.

境"①。他认为，一方面技术信息始终处于一种时序上的不对称状态，即只要新技术没有广泛的发展和应用，就难以对其社会影响做出预测，另一方面则是新技术一旦得到广泛使用就很难控制和改变其社会影响。这种困境要求我们在潜在影响难以预测和失控风险不可消除的情境下妥善处理技术的发展和应用问题，并避免陷入"技术放任"和"技术拘禁"的极端情况。这就涉及了社会信任的问题，正如吉登斯指出寻求信任的首要原因本就是"缺乏完整的信息"②。在这个意义上信任并不是要完全消除潜在风险，反而往往与风险交织在一起，通过对风险的估算与之达成一种平衡。在现代社会，风险往往需要被制度化，而确认一个"可接受的"或者说是最低限度的风险就构成了信任的基础。换言之就是我们在何种程度上可以信任技术，这种信任如何通过一种社会制度的安排得以实现？

按照吉登斯的观点，现代制度中的信任模式就其性质而言，实际上是建立在知识基础的模糊和片面理解之上的。尽管信息缺失和不对称的情况始终存在，但许多原则依然主张有效的信息交换和社会沟通。

一些原则的制定者依然没有放弃缩小知识鸿沟和打开技术黑箱的尝试，对于从根本上缓解技术恐惧并将信任建立在充分理解的基础上抱有持续的期望。但更多的情况下，这种主张的目的是促成一种对技术—社会环境的默认。对尼克拉斯·卢曼（Niklas Luhmann）而言，信任是社会复杂性的简化机制，用于解决社会复杂性在个体层面带来的无所适从的选择困境，从而使个体能够投入社会生活，驱动社会行动。③在这个意义上，沟通并不是制造理解而是促成适应。所以这种沟通传递的往往是一些印象或承诺，这包括了专家系统能力的可靠性，公共部门监管的有效性，以及人工智能系统的道德一致性。甚至有的原则还要求制造一种参与感来增强信任，"改善与人工智能有关的沟通，这样人们才会觉得自己是人工智能发展进程中的一部分，而不是被动的接受者，甚至是受害者"（39）。

有时候保持沟通的态度本身就可以带来信任。吉登斯认为，对特定抽象体

---

① Collingridge D. The Social Control of Technology [M]. London: Frances Printer, 1980: 13.
② 吉登斯. 现代性的后果[M]. 田禾，译. 南京：译林出版社，2000：29.
③ 卢曼. 信任：一个社会复杂性的简化机制[M]. 瞿铁鹏，李强，译. 上海：上海人民出版社，2005：3-11.

系的信任或不信任态度很容易受到在抽象体系入口处经验的强烈影响。[①]保持沟通的态度在一定程度上传递了尊重和友好，为非专业人群提供了更为良好的"入口处"体验，有助于促进信任关系的形成。尽管信任始终存在一定盲目性，但这并不意味着专家系统对非专业人士的单方面操纵。荷兰学者瑞普提出了建设性技术评估方法，他主张加强开发者与社会行动者之间的互动，从而将否证性技术社会学的价值批判带入技术研发共同体内部，迫使技术开发者严肃对待相关批评，与批评者合力寻求更好的解决方案。[②]在这个意义上，"入口处"的这些经验也在一定程度上更新了知识，并促成了彼此间实质的互动和共同的行动，正如有的原则文本所说："在人工智能科学家和工程师之间创造一种合作、信任和开放的文化，以帮助我们更好地实现这些目标（06）。"

（二）社会协同作为治理模式

人工智能作为一项系统工程，其开发、部署和应用往往涉及社会多层次的协作。随着人工智能治理所面对的现实情境日益复杂，参与治理实践的主体也日益多元。而治理这一概念本身也包含着权力下放、多方参与和去中心化的意涵。多元协作的治理模式正在成为人工智能领域的共识，要求积极开展合作建立跨学科、跨领域、跨部门、跨机构、跨地域、全球性、综合性的人工智能治理生态系统（77）。通过对原则文本的整理和分析，我们发现多元协作治理的主张建立在三个制度逻辑上。

其一是突破局部的制度或技术壁垒，促进全局治理。一方面人工智能技术与信息通信技术高度重叠，具有"去疆域化"[③]的特征，民族国家在其主权范围之难以有效行动，因此有原则呼吁一个跨国家和跨区域的全球治理体系（73）。另一方面人工智能技术应用的广泛性使之牵涉到不同的社会领域，局部管辖权和行动能力无法跨越制度和技术的壁垒应对全局性的治理需求。为了保障治理的有效性，需要通过构建共同规范和协同制度促进跨领域和跨部门的治理活动（83）。

其二是共享知识和经验的需求。这一方面要求在人工智能技术领域开放行

① 吉登斯. 现代性的后果[M]. 田禾，译. 南京：译林出版社，2000：79.

② Schot J, Rip A. The past and future of constructive technology assessment [J]. Technological Forecasting and Social Change, 1996, 54(2-3): 251-268.

③ 弗洛里迪. 在线生活宣言：超连接时代的人类[M]. 成素梅，孙越，蒋益，等译. 上海：上海译文出版社，2018：56.

业经验，特别是有关错误和缺陷（11）、网络攻击或黑客行为（19）的经验，以促进行业共同面对挑战，寻求最佳人工治理实践。正如有原则指出的"访问代码的人越多，越有可能解决程序漏洞，化解潜在风险并获得长期机会"（39）。另一方面则要求人工智能专业领域之外的各种文化、专业、学科进行组合，以广泛的知识、视角、理念为基础用于识别和解决数据处理的社会和道德后果，最大限度地减少未经考虑的风险（75）。

其三是人工智能的开发和应用过程广泛影响了多元人群，基于对自治价值的尊重，在人工智能治理的进程中引入多利益相关方机制，能够有效地保障人们自我管理和自主决定的权利。在这个意义上，协作治理还意味着民主制度和公共秩序的调整，避免因市场、技术和信息资源的垄断而带来权力的垄断摧毁民主协商的公共秩序，同时也充分尊重不同人群的价值和需求，避免由代表性不足造成的歧视和压迫。例如有原则指出，在人工智能应用开发与实施的所有阶段，都应该支持弱势群体和边缘化个体作为创造者、利益相关者、领导者和决策者参与其中（37），从而确保人工智能技术与公民对美好生活的各种观念相适应（42）。

治理主体的多样性意味着需要更有效地进行协调与统合。因此元治理的理念也被引入了人工智能领域。元治理被认为是对治理的治理，是一种二阶治理的形式，涉及为其他治理行动者制定规则和规范，创造治理行动开展所需的条件①，对不同治理方式进行协调，减少碎片化和重叠性。许多公共部门正在改变自己在治理框架中扮演的角色，通过在内部促进部门间协同，在外部构建治理网络的形式承担元治理的功能。不过也有观点认为，公共部门也仅仅是治理网络中的节点，应该构建一个更加超越性的元治理机构，如多利益攸关方组建的伦理委员会（55），以推动多元治理主体间的协同。在某种意义上，这些原则文本本身就意味着元治理的尝试，通过建构伦理共识和行动框架来促进参与和协同。不过激增的原则文本也是当下治理实践多元化和碎片化的写照，显示了不同治理主体和治理范式之间的竞争。

---

① Jessop B. The rise of governance and the risks of failure: The case of economic development [J]. International Social Science Journal, 2018, 68(227-228): 43-57.

四、本节小结

通过对 88 份治理原则的整合与分析，我们为人工智能治理领域勾勒出了一幅具有整体性视角的图景。通过聚焦原则文本中蕴含的实践导向，我们发现在激增的文本和多元化的主张之下，虽然观点张力依然存在，但一个具有共识基础的行动框架已经初具雏形。

这个框架建立在三项实践准则之上：可靠性原则、问责制原则、社会协同原则。它们分别回应了三个有关治理实践的问题：人工智能系统满足怎样的技术特性？我们该如何应对技术的社会后果？我们应该以怎样的社会组织形式开展治理实践？可靠性作为对人工智能系统的总体性要求而提出，它包含了有效性、稳健性和优化性三个彼此关联的技术指标。而可靠性原则在更深层次上着眼于人和技术互动模式，要求在设计和部署人工智能系统时将人类置于循环中，这一方面意味着人类行动者的参与是实现可靠性的重要条件，另一方面则回归到了以人为本和尊重人类自主性的伦理主张上，要求技术系统最终由人类所控制。尽管我们希望人工智能系统能够以符合期望的方式持续运转，但也必须抱以现实的态度考虑如何应对非预期的技术后果。由此，问责制原则被提出，成为与可靠性原则相互补充的重要维度。问责意味着行动者要接受公开的审查并为自己的行为承担相应的责任，它建立在行动者和问责者之间的社会关系之上，依靠信息告知、质疑与辩护、评估与判断等必要过程来促进责任的追溯和承担。然而，不论是构建可靠的人工智能还是应对它产生的社会后果，这些治理行动都离不开特定社会行动结构的支持，而社会协同原则就回应了这个层面的问题。在技术风险难以根绝的现实之下，充分且有序的社会互动和信息交换被认为是社会信任的基石，能够帮助我们避免陷入技术放任和技术拘禁的极端境地。而面对人工智能治理系统化、全局性的特征，多元协作的治理模式也日益成为共识。

可靠性原则和问责制原则设定了两组相互补充的治理目标，而社会协同原则探讨了怎样的社会行动结构能够支持和保障这些目标的实现，三者构成了人工智能治理的行动框架。但不可忽视的是这三个原则都内在地指向了另一项被频频提及的重要原则——透明性。在人工智能的语境下，透明性是一个颇具相对性的复杂概念，涵盖了可观测、可解释和可预测等方面。① 在不同的治理目标

---

① Chen J Y C, Lakhmani S G, Stowers K, et al. Situation awareness-based agent transparency and human-autonomy teaming effectiveness [J]. Theoretical Issues in Ergonomics Science, 2020, 19(3): 259-282.

和现实语境下，透明性的内涵也各不相同。也正是因此，虽然透明性在许多原
则文本中被单独列出，但往往是践行其他原则的必要条件。佛洛里迪在其统一
框架中就表示要"通过可解释性原则实现其他原则"①。在可靠性的要求下，对机
器效用的检验需要有效评估机器的运行状态，而人类处于循环中的原则同样要
求人机之间进行有效的信息交换以确保人类参与。在可问责的要求下，信息告
知和解释是一切问责制的前提，外部审计的过程本身就带有逆向工程学破解黑
箱实现系统透明的意味。在社会协同的要求下，社会信任的议题本身就围绕着
透明度能在何种程度上实现，以及基于这种随时被校准的信任来调整人机关系。
而去除人为的信息垄断，积极地推进信息共享，也是多元协作治理的基础。在
这个意义上，透明性原则成为这一行动框架的核心，支撑起了构成框架的三项
原则（见图 7-2）。

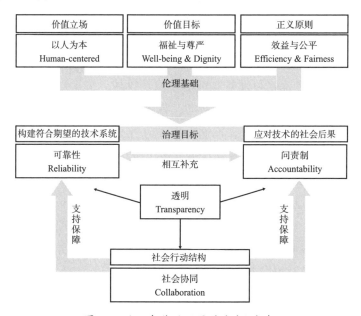

图 7-2　人工智能治理原则的共识框架

对于这一框架的理解也应该在人工智能发展的现实背景下进行。当下人工
智能正在经历第三次发展浪潮，基于大数据的深度学习是当下人工智能发展

① Floridi L, Cowls J. A unified framework of five principles for AI in society [M]//Machine Learning
and the City: Applications in Architecture and Urban Design. Hoboken: John Wiley & Sons, Inc.,
2022: 535-545.

的"引擎",大数据、超级计算能力和新的数学方法被认为是深度学习取得突破性进展的基础。[①]以GPT为代表的万亿级参数的大模型正是这一技术进展的代表,并将人工智能技术推向了变革前夜。不同于早期逻辑主义关注证明、推理过程和抽象逻辑表达,深度学习的训练依赖于大量高质量的数据。这意味着人们不再定义运算的规则,而是通过持续的输入和输出训练,使算法自己形成判断,人们往往无法完全评估算法的"黑箱"是如何得出特定答案的,这也使得"可解释"问题成为人工智能第三次浪潮的核心困境和讨论焦点。研究中涉及的文本大多伴随着深度学习的浪潮而生,有关数据科学和数据应用领域的探讨成为原则文本的焦点和热点,有15份原则文件直接将其作为主题。正如上文所述,对数据质量的评估和维护成为可靠性原则的重要方面,通过优化数据集来优化人工智能也成为行业共识,而算法的稳健性也越来越多地被理解为应对数据变化的能力。对数据的追溯和对算法结果的解释也成为问责制面临的主要问题。而以GPT为代表的"大模型"和"大算力"的发展模式,正在使人工智能技术的开发中心化,仅有资源雄厚的大公司才能够参与这场"军备竞赛",这也意味着资源的共享和流动可能受到前所未有的挑战。但大数据本身并不产生于大公司,而是来自丰富的人类数字活动,移动互联网挑战了万维网的开放结构,通过独立APP构建起数据壁垒,而这也将成为当下人工智能发展的结构性约束。第三次浪潮之下,社会协同的重要性也空前凸显。

面对全球人工智能治理的话语权竞争,中国政府也积极推出了《新一代人工智能治理原则》。这一纲领性文件在契合中国社会特征的同时,也体现了全球共识。其中,"安全可控""共担责任"和"开放协作"三项实践准则正对应了可靠性原则、问责制原则和社会协同原则。学术界和产业界也积极参与话语建构,北京智源人工智能研究院倡导的《人工智能北京共识》在全球范围内产生影响,中国人工智能产业发展联盟发起的《人工智能行业自律公约》得到了国内主要人工智能企业的支持。中国正在多层次上凝聚人工智能治理的基本共识,并面向国际社会传递中国观点和中国经验。

2017年中国发布的《新一代人工智能发展规划》确立了伦理规范、法律法规、政策体系"三步走"的整体战略。如何迈出步伐,走通治理之路不仅是中国,也是全世界面临的重要挑战。在一定程度上,一个凝聚共识的行动框架是

---

① 徐雷. 人工智能第三次浪潮以及若干认知[J]. 科学,2017,69(3):1-5.

宏观的伦理主张转化为治理实践和制度体系的桥梁。现有的治理原则文本不仅围绕以人为本、福祉与尊严、效益与公平的价值主张构建了一个伦理框架①，为治理行动赋予了目标，还包含着一系列有关如何实现这些目标的实践准则。我们通过嵌入语境的分析与跨文本的整合，提炼出这个具有共识基础的行动框架，希望它成为从伦理规范迈向法律法规和政策体系的踏板与桥梁。

① 赵瑜，周江伟. 人工智能治理原则的伦理基础：价值立场、价值目标和正义原则[J]. 浙江社会科学，2023（1）：109-118+159-160.

参考文献

一、专著

阿伦特. 人的境况 [M]. 王寅丽，译. 2 版. 上海：上海人民出版社，2021.

安德森. 想象的共同体：民族主义的起源与散布 [M]. 吴叡人，译. 上海：上海人民出版社，2016.

鲍曼. 流动的现代性 [M]. 欧阳景根，译. 北京：中国人民大学出版社，2018.

贝克. 风险社会 [M]. 何博闻，译. 南京：译林出版社，2004.

边沁. 道德与立法原理导论 [M]. 时殷弘，译. 北京：商务印书馆，2000.

波斯特. 信息方式：后结构主义与社会语境 [M]. 范静哗，译. 北京：商务印书馆，2000.

伯格，卢克曼. 现实的社会建构：知识社会学论纲 [M]. 吴肃然，译. 北京：北京大学出版社，2019.

曾祥敏. 视听传播：主流媒体融合、社交、垂直、智能、沉浸、场景的逻辑演进 [M]. 北京：人民日报出版社，2023.

曾一果. 媒介文化论 [M]. 广州：暨南大学出版社，2020.

曾一果. 西方媒介文化理论研究 [M]. 北京：学习出版社，2017.

常江. 数字时代的新闻业：文化视角与欧美经验 [M]. 郑州：河南大学出版社，2021.

陈昌凤，李凌. 算法人文主义：公众智能价值观与科技向善 [M]. 北京：新华出版社，2021.

陈华明. 当代中国大众传媒的隐私话题研究 [M]. 成都：四川大学出版社，2010.

陈力丹. 精神交往论：马克思恩格斯的传播观 [M]. 北京：中国人民大学出版社，2008.

陈力丹. 舆论学：舆论导向研究 [M]. 上海：上海交通大学出版社，2012.

陈龙. 当代传媒中的民粹主义问题研究 [M]. 北京：中国广播影视出版社，2015.

陈堂发. 网络公共性表达法治问题研究 [M]. 广州：中山大学出版社，2017.

陈堂发. 新媒体环境下隐私保护法律问题研究 [M]. 上海：复旦大学出版社，2018

程曼丽，王维佳. 对外传播及其效果研究 [M]. 北京：北京大学出版社，2011.

德布雷.媒介学引论[M].刘文玲,译.北京:中国传媒大学出版社,2014.

丁柏铨,夏雨禾,丁晓蔚.重大公共危机事件与舆论舆情:新媒体语境中的考察[M].北京:高等教育出版社,2021.

段鹏.政治传播:历史、发展与外延[M].北京:中国传媒大学出版社,2011.

范热内普.过渡礼仪[M].张举文,译.北京:商务印书馆,2017.

弗洛里迪.信息伦理学[M].薛平,译.上海:上海译文出版社,2018.

弗洛里迪.在线生活宣言:超连接时代的人类[M].成素梅,孙越,蒋益,等译.上海:上海译文出版社,2018.

福柯.规训与惩罚:监狱的诞生[M].刘北成,杨远婴,译.北京:生活·读书·新知三联书店,2007.

格雷,苏里.销声匿迹:数字化工作的真正未来[M].左安浦,译.上海:上海人民出版社,2020.

贡布里希.象征的图像:贡布里希图像学文集[M].杨思梁,范景中,编选.上海:上海书画出版社,1990.

顾理平.新闻侵权与法律责任[M].北京:中国广播电视出版社,2001.

海勒.我们何以成为后人类[M].刘宇清,译,北京:北京大学出版社,2017.

何威.网众传播:一种关于数字媒体、网络化用户和中国社会的新范式[M].北京:清华大学出版社,2011.

何志武.在线的民间智库:网络民意与公共政策的互动[M].北京:人民出版社,2020.

黑格尔.哲学科学百科全书Ⅲ 精神哲学[M].杨祖陶,译.北京:人民出版社,2015.

胡翼青.传播学科的奠定:1922—1949[M].北京:中国大百科全书出版社,2012.

胡钰,陆洪磊.当代中国新闻观念研究[M].北京:科学出版社,2023.

胡正荣,黄楚新.中国新媒体发展报告(2024)[M].北京:社会科学文献出版社,2024.

胡智锋.理念与路径:胡智锋自选集[M].北京:中国国际广播出版社,2022.

基辛格,施密特,胡滕洛赫尔.人工智能时代与人类未来[M].胡利平,风君,译.北京:中信出版集团,2023.

吉登斯.亲密关系的变革:现代社会中的性、爱和爱欲[M].陈永国,汪民安,等译.北京:社会科学文献出版社,2001.

吉登斯.现代性的后果[M].田禾,译.南京:译林出版社,2000.

吉登斯.现代性与自我认同:现代晚期的自我与社会[M].赵旭东,方文,译.北京:生活·读书·新知三联书店,1998.

蒋建国.网络消费、社交与文化变奏[M].北京:中国社会科学出版社,2019.

蒋建国.消费文化传播与媒体社会责任[M].北京:中国社会科学出版社,2011.

蒋晓丽,等.连接与互动:新媒体新论[M].北京:中国社会科学出版社,2016.

蒋晓丽,侯雄飞,等.舆擎中国:新形势下舆论引导力提升方略研究[M].北京:中国社会科学出版社,2013.

杰姆逊.后现代主义与文化理论[M].唐小兵,译.北京:北京大学出版社,2005.

康德.道德形而上学原理[M].苗力田,译.上海:上海人民出版社,1986.

科瓦齐,罗森斯蒂尔.新闻的十大基本原则:新闻从业者须知和公众的期待[M].刘海龙,连晓东,译.中译本2版.北京:北京大学出版社,2014.

库尔德里.媒介仪式:一种批判的视角[M].崔玺,译.北京:中国人民大学出版社,2016.

库尔德利,赫普.现实的中介化建构[M].刘泱育,译.上海:复旦大学出版社,2023.

拉图尔.我们从未现代过:对称性人类学论集[M].刘鹏,安涅思,译.苏州:苏州大学出版社,2010.

莱克维茨.独异性社会:现代的结构转型[M].巩婕,译.北京:社会科学文献出版社,2019.

李本乾,王大可.中国特色政治传播:问题、语境与机制[M].上海:上海交通大学出版社,2019.

李彪.虚拟社群传播[M].北京:人民日报出版社,2019.

李良荣.新传播形态下的中国受众[M].上海:复旦大学出版社,2013.

李晓静.中国社会情境中的媒介可信度研究[M].上海:上海交通大学出版社,2019.

林晖.断裂与共识:网络时代的中国主流媒体与主流价值观构建[M].上海:复旦大学出版社,2013.

刘海龙.宣传:观念、话语及其正当化[M].2版.北京:中国大百科全书出版社,2020.

刘建明.社会舆论原理[M].北京:华夏出版社,2002.

刘涛.环境传播:话语、修辞与政治[M].北京:北京大学出版社,2011.

刘涛.视觉修辞学[M].北京:北京大学出版社,2021.

罗尔斯.正义论(修订版)[M].何怀宏,何包钢,廖申白,译.北京:中国社会科学出版社,2009.

罗萨.新异化的诞生:社会加速批判理论大纲[M].郑作彧,译.上海:上海人民出版社,2018.

马费索利.部落时代:个体主义在后现代社会的衰落[M].许轶冰,译.上海:上海人民出版社,2022.

马克思,恩格斯.马克思恩格斯全集:第47卷[M].中共中央马克思恩格斯列宁斯大林著作编译局，译.北京：人民出版社，1979.

马诺维奇.新媒体的语言[M].车琳，译.贵阳：贵州人民出版社，2020.

麦金太尔.谁之正义？何种合理性？[M].万俊人，吴海针，王今一，译.北京：当代中国出版社，1996.

麦金太尔.追寻美德：道德理论研究[M].宋继杰，译.2版.南京：译林出版社，2011.

芒福德.机器神话（上卷）：技术发展与人文进步[M].宋俊岭，译.上海：上海三联书店，2017.

芒福德.技术与文明[M].陈允明，王克仁，李华山，译.北京：中国建筑工业出版社，2009.

梅洛−庞蒂.知觉现象学[M].姜志辉，译.北京：商务印书馆，2001.

梅特里.人是机器[M].顾寿观，译.北京：商务印书馆，1999.

米兰多拉.论人的尊严[M].顾超一，樊虹谷，译.北京：北京大学出版社，2010.

牟怡.传播的进化：人工智能将如何重塑人类的交流[M].北京：清华大学出版社，2017.

穆勒.功利主义[M].徐大建，译.北京：商务印书馆，2014.

帕特南.独自打保龄：美国社区的衰落与复兴[M].刘波，祝乃娟，张孜异，等译.北京：北京大学出版社，2011.

彭兰.新媒体用户研究：节点化、媒介化、赛博格化的人[M].北京：中国人民大学出版社，2020.

桑斯坦.网络共和国：网络社会中的民主问题[M].黄维明，译.上海：上海人民出版社，2003.

邵培仁.华夏传播理论[M].杭州：浙江大学出版社，2020.

舍基.人人时代：无组织的组织力量[M].胡泳，沈满琳，译.杭州：浙江人民出版社，2015.

隋岩，等.网络语言与社会表达[M].北京：科学出版社，2021.

隋岩.互联网群聚传播[M].北京：科学出版社，2023.

特克尔.群体性孤独：为什么我们对科技期待更多，对彼此却不能更亲密？[M].周逵，刘菁荆，译.杭州：浙江人民出版社，2014.

特纳.仪式过程：结构与反结构[M].黄剑波，柳博赟，译.北京：中国人民大学出版社，2006.

瓦拉赫，艾伦.道德机器：如何让机器人明辨是非[M].王小红，主译.北京：北京大学出版社，2017.

汪露.新闻的边界：《新闻伦理与法规》案例选编[M].北京：五洲传播出版社，2018.

王维佳. 媒体化时代：当代传播思想的反思与重构 [M]. 北京：人民出版社，2020.

韦伯. 经济与社会 [M]. 杭聪，编译. 北京：北京出版社，2008.

维贝克. 将技术道德化：理解与设计物的道德 [M]. 闫宏秀，杨庆峰，译. 上海：上海交通大学出版社，2016.

维纳. 人有人的用处：控制论和社会 [M]. 陈步，译. 北京：商务印书馆，1978.

温纳. 自主性技术：作为政治思想主题的失控技术 [M]. 杨海燕，译. 北京：北京大学出版社，2014.

吴飞，等. 国际传播的理论、现状和发展趋势研究 [M]. 北京：经济科学出版社，2016.

吴飞，赵瑜，孙梦如，等. 数字新闻：理念、价值与秩序重构 [M]. 杭州：浙江大学出版社，2024.

西季威克. 伦理学史纲 [M]. 熊敏，译. 南京：江苏人民出版社，2008.

肖珺. 新媒体跨文化传播的中国实践研究 [M]. 北京：中国社会科学出版社，2018.

许煜. 论数码物的存在 [M]. 李婉楠，译. 上海：上海人民出版社，2019.

亚卡托. 数据时代：可编程未来的哲学指南 [M]. 何道宽，译. 北京：中国大百科全书出版社，2021.

杨保军. 新闻道德论 [M]. 北京：中国人民大学出版社，2010.

杨保军. 新闻观念论 [M]. 上海：复旦大学出版社，2014.

杨保军. 新闻规律论 [M]. 北京：中国人民大学出版社，2019.

喻国明，李彪，杨雅，等. 新闻传播的大数据时代 [M]. 北京：中国人民大学出版社，2014.

喻国明，杨雅，等. 元宇宙与未来媒介 [M]. 北京：人民邮电出版社，2022.

喻国明. AIGC 传播时代 [M]. 北京：中译出版社，2024.

张洪忠，方增泉. 2020 中国海外网络传播力建设报告 [M]. 北京：经济管理出版社，2021.

张涛甫. 表达与引导 [M]. 桂林：漓江出版社，2012.

张涛甫. 转型与在场 [M]. 上海：复旦大学出版社，2019.

郑雯，桂勇，黄荣贵. 寻找网络民意：网络社会心态研究（第一辑）[M]. 北京：华夏出版社，2017.

郑作彧. 社会的时间：形成、变迁与问题 [M]. 北京：社会科学文献出版社，2018.

钟瑛，等. 网络传播管理研究 [M]. 北京：中国社会科学出版社，2014.

周勇，赵璇. 跨屏时代的视听传播 [M]. 北京：中国人民大学出版社，2021.

邹振东. 弱传播 [M]. 北京：国家行政学院出版社，2018.

Behn, R D. Rethinking Democratic Accountability [M]. Washington, DC: Brookings Institution

Press, 2001.

Bentham, J. The Works of Jeremy Bentham [M]. Edinburgh: William Tait, 1843.

Boden M A. AI: Its nature and future [M]. New York: Oxford University Press, 2016.

Bruns A. Are Filter Bubbles Real? [M]. Oxford: John Wiley & Sons, Inc., 2019.

Cohn J. The Burden of Choice: Recommendations, Subversion, and Algorithmic Culture [M]. New Brunswick: Rutgers University Press, 2019.

Collingridge D. The Social Control of Technology [M]. London: Frances Printer (Publishers) Limited, 1980.

Ellul J. The Technological Society [M]. Trans. Wilkinson J. New York: Vintage Books, 1964.

Fletcher G. The Philosophy of Well-being: An Introduction [M]. New York: Routledge, 2016.

Fuchs C, Unterberger K. The Public Service Media and Public Service Internet Manifesto [M]. London: University of Westminster Press, 2021.

Galbraith J R. Environment and Technological Determinants of Organization Design: A Case Study [M].San Francisco: Jossey-Bass, 1968.

Gillmor D. We the media: Grassroots journalism by the people, for the people[M]. Sebastopol, CA: O'Reilly Media, Inc, 2004.

Heidegger M. Discourse on Thinking [M]. Trans. Anderson J M, Freund E H. New York: Harper & Row, 1969.

Ihde D. Technology and the Lifeworld: From Garden to Earth [M]. Bloomington and Indianapolis: Indiana University Press, 1990.

Jannach D, Zanker M, Felfernig A, et al. Recommender Systems: An Introduction [M]. Cambridge: Cambridge University Press, 2010.

Kant I. Lectures on Ethics [M]. Cambridge: Cambridge University Press, 1997.

Kelty C M. Two Bits: The Cultural Significance of Free Software [M]. Durham, NC: Duke University Press, 2020.

MacIntyre, A. After Virtue: A Study in Moral Theory [M]. 5th ed. South Bend: The University of Notre Dame Press, 2007.

Mayer-Schönberger V. Delete: The Virtue of Forgetting in the Digital Age [M]. Princeton: Princeton University Press, 2011.

Mead G H. Mind, Self, and Society [M]. Chicago: University of Chicago Press, 1934.

Mesthene E G. Technological Change: Its Impact on Man and Society [M]. Cambridge, MA: Harvard University Press, 1970.

Meyrowitz J. No Sense of Place: The Impact of Electronic Media on Social Behavior [M]. New York: Oxford University Press, 1987.

Pariser E. The Filter Bubble: How the New Personalized Web is Changing What We Read and How We Think [M]. London: Penguin, 2011.

Rivers W L, Schramm W. Responsibility in Mass Communication [M]. New York: Harper & Row, 1957.

Schneier B. Secrets and Lies: Digital Security in a Networked World [M]. Indianapolis: John Wiley & Sons, Inc., 2000.

Sunstein C R. Echo Chambers: Bush v. Gore, Impeachment, and Beyond [M]. Princeton: Princeton University Press, 2001.

Sunstein C R. Infotopia: How Many Minds Produce Knowledge [M]. New York: Oxford University Press, 2006.

Taylor P W. Respect for Nature: A Theory of Environmental Ethics [M]. Princeton: Princeton University Press, 2011.

Verbeek P P. Moralizing Technology: Understanding and Designing the Morality of Things [M]. Chicago and London: The University of Chicago Press, 2011.

Ward S J A. Ethics and the Media: An Introduction [M]. New York: Cambridge University Press, 2011.

二、期刊

常江，田浩. 尼克·库尔德利: 数据殖民主义是殖民主义的最新阶段——马克思主义与数字文化批判[J]. 新闻界，2020（2）: 4-11.

陈昌凤，张梦. 由数据决定？ AIGC的价值观和伦理问题[J]. 新闻与写作，2023（4）: 15-23.

邓建国. 概率与反馈: ChatGPT的智能原理与人机内容共创[J]. 南京社会科学，2023（3）: 86-94+142.

顾理平，王芊蕴. 作为财产的隐私: 数字化社会中隐私商品化的双向机制与风险审视[J]. 国际新闻界，2024，46（3）: 76-94.

郭小平，杨洁茹. 传播在云端: 平台媒体化与基础设施化的风险及其治理[J]. 现代出版，2021（6）: 30-37.

胡正荣，李涵舒. 颠覆与重构: AIGC的效用危机与媒介生态格局转化[J]. 新闻与写作，2023（8）: 48-55.

姬德强. 深度造假: 人工智能时代的视觉政治[J]. 新闻大学，2020（7）: 1-16+121.

季为民. 数字媒体新闻伦理研究的新观点、新问题和新趋向[J]. 现代传播（中国传媒大学学报），2020，42（4）：31-37.

姜华，张涛甫. 传播结构变动中的新闻业及其未来走向[J]. 中国社会科学，2021（8）：185-203+208.

潘忠党，陆晔. 走向公共:新闻专业主义再出发[J]. 国际新闻界，2017，39（10）：91-124.

彭兰. 从ChatGPT透视智能传播与人机关系的全景及前景[J]. 新闻大学，2023（4）：1-16+119.

史安斌，刘勇亮. 从媒介融合到人机协同：AI赋能新闻生产的历史、现状与愿景[J]. 传媒观察，2023（6）：36-43.

孙玮. 破域：数字时代的媒介论[J]. 中国社会科学，2024（6）：143-161.

吴飞. 数字平台的伦理困境与系统性治理[J]. 国家治理，2022（7）：20-25.

严三九，袁帆. 局内的外人：新闻传播领域算法工程师的伦理责任考察[J]. 现代传播（中国传媒大学学报），2019，41（9）：1-5+12.

杨洸，佘佳玲. 新闻算法推荐的信息可见性、用户主动性与信息茧房效应:算法与用户互动的视角[J]. 新闻大学，2020（2）：102-118+123.

喻国明，李钒. 内容范式的革命：生成式AI浪潮下内容生产的生态级演进[J]. 新闻界，2023（7）：23-30.

张涛甫. 人工智能推动舆论生态转型及其治理进路[J]. 学术月刊，2024，56（2）：149-157.

张文祥，沈天健，孙熙遥. 从失序到再序：生成式人工智能下的信息秩序变局与治理[J]. 新闻界，2023（10）：41-51.

张志安. 人工智能对新闻舆论及意识形态工作的影响[J]. 人民论坛·学术前沿，2018（8）：96-101.

赵瑜，周江伟. 人工智能治理原则的伦理基础：价值立场、价值目标和正义原则[J]. 浙江社会科学，2023（1）：109-118+159-160.

赵瑜. 人工智能时代新闻伦理研究重点及其趋向[J]. 浙江大学学报（人文社会科学版），2019，49（2）：100-114.

钟祥铭，方兴东. 智能鸿沟：数字鸿沟范式转变[J]. 现代传播（中国传媒大学学报），2022，44（4）：133-142.

Beer D. Power through the algorithm? Participatory web cultures and the technological unconscious [J]. New Media & Society, 2009, 11(6): 985-1002.

Djeffal C, Siewert M B, Wurster S. Role of the state and responsibility in governing artificial intelligence: A comparative analysis of AI strategies [J]. Journal of European Public Policy, 2022, 29(11): 1799-1821.

Dörr K N. Mapping the field of algorithmic journalism [J]. Digital Journalism, 2016, 4(6): 700-722.

Floridi L, Sanders J W. On the morality of artificial agents [J]. Minds and Machines, 2004(14): 349-379.

Floridi L. Artificial intelligence as a public service: Learning from Amsterdam and Helsinki [J]. Philosophy & Technology, 2020, 33(4): 541-546.

Gillespie T. The politics of "platforms" [J]. New Media & Society, 2010, 12(3): 347-364.

Guzman A L. Voices in and of the machine: Source orientation toward mobile virtual assistants [J]. Computers in Human Behavior, 2019(90): 343-350.

Nass C, Moon Y. Machines and mindlessness: Social responses to computers [J]. Journal of Social Issues, 2000, 56(1): 81-103.

Nechushtai E, Lewis S C. What kind of news gatekeepers do we want machines to be? Filter bubbles, fragmentation, and the normative dimensions of algorithmic recommendations [J]. Computers in Human Behavior, 2019(90): 298-307.

Plantin J-C, Lagoze C, Edwards P N, et al. Infrastructure studies meet platform studies in the age of Google and Facebook [J]. New Media & Society, 2018, 20(1): 293-310.

Rosa H. Social acceleration: Ethical and political consequences of a desynchronized high-speed society [J]. Constellations, 2003, 10(1): 3-33.

Ruckenstein M, Pantzar M. Beyond the quantified self: Thematic exploration of a dataistic paradigm [J]. New Media & Society, 2017, 19(3): 401-418.

Saalberg H. The canons of journalism: A 50-year perspective [J]. Journalism Quarterly, 1973, 50(4): 731-734.

Samuelson P. Generative AI meets copyright: Ongoing lawsuits could affect everyone who uses generative AI [J]. Science, 2023, 381(6654): 158-161.

Striphas T. Algorithmic culture [J]. European Journal of Cultural Studies, 2015, 18(4-5): 395-412.

Sundar S S. Rise of machine agency: A framework for studying the psychology of human-AI interaction (HAII) [J]. Journal of Computer-Mediated Communication, 2020, 25(1): 74-88.

Turner F. Burning Man at Google: A cultural infrastructure for new media production [J]. New

Media & Society, 2009, 11(1-2): 73-94.

Verbeek P-P. Cyborg intentionality: Rethinking the phenomenology of human-technology relations [J]. Phenomenology and the Cognitive Sciences, 2008, 7: 387-395.

三、会议文献

Bender E M, Gebru T, McMillan-Major A, et al. On the dangers of stochastic parrots: Can language models be too big? [C]//Proceedings of the 2021 ACM Conference on Fairness, Accountability, and Transparency, 2021: 610-623.

Bethel C L, Stevenson M R, Scassellati B. Secret-sharing: Interactions between a child, robot, and adult [C]//2011 IEEE International Conference on Systems, Man, and Cybernetics, 2011: 2489-2494.

Biermann O C, Ma N F, Yoon D. From tool to companion: Storywriters want AI writers to respect their personal values and writing strategies [C]//Proceedings of the 2022 ACM Designing Interactive Systems Conference. ACM, 2022.

Billings D R, Schaefer K E, Chen J Y C, et al. Human-robot interaction: Developing trust in robots [C]//Proceedings of the Seventh Annual ACM/IEEE International Conference on Human-Robot Interaction, 2012: 109-110.

Bran E, Rughiniș C, Nadoleanu G, et al. The emerging social status of generative AI: Vocabularies of AI competence in public discourse [C]//2023 24th International Conference on Control Systems and Computer Science (CSCS). IEEE, 2023: 391-398.

Cheng H, Koc L, Harmsen J, et al. Wide & deep learning for recommender systems [C]//Proceedings of the 1st Workshop on Deep Learning for Recommender Systems, 2016.

Covington P, Adams J, Sargin E. Deep neural networks for Youtube recommendations [C]//Proceedings of the 10th ACM Conference on Recommender Systems, 2016.

Darling K, Nandy P, Breazeal C. Empathic concern and the effect of stories in human-robot interaction [C]//Proceedings of the 24th IEEE International Symposium on Robot and Human Interactive Communication (RO-MAN). IEEE, 2015.

Friedman B, Kahn Jr P H, Hagman J. Hardware companions? What online AIBO discussion forums reveal about the human-robotic relationship [C]//Proceedings of the SIGCHI Conference on Human Factors in Computing Systems, 2003: 273-280.

Goetz J, Kiesler S, Powers A. Matching robot appearance and behavior to tasks to improve human-robot cooperation [C]//The 12th IEEE International Workshop on Robot and

Human Interactive Communication, 2003.

Hamilton K, Karahalios K, Sandvig C, et al. A path to understanding the effects of algorithm awareness [C]//CHI' 2014 Extended Abstracts on Human Factors in Computing Systems. ACM, 2014.

Höllerer T, Feiner S, Pavlik J. Situated documentaries: Embedding multimedia presentations in the real world [C]//Digest of Papers. Third International Symposium on Wearable Computers. IEEE, 1999: 79-86.

Jung M F, Martelaro N, Hinds P J. Using robots to moderate team conflict: The case of repairing violations [C]//Proceedings of the Tenth Annual ACM/IEEE International Conference on Human-Robot Interaction, 2015: 229-236.

Kim R H, Moon Y, Choi J J, et al. The effect of robot appearance types on motivating donation [C]// Proceedings of the 2014 ACM/IEEE International Conference on Human-Robot Interaction, 2014.

Lewis S C. The sociology of professions, boundary work, and participation in journalism: A review of the literature [C]//2011 International Communication Association Conference, 2011.

Lu Z, Shen C, Li J, et al. More kawaii than a real-person live streamer: Understanding how the otaku community engages with and perceives virtual YouTubers [C]//Proceedings of the 2021 CHI Conference on Human Factors in Computing Systems, 2021.

Luo X, Liu Z, Xiao S, et al. MINDSim: User Simulator for news recommenders [C]// Proceedings of the ACM Web Conference 2022, 2022.

Riek L D, Rabinowitch T-C, Chakrabarti B, et al. How anthropomorphism affects empathy toward robots [C]//Proceedings of the 4th ACM/IEEE International Conference on Human-Robot Interaction, 2009.

Sass H-M. Man and his environment: Ernst Kapp's pioneering experience and his philosophy of technology and environment [C]//German Culture in Texas: A Free Earth, Essays from the 1978 Southwest Symposium. Boston: Twayne Publishers, 1980: 82-99.

Shah J, Wiken J, Williams B, et al. Improved human-robot team performance using *Chaski*, a human-inspired plan execution system [C]//Proceedings of the 6th International Conference on Human-Robot Interaction, 2011: 29-36.

Shen S, Slovak P, Jung M F. "Stop. I See a Conflict Happening." A robot mediator for young children's interpersonal conflict resolution [C]//Proceedings of the 2018 ACM/IEEE

International Conference on Human-Robot Interaction, 2018.

Smith J R, Joshi D, Huet B, et al. Harnessing A.I. for augmenting creativity: Application to movie trailer creation [C]//Proceedings of the 25th ACM International Conference on Multimedia. New York: Association for Computing Machinery, 2017: 1799-1808.

Sue C. Artificial intelligence as a co-creative tool for writing screenplays [C]//Australian Screen Production Education and Research Association (ASPERA) Conference. QUT ePrints, 2023: 89-90.

Wills P, Baxter P, Kennedy J, et al. Socially contingent humanoid robot head behaviour results in increased charity donations [C]//2016 11th ACM/IEEE International Conference on Human-Robot Interaction (HRI), 2016: 533-534.

Xu D, Fan S, Kankanhalli M. Combating misinformation in the era of generative AI models [C]// Proceedings of the 31st ACM International Conference on Multimedia. ACM, 2023: 9291-9298.

Yang Y, Rashtchian C, Zhang H, et al. A closer look at accuracy vs. robustness [C]//Advances in Neural Information Processing Systems 33, 2020.

Zanatto D, Patacchiola M, Goslin J, et al. Priming anthropomorphism: Can the credibility of humanlike robots be transferred to non-humanlike robots? [C]//2016 11th ACM/IEEE International Conference on Human-Robot Interaction (HRI), 2016.

Zhang J, Zhang R, Zhang Y, et al. On the impact of social botnets for spam distribution and digital-influence manipulation [C]//2013 IEEE Conference on Communications and Network Security (CNS). IEEE, 2013: 46-54.

Zhao Z. Analysis on the "Douyin (Tiktok) Mania" phenomenon based on recommendation algorithms [C]//E3S Web of Conferences, 2021.

Zhou G, Song C, Zhu X, et al. Deep interest network for click-through rate prediction [C]// Proceedings of the 24th ACM SIGKDD International Conference on Knowledge Discovery & Data Mining, 2018.

Zhou J, Zhang Y, Luo Q, et al. Synthetic lies: Understanding AI-generated misinformation and evaluating algorithmic and human solutions [C]//Proceedings of the 2023 CHI Conference on Human Factors in Computing Systems. ACM, 2023: 1-20.